尼山世界儒学中心
中国孔子基金会

立德树人　化民成俗

第十一届全国儒学社团联席会议文集

国承彦　王　杰 / 主　编
米怀勇　孙丽萍 / 副主编

齐鲁书社
·济南·

图书在版编目（CIP）数据

立德树人　化民成俗：第十一届全国儒学社团联席会议文集/国承彦,王杰主编. -- 济南：齐鲁书社,2025.4. -- ISBN 978-7-5333-5204-2

Ⅰ.B222.05-53

中国国家版本馆CIP数据核字第2025VR8969号

责任编辑　许允龙　张　涵
装帧设计　刘羽珂　亓旭欣

立德树人　化民成俗：第十一届全国儒学社团联席会议文集

LIDESHUREN HUAMINCHENGSU DI SHIYI JIE QUANGUO RUXUE SHETUAN LIANXI HUIYI WENJI

国承彦　王杰　主编

主管单位	山东出版传媒股份有限公司
出版发行	齐鲁书社
社　　址	济南市市中区舜耕路517号
邮　　编	250003
网　　址	www.qlss.cn
电子邮箱	qilupress@126.com
营销中心	（0531）82098521　82098519　82098517
印　　刷	山东星海彩印有限公司
开　　本	720mm×1020mm　1/16
印　　张	19.5
插　　页	1
字　　数	266千
版　　次	2025年4月第1版
印　　次	2025年4月第1次印刷
标准书号	ISBN 978-7-5333-5204-2
定　　价	108.00元

目 录

特 稿

中国孔子基金会的辉煌40周年 …………………………… 国承彦 3

为政以德：孔子德治主义治国模式 ………………………… 王 杰 7

文以载道，文以化人，为新时代青少年培根铸魂 ………… 于建福 22

孔子的"施教"体系及其对当今国学教育的启示 ………… 杨朝明 30

孔子教育思想概说 ………………………………………… 舒大刚 40

上编：理论阐发

孔子教育思想的现代启示 ………………………………… 王洪源 59

由庙学到书院：学统视域下的孔子师者形象嬗变
　　………………………………………… 孔维钊　宋立林 67

有德者必有言
　　——孔子的教育语言艺术 ……………………… 代春敏 85

论习近平传统文化观的逻辑向度 ………………………… 刘 伟 99

始于文而终于道
　　——以欧阳修的道论为中心的考察 …………… 李 阳 114

孔子的"君子之教"及其对当代公民道德建设的启示
　　………………………………………………… 宋冬梅 125

孔子教育思想中的师道传承与文化强国中的

  师资培养 ……………………… 陈观校 黄梨平 韩国林 136

孔子道德教育理念的深度剖析 ……………………………… 祝业精 144

对儒家"内圣外王"的追问 ………………………………… 柴文华 151

兴于诗，立于礼，成于乐

  ——孔子思想中的情感化育 ……………………………… 徐　玲 165

传承孔子素质教育思想的现代价值 ……………… 康泽宇 陈虹羽 176

孔子道德教育理念与现代化文化强国中的

  公民道德建设 ………………… 黄建明 孙海尧 葛文光 192

"立德树人"教育背景下的经典阅读问题刍议 ……………… 常　樯 200

下编：实践案例

薪火永续，共筑未来

  ——写在中国孔子基金会成立40周年之际 …………… 解　放 219

孔子教育思想在中小学义务教育阶段的影响和启示

  ——以杭州市萧山区城郊地区学校德育教育

   为例 ……………………………………… 孔江波 沈锦木 226

办好书院，做儒学"两创"的忠诚践行者 ………………… 李忠厚 237

儒学文化在民营企业党建工作中的融合实践与探析

  ………………………………………… 杨德品 金　尧 曹友明 251

中华优秀传统文化赋能义务教育段学生文化自信的

  实践研究 ……………………………………… 金海焕 戴敏慧 261

用中华文化诠释宣讲《共产党宣言》 ……………………… 周　崎 271

《论语》进万家

  ——家校社协同育人之实践探索 ………………………… 孙丽萍 285

目 录

聚焦文化使命　促进"双创"提升
　　——以"三进三寻"为载体助力，打造文化强国的儒学
　　　"萧山模式"介绍 ················ 杭州市萧山区儒学学会　292
家校社联动，亲子诵读《论语》在行动 ··········· 孙　欣　刘英楠　300

后　记 ·· 304

特稿

特 稿

中国孔子基金会的辉煌 40 周年

国承彦

中国孔子基金会是以我国伟大的思想家、教育家孔子命名的学术公益基金组织。在邓颖超、胡耀邦、谷牧等老一辈党和国家领导人的直接支持推动下，中国孔子基金会于 1984 年 9 月 22 日在曲阜正式成立，是我国最早成立的基金会之一。它由国务院原副总理谷牧同志任名誉会长，南京大学名誉校长匡亚明同志任首任会长。

岁月如歌，时光荏苒。四十年来，在党中央、国务院的亲切关怀，文化和旅游部及山东省委、省政府的坚强领导以及社会各界的大力支持下，中国孔子基金会通过社会募集运作基金，组织和推动海内外学习、研究、传播、弘扬孔子思想、儒家学说和中华优秀传统文化的活动，努力践行"为建设中华民族共有精神家园、构建和谐社会服务；为增进海内外华人团结、实现祖国统一服务；为促进世界文化交流、构建人类命运共同体服务"的宗旨，在推动中华优秀传统文化创造性转化、创新性发展方面开展了大量工作，取得了丰硕成果。

组织和举办学术活动，引领儒家思想的研究阐释和传承发展。 40 年来，中国孔子基金会把握时代发展脉搏，积极回应学术界关切，聚焦文化"两创"，围绕马克思主义基本原理同中华优秀传统文化相结合的方针，先后参与组织和举办了纪念孔子诞辰国际学术研讨会、学习贯彻习近平总书记视察曲阜重要讲话座谈会、世界儒学大会等一系列全国性及国际性的学术会议，近年来还大力资助教育部人文社科项目中设立的中华优秀传统文化专项课题，针对儒家思想中蕴含的中华文化精华展开广泛深入的探讨和研究阐发，深刻揭示了儒家思想的当代意义，有力推动了儒家思想的现代转化和传承发展。

组织和资助学术书籍出版，与时俱进反映儒学研究的最新成果。1986年，中国孔子基金会创办《孔子研究》，该书已成为学术界最有影响力的核心期刊之一；1997年，开始实施"中国孔子基金会文库"出版项目，组织编撰出版了《中国儒学百科全书》；2001年，创办《中国儒学年鉴》；2005年，开始资助四川大学《儒藏》编纂工程；2010年，与孔子研究院联合创办《孔子学刊》；2022年，资助历代儒学传世文献《儒典》编纂出版项目。同时，中国孔子基金会还组织专家学者编辑出版了大量文集和著作，先后资助出版《中国思想家研究评传丛书》《曲阜儒家碑刻文献集成》《尼山文库》《儒学百科全书》等重大项目，与时俱进地反映了儒家思想研究的最新成果。

传播普及优秀传统文化，大力提升全社会的文明程度。为顺应时代发展和社会需求，中国孔子基金会不断扩大工作领域，工作重点由早期的以学术研究为主，逐步向学术研究与普及传播并重转变，借助主流媒体和现代传播手段，开展了大量的社会普及工作。2006年，开始实施《论语》普及工程；2007年，创办中国孔子网融媒体平台；2013年，与浙江省儒学学会联合发起创立全国儒学社团联席会议机制，迄今已连续成功举办十一届；2014年，创办孔子学堂，在全国各地已建立3600余家；2016年，策划创办"全球云祭孔"活动。近年来，中国孔子基金会精心策划和组织实施了"海峡两岸孔子文化春会"等一系列形式多样、内容精彩的传统文化普及活动，多层次、多角度地加强中华优秀传统文化的普及传播，不断满足人民日益增长的精神文化需求。

加强对外文化交流，不断增进世界各国文明的交流互鉴。自成立以来，中国孔子基金会同世界许多国家和地区的学者、学术机构建立起广泛的合作关系，先后组织多个团队出国（境）访问与交流，积极推动中华文化走出去。2005年，启动《论语》译介工程，2017年发展成为"一带一路"国家《论语》译介工程，目前已出版13种中外文对照版本的《论语》。如今，中国孔子基金会面向社会征集设计制作的孔子标准像已遍布海外众多国家和地区，开展的"孔子文化世界行"活动已走遍全球五大洲30多个国家。近年来，中国孔子基金会不断拓展国际交流领域，创新交流方式，参与承办了历届尼山世界文明论坛，主办孔子—亚里士多德论坛，举办儒家经典跨语言诵读大会，实施青年汉学家培养计划。这些对外文化交流工作，增进了各国人民之间的友谊，为提升中华文化影响力，深化世界各国文明交流互鉴，推动构建人类命运共同体做出了积极贡献。

充分发挥公益基金的组织作用，积极助推文化事业的高质量发展。 中国孔子基金会服务经济社会发展大局，利用山东传统文化资源富集的优势和自身作为公益基金组织的平台优势，与社会各界建立起广泛而紧密的合作关系，近年来，先后与山东大学、中国建设银行、山东老年大学、浙江衢州市委宣传部、贵阳孔学堂、山东广播电视台、大众报业集团、山东省港口集团等签订战略合作协议。同时，中国孔子基金会大力开展公益基金募集，设立众多专项基金，创新打造"孝心工程"等公益品牌，资助尼山中华优秀传统文化联合研究生院开展研修活动，助推社会主义文化强国建设和山东文化强省建设。

四十年风雨兼程，四十年春华秋实。中国孔子基金会从无到有、从小到大，如今已发展成为传承弘扬中华优秀传统文化的坚强阵地和特色高地。回顾这些成绩的取得，凝聚着党和国家领导人以及各级领导的高度关怀，凝聚着老一辈革命家的智慧和心血，凝聚着海内外社会各界朋友的关心与支持，也凝聚着中国孔子基金会历届理事会和全体工作人员的辛勤奉献。

总结中国孔子基金会四十年走过的不凡历程，有一条基本的经验，就是始终坚持党的领导，始终坚持马克思主义在意识形态领域的指导地位，始终坚持中国特色社会主义文化的发展道路，始终坚持以人民为中心的根本立场。今天，中国孔子基金会正站在一个新的历史起点上，他将一如既往地坚定文化自信，弘扬传承中华优秀传统文化。

文化是一个国家、一个民族的灵魂。习近平总书记指出，没有高度的文化自信、没有文化的繁荣兴盛，就没有中华民族伟大复兴。物质文明和精神文明一体推进、协调发展、高度发达，是我们实现中华民族伟大复兴的底气。四十年前，老一辈革命家、政治家和学术泰斗，以历史的气魄和担当精神，创立了中国孔子基金会。四十年来，中国孔子基金会凝聚几代学人的智慧力量，汇聚社会各界的关心支持，促进中华民族重新认识孔子、正确认识传统文化，为保护历史文物和文化遗产，为弘扬传承中华优秀传统文化做出可敬可佩的贡献。回首过往，展望未来，站在新的历史起点，中国孔子基金会将更加紧密团结在以习近平同志为核心的党中央周围，更加坚定不移地沿着中国特色社会主义道路前进，为创造中华文化的新辉煌，建设中华民族现代文明而继续努力奋斗！

（作者系尼山世界儒学中心党委书记、副主任，中国孔子基金会副理事长、秘书长，国际儒学联合会副理事长）

特 稿

为政以德：孔子德治主义治国模式

王 杰

春秋时期是中国社会新旧交替的大动荡大变革时期。"高岸为谷，深谷为陵"，"社稷无常奉，君臣无常位。"（《左传·昭公三十二年》）此时，周天子名存实亡，出现了诸侯争霸、大夫擅权、陪臣执国命的混乱局面。孔子正处于"周室微而礼乐废、诗书缺"（《史记·孔子世家》）"王纲解纽""礼崩乐坏"的春秋晚期，是社会秩序和价值观念大裂变、大冲突、大组合的时期，是对三代以来神权政治观念、人文思想进行理性检讨和反思的时期，同时也是人才辈出、群星璀璨的时代。在这一历史转型时期，涌现出了中国思想史上第一批真正意义上的政治家、思想家、军事家，如齐之管仲、晏婴，郑之子产、邓析，鲁之孔子，楚之老聃、范蠡，齐之孙武，宋之墨翟，等等。他们基于各自的国家利益及政治立场，对传统与现实进行了理性的检讨和深刻的反省，提出了各种各样的改造社会政治、经济、军事、法律、道德的方案，成为中国"轴心时期"政治、军事、思想领域最早且最典型的代表人物。他们以自己的政治智慧和才智为中国源远流长的政治思想文化增添了绚丽的光彩，为中国早期政治思想文化的发展奠定了坚实深厚的思想基础。而孔子以其关注问题的全人类性，以其思想的包容性、普适性而成为这一思想群体中最具代表性的人物。孔子是继周公以后中国历史上最杰出的政治思想家，他继承了殷周以来的政治文化遗产，形成了自己独特的政治理论思想体系。孔子的政治理论学说具有强烈的伦理政治意义和政治实践精神,他提出的一系列政治命题、概念、范畴及思想观念、政治主张不但成为中国政治文化中最基本最重要的政治命题、概念、范畴,而且规定了中国政治文化发展的基本方向;由他创建起来的儒家学说体系不但成为中国政治文化发展的重要源头之一,而且对中国几千年的封建政治文化产生了极其重要的影响。下面本文将对孔子的德治主义治国模式进行一番分析和阐释。

一、德治的内在规定及逻辑展开

殷周之际剧烈的社会政治变革孕育了最早的德治思想萌芽,但它所关注所忧虑的首先是天命的转移及政权的丧失问题,是一种外在附加的东西,尚未作为一种内在的因素内化为人们自觉自愿的行为。而春秋时期天命观念进一步丧失其神秘性、权威性及制约性,为由外在转换为内在带来了良好的条件。由于外在的东西难以得到保障,就需要把外在之"德"转换为内在之"德",以使德治在人类存在的本原上及生命中寻找到存在的价值依据。孔子的最大贡献之一,就是成功地完成了德治由外在向内在的价值转换。孔子远绍周公,近承管仲、晏婴、子产、范蠡等,对前贤重民思想予以系统化,并升华至政治哲学的高度,奠定了儒家治国思想的根基。

在中国古代社会政治的发展进程中,德治思想曾经产生过重要而深刻的影响,成为传统政治文化的重要内容之一。所谓德治,就是道德政治,是把道德运用于政治领域的一种学说,是以道德规范君主行为、治理国家社稷、管理庶民百姓的一种学说,是以道德教化作为一种主要的治国手段,运用道德的内在约束力以达到社会稳定之目的的一种学说。众所周知,道德是特定历史时期人们普遍认同的由一系列道德原则、范畴和规范构成的具有相对稳定性的内心信念及行为方式。道德以内在的潜移默化式的方式影响和制约着每一个社会成员的思想行为,并赋予人的思想行为以善恶是非的价值依据。中国自远古三代就有"以德治世"的思想传统。孔子继周公之后,第一次明确提出了"德政"的思想,开儒家德治主义之先河,强调道德在人类社会生活中的重要作用,把道德视为治国安邦、协调人际关系、提高个人道德素养和境界的根基和出发点。在中国政治思想史上,"德"的概念产生得很早,早在《尚书·皋陶谟》中就提出了"九德"的概念,"德"字产生以后,逐渐演化成为一个十分重要的政治和伦理概念。及至春秋,"德"的范围有了进一步的拓展,它已从个人的道德修养拓展为一种处理国家政治事务——君民关系、国与国之间关系——的道德规范和规定。可以说,春秋时期,为政以德观念已经深入到各个不同的政治派别和学术派别之中。"德"作为一种政治观念、政治原则,已经成为各家各派所共同认同的政治文化命题。为政以德、以德治国成为中国传统政治哲学的最重要的基本特征之一。孔子提出的"为政以德"的德治思想正是在继承西周时期的"明德慎罚"思想以及春秋时期的德治思想资源的基础上形成的。同时又是对现实政治深刻反思的结果,是适应社会发展潮流而设计出来的一项治国方案。后经孟子、荀子的系统发挥,《大学》《中庸》的理论升华,形成了一套严密、完整、系统的治国方略,成为中国传统政治文化中极为重要的组成部分。后世儒家,无论是董仲舒的宇宙论,还是宋明理学的本体论,都只是在理论层面上论证为政以德的重要性、必然性而已。在当今社会,古代德治主义思想虽不能直接作为治国之道为我所用,但其思想精髓及合理内核仍具有显著的价值意义,并为当今实施以德治国方略提供必要的思想资源。

孔子"为政以德"的德治思想主要是围绕两个层面展开的:一是为政者与道德之间的关系问题;二是如何对待、如何管理庶民百姓的问题。这两个问题都是对殷周以来德治思想的理论总结和升华,前者是"修己"问题,后者是"治人"问题。修己是对统治者而言的,它要求统治者要注重自己的道德修养,完善自己的道德品行;治人是对广大庶民百姓而言的,是如何对民众进行管理和教化的问题。对于广大民众,首先要满足其生存需要,解决其最基本的生存问题,并在此基础上提高其道德修养。两个问题的核心点就是:

强调了把统治者的修身视为治国平天下（安人，安百姓）、实现德治的前提条件。孔子的德治思想奠定了中国传统政治思想文化的基调。

二、德治主义的前提设定：君主的道德修养与自觉

在历代儒家的德治思想中，统治者的道德自觉和修身成为实行仁政德治的前提。这是以小农经济为基本特征的中国古代社会在处理治国问题时所必然要走过的步骤和得出的结论。众所周知，中国社会是以小农经济为基础，以血缘宗法关系为纽带，以君主专制制度为核心的宗法等级制社会，小农经济是一种松散的、缺乏社会凝聚力的经济形态。在这种生产方式下，人们形成了对家长和君权的信赖、服从和顶礼膜拜的心理。这种经济形态决定了小农的生产方式不是使他们之间互相联系和交往，而是变得互相隔离和分散。按照马克思的描述就是，"他们不能代表自己，一定要别人来代表他们。他们的代表一定要同时是他们的主宰，是高高站在他们上面的权威，是不受限制的政府权力，这种权力保护他们不受其他阶级侵犯，并从上面赐给他们雨水和阳光。"① 把马克思的这一科学论断用来说明和解释中国早期的儒家政治思想也是十分恰当的。

维护君权制度是孔子政治思想所揭示的最重要的内容之一。孔子毕生所要维护的是一个上下尊卑、君臣父子严格有序的理想社会关系，进而达到"礼乐征伐自天子出"的政治目的。如何才能保证这一政治理想的实施？孔子以为，只有君主才能担当此重任。这是西周分封国在春秋时期裂变为诸侯国后，封建领主转变为诸侯国君并执掌一国军政大权的社会现实在孔子思想中的真实反映，孔子作为"时之圣者"，必然会在现实的范围内思考或解答时代提出的一系列问题。但问题在于：君主应该如何执掌国家权力才是正当合法

---

① [德] 马克思、恩格斯：《马克思恩格斯文集》第二卷，人民出版社，2009 年，第 567 页。

的?如何才能保证执政者拥有良好高尚的道德品质?因为人类出于追求正当稳定的社会生活的需要,没有任何理由把权力交给道德低下的人掌握和行使,孔子必须对这一现实政治课题予以回答。

在孔子的德治模式中,为政者(国君)作为德治之主体,其政治道德修养在国家政治系统中占有绝对重要的作用。孔子除了通过对古代贤明之君如尧、舜、禹、周文王的颂扬以作为当时之君效法、借鉴的楷模,还对君本身提出了更高的道德要求。孔子多次强调,为政者加强政治道德修养与国家政治稳定的关系以及对庶民百姓的道德示范作用。他认为,为政者首先要自身品行端正,使自身具有良好的道德素养。在孔子看来,为政者之所以要先修身正己,正是为政者地位及道德楷模作用使然,上善则下亦善,反之亦然。他说:"政者,正也。子帅以正,孰敢不正?"(《论语·颜渊》)"其身正,不令而行;其身不正,虽令不从。"(《论语·子路》)"子欲善而民善矣。"(《论语·颜渊》)道德具有超越一切的无形力量,为政者具有了这一道德禀赋,便拥有了政治人格和权力权威,也就拥有了为政治国、安人安百姓的资质。政治的清明、社会的安定有赖于执政者与百姓之间的和谐、亲密关系。为政者要"爱民敬民",体察百姓疾苦,爱民如子,减轻民众负担,维护百姓利益。孔子把其道德学说运用到了政治领域,用道德的视角来衡量君主是否称职以及君主所具有的道德人格力量,在孔子看来,君主的个人道德修养及道德人格力量决定了国家政治之前途及君民关系之命运,他说:"上好礼,则民莫敢不敬;上好义,则民莫敢不服;上好信,则民莫敢不用情。夫如是,则四方之民襁负其子而至矣。"(《论语·子路》)修身乃一切之根本,乃治国安邦之基础,执政者只有严于律己、勤于正己,"欲而不贪",具有高尚之道德品质,才有治人之条件。"恭则不侮,宽则得众,信则人任焉,敏则有功,惠则足以使人。"(《论语·阳货》)政治道德修养成为规范和约束为政者思想行为的内在要求。为政者欲有所作为,就必须先正其身,"苟正其身矣,于从政乎何有?不能正其身,如正人何?"(《论语·子路》)其次要勤其政,要

"博施于民而能济众"，孔子认为，执政者肩负国家历史之重任，要勤勉于政事，发愤忘食、励精图治，不但要确立高远之抱负和志向，坚定好学好思之习惯，而且还必须做到言行一致，如此才可达到安人安百姓、治国平天下之理想目的。很显然，孔子把统治者的修身、修己看作是治国平天下、实现德治理想的前提。

与执政者注重自身道德修养相关联的一项重要内容就是举荐贤才，任人唯贤。殷周以来实行的是"以世举贤"制度，"先祖当贤，后子孙必显，行虽如桀、纣，列从必尊，此以世举贤也。"(《荀子·君子》) 春秋以前，由于西周以来实行的宗法制和分封制，人才的举荐都是在有血缘关系的亲属范围中进行的，还谈不上真正意义上的人才选举。孔子以"举贤才"的人才价值观修正了传统的"世官世禄"制。朱熹在解释孔子这段话时说："贤，有德者；才，有能者。举而用之。"(《四书集注》) 就是主张有德有才者才有资格管理国家。在孔子看来，作为国家政权的管理者和实施者，举荐贤才在维持国家政治秩序、实行治国安邦方面具有非常重要的意义，它关系着国家政权能否稳定、政令能否顺利施行等大是大非的问题。因此，孔子把"举贤才"作为君臣是否具有德行的重要标尺，孔子认为，国家的兴衰成败，关键在于是否有德才兼备的贤才当政，"其人存，则其政举；其人亡，则其政息。……故为政在人。"(《中庸》) 如何举贤？在举荐范围上，孔子主张知人善任，"举尔所知，尔所不知，人其舍诸？"(《论语·子路》) 在举荐标准上，孔子主张以德取人，使有德才者居高位。孔子的举贤才思想对于传统的"内姓选于亲，外姓选于旧"的选官制度，是一种否定。孔子提出的举贤才标准是"志于道，据于德，依于仁，游于艺"(《论语·述而》)。即要求有良好的品行和一技之长。孔子还提出了"学而优则仕"的主张，反映了孔子反对商周以来的世卿世禄制度。强调在"知人""察人"的前提下，大力举荐贤才，主张君主要对贤才爱护和尊重，要以师友之礼相待，如此才能获得贤才的忠心效力，并以历史上的成功贤君为例来说明举荐贤才的重要意义，"舜有天下，选于众，举皋陶，不仁者远矣。汤有天下，选于众，举伊尹，不仁者远矣。"（《论语·颜渊》）孔子始终认为，将正直之人置放于不正直之人之上，则百姓服；反之，则百姓不服。"举直错诸枉，则民服；举枉错诸直，则民不服。"（《论语·为政》）使用贤才治国治民，可以达到"举直错诸枉，能使枉者直"（《论语·颜渊》）的理想政治功效。孔子提出的举荐贤才的观点适应了当时社会的需要，对后世用人举才产生了很大的影响，是治理国家、维护政治正常秩序的有效保障。但是，就像法家过分强调君主权力的绝对性一样，孔子过分强调君主道德的政治作用，把治理国家的全部希望寄托在统治者个人的道德品质上，把清明政治的希望寄托在圣贤、明君身上，而不是建构在良好完善的政治制度上，忽视了法治在治国安邦中的重要地位和作用。因此，在某种意义上说，儒家的德治思想不过是带有空想色彩的以人治为价值导向的治国理念，带有明显的道德决定论色彩。

三、民本原则：以富而后教为政治归趣

孔子的为政以德思想是建构在君主具有崇高的道德修养基础之上的，正是对君主的道德素养进行了价值预设后，孔子为政以德思想的第二个层面才能够顺利地展开。也就是说，道德主体的修养具有向外辐射转化的本性，将自己的道德要求转化为社会每一个成员自觉的道德行为，将道德规范、礼仪制度内化为社会个体成员的自觉意识，它必然要转化为一种外在的政治事功，即"治人"的层面，具体说就是，"修己以敬""修己以安人""修己以安百姓"。这是统治者在实施德治过程中必须要解决的问题。

在中国古代政治文化中，君、臣、民三者构成了最基本的社会框架。德治就是按照道德原则处理三者关系并在此基础上确立的一定的道德伦理秩序。这里重点阐释孔子的富民教民政策及执政者应如何对待、管理民众的问题。

如何认识民众的地位和作用是自阶级社会产生以来执政者必须解决的一个十分重要而棘手的问题。殷周以来，政权的嬗变显示了民众在社会政治系

统中所具有的巨大潜力，尤其是春秋时期涌起的民本主义思潮更是昭示了"得民得天下，失民失天下"的真理性认识。孔子作为对社会政治目标进行设计的第一位思想家，必须要对这一问题做出自己的回答。

孔子遵循"古之为政，爱人为大"的原则，把"爱人"放在为政之首位。孔子认为，处理好君民关系是对待民众的第一层面的问题。孔子的民本思想是对殷周至春秋时期民本思潮的总结与升华，特别是春秋时期的民本主义思潮为孔子的民本思想奠定了非常深厚的思想基础。孔子认为，要使社会维持和谐稳定的等级秩序，在处理君民之间的关系时，首先要以道德原则来对待庶民百姓，把自身的高尚道德泽惠于民，从而取信于民。在孔子看来，老百姓的信任对为政者至关重要，为政以德必先取信于民，取信于民必须诚实无欺，讲究信用。子贡曾问政于孔子，"子曰：'足食，足兵，民信之矣。'子贡曰：'必不得已而去，于斯三者何先？'曰：'去兵。'子贡曰：'必不得已而去，于斯二者何先？'曰：'去食。自古皆有死，民无信不立。'"（《论语·颜渊》）孔子把"民信"看得比"足食、足兵"更为重要，孔子把取信于民看作是治理国家至关紧要的东西。"上好礼，则民莫敢不敬；上好义，则民莫敢不服；上好信，则民莫敢不用情。夫如是，则四方之民襁负其子而至矣。"（《论语·子路》）孔子问人不问马的人道情怀同样表明了他的爱人思想。尽管孔子时代还没有提出君贵民轻的思想，但民在国家社稷中的重要地位和作用已不言而喻。因为民为国家之本，国家之财、君主之用皆源于民，一国之存在，不可须臾离民，无民则国将不存。因此，执政者为了维护自身政权之稳定，首先必须稳定好根基，满足百姓日常的生产生活需要，丰裕的生活资料无论对百姓还是对君主来说都十分重要，也就是说，"百姓足，君孰与不足？百姓不足，君孰与足？"（《论语·颜渊》）朱熹对此解释说："民富，则君不至独贫；民贫，则君不能独富。"（《四书集注》）从这一层面来说，民足是君足的先决条件。没有民足，就没有君足。这是维持君民关系的最基本底线，在这一底线范围内，君民之间可保持基本的和谐与平衡，超越或破坏了这一底线，社会将面临"上下失序"的混乱局面。孔子正是意识到了春秋末期社会失序的严重现实，在提出维持君民之间最基本的紧张关系后，向执政者提出了一系列对待、管理民众的具体措施和方法。具体可归结为富民教民思想。

孔子把富民置于为政十分重要的位置，他认为，施行"德治"如果不能给百姓带来实惠，那就失去了"德治"的意义，检验为政者是否"修德"的标准就是看国家是否兴盛，民众是否安居乐业，因为民富则国强，民安则国安。他认为只要做到"足食足兵"，就可获得民众之信赖。并以使民"富之"作为人口众多后的首要选择。为了实现其富民的政治理想，孔子要求统治者多予少取，施惠于民。孔子的"民富则君富，民贫则君贫"的见解不但成为中国古代经济思想的光辉成就之一，而且比被誉为"西方的孔子"的魁奈提出的"农民贫穷则王国贫穷，王国贫穷则君主贫穷"的思想早两千多年。

孔子认为，富裕乃人之所欲。孔子对殷周时期的民本思想因素进行了合理的梳理和总结，并把它纳入到其政治思想理论体系中，成为其中的重要组成部分。他说："富而可求也，虽执鞭之士，吾亦为之。"（《论语·述而》）这不但表明孔子本人有追求富裕之愿望，而且对他的学生子贡所从事的经商活动也给予高度评价，认为子贡不受命运支配，以做生意致富，合乎事理。（参见《论语·先进》）孔子还思考了有关百姓与富裕、教育之间的关系，"子适卫，冉有仆。子曰：'庶矣哉！'冉有曰：'既庶矣，又何加焉？'曰：'富之。'曰：'既富矣，又何加焉？'曰：'教之'。"（《论语·子路》）可见孔子对百姓与富裕、教育之间的关系做了非常客观的阐述，他认为，为政的首要任务是"足食""足民"，然后再"庶之""富之"。让百姓能够丰衣足食，安居乐业。虽追求富裕乃人之所欲，但应以遵循礼义道德为底线，应"欲而不贪"。他说："富与贵，是人之所欲也，不以其道得之，不处也；贫与贱，是人之所恶也，不以其道得之，不去也。"（《论语·里仁》）他还说："不义而富且贵，于我如浮云。"（《论语·述而》）孔子对物质利益与道德原则的论述奠定了我国几千年政治伦理道德的基础,是十分宝贵的思想遗产和精神财富,具有永恒的价值和意义。

孔子认为,欲使民富,需"使民以时"。要让百姓不违农时从事农业劳作,掌握自然规律,以创造更多的物质财富。要做到这一点,"使民以时"与"节用而爱人"是重要的环节。要爱惜民力,开源节流,即孔子一再强调的"政在节财"(《史记·孔子世家》)。在孔子看来,民富与君富是一致的,只有百姓富裕,国君才能富足,国家之存在、君主地位之稳固,要依赖于民。据《国语·周语》记载,周景王二十一年,将铸大钱,单穆公劝曰,若"绝民用以实王府,犹塞川原而为潢污也,其竭也无日矣"。在这里,单穆公是以"川原"与"潢污"的关系来喻指民对君的制约及君对民的依赖。在孔子看来,民富则安,民安则国安,民贫则乱,民乱则国危。作为统治者,要时刻关注民众的意愿和要求,要"施取其厚,事举其中,敛从其薄"(《左传·哀公十一年》),"薄赋敛,则民富"(《说苑·政理》)。切不可漠视民众之合理要求,"众恶之,必察焉;众好之,必察焉。"(《论语·卫灵公》)孔子的这一结论,是通过对历史的深刻考察和总结得出的真理性认识。对民的重视,到孟子时达到了顶端,显示出民本主义的光辉。

孔子对实行富民政策的前贤时辈推崇备至。早于孔子一百多年的管仲,曾明确提出"凡治国之道,必先富民"(《管子·治国》)及"仓廪实而知礼节,衣食足而知荣辱"(《管子·牧民》)等思想命题,并提出了一系列改革措施和目标,孔子对管仲的政绩大加称赞,认为他所实行的强国富民政策,不但使齐桓公成为春秋霸主,而且百姓从中也得到了极大实惠,并以"仁"来称许管仲;对同时代的郑大夫子产,孔子也对其经济改革措施,特别是惠民政策,给予了很高的评价,他说:"(子产)有君子之道四焉:其行己也恭,其事上也敬,其养民也惠,其使民也义。"(《论语·公冶长》)并以"如其仁,如其仁"(《论语·宪问》)给予了子产高度评价。孔子提出的富民思想在其德治思想体系中具有鲜明的伦理政治意义,构成了其民本思想的重要一环。

民之富固然重要，但孔子没有停留在此，而是把民之教作为管理的最终目的。对于民众，孔子毫不犹豫地以"教之"作为"富之"之后的最重要的环节。指出"既富，乃教之也，此治国之本也"（《说苑·建本》）。孔子最早论述了富民与教民之间的辩证关系。"子适卫，冉有仆。子曰：'庶矣哉！'冉有曰：'既庶矣，又何加焉？'曰：'富之。'曰：'既富矣，又何加焉？'曰：'教之。'"（《论语·子路》）可见，孔子主张先让百姓富裕起来，然后再进行教化。把富裕作为教化的先决条件，这可以说是人类政治思想史上的一条真理性的原则，强调在富民的基础上注重对民众的道德教化，民众就不会萌发犯上作乱之心、非分逾越之想，就会在各自的社会位置上各守其位、各尽其责，社会也就不会出现上下失序、贵贱失常的混乱局面。

孔子强调道德的政治功能及其对社会的调节作用，既看到了物质资料在稳定社会政治生活中的基础性作用，同时又肯定了道德教化在社会发展中的巨大政治功能。孔子试图从社会经济生活中寻找道德教化的原因，认为道德教化应以物质富足为基础和前提，故孔子之德治主义并非一种抽象虚幻的道德主义，在某种程度上，它更接近现实的道德主义。但孔子夸大道德的政治作用，贬斥法治的社会功能，从而陷入了道德决定论、道德至上论、道德万能论的泥潭之中。

在这里，还有一个问题有必要予以澄清，那就是孔子所谓的愚民问题。关于孔子的愚民思想，皆由孔子所谓"民可使由之，不可使知之"（《论语·泰伯》）一句而引发。学界对此历来歧解不断，归纳起来有六种不同的理解。长期以来，学界多以此段话为依据，认为孔子在对民态度上实行的是一种愚民政策。这固然与学界对孔子这段话的不同理解有关，更主要的是由于在中国几千年封建社会里，确实存在着程度不同的愚民政策和言论，如商鞅所谓"成大功者不谋于众"（《商君书·更法》）；孟子所谓"终身由之而不知其道者，众也"（《孟子·尽心》）；荀子所谓"夫民易一以道而不可与共故"

(《荀子·正名》），等等。但是，认为孔子有愚民思想与孔子一再强调的爱人、重民、富民、教民等思想是背道而驰的，也不符合孔子思想的本意。按照孔子重民思想之本意，以考究孔子这段话的真正内涵，此段话的正确句读应为"民可使，由之；不可使，知之"。（这种理解已成为学界一种较为普遍的共识）孔子在这里是要表明这样一层含义：当民众懂得如何去做并有能力去做时，要放开手脚让他们去做；当民众不懂得如何去做并没有能力去做时，则要采取适当措施教导他们去做。这样句读后，意思则发生了根本变化，不但与孔子思想不相矛盾，而且与孔子的重民思想若合符节。

四、德主刑辅：宽猛相济的治民方法

春秋时期可以称之为"轴心时代"，在这一历史时期，思想家在盘算人们怎样才能够最好生活在一块，怎样才能最好地对他们加以管理和统治。[①] 孔子的"为政以德"思想除了对君主的自身道德提出了更高的要求以及满足民众最基本的生活需要，更主要地体现为以道德原则对民众进行必要的管理。在原始社会，"德"与"刑"的使用对象不同："德"用于本族，而"刑"则用于外族。进入阶级社会后，"德"的内容发生了根本性的变化。自从出现阶级社会以后，"折民惟刑"（《尚书·吕刑》）。暴力、杀戮、刑罚几乎成为对待黎民百姓的唯一方法。子产提出的"德，国家之基"（《左传·襄公二十四年》）的观点及"惟有德者能以宽服民，其次莫如猛"（《左传·昭公二十年》）的宽猛相济思想，对孔子德主刑辅思想有直接影响。孔子在思想史上第一次对德刑关系做出了比较全面的诠释。在孔子的政治思想体系中，德刑关系实际上是一种体用、本末关系。孔子认为，单纯使用刑罚，百姓虽可以暂时不犯罪，但并不能心悦诚服，只有用道德予以教化，才能使他们从内心深

[①] ［德］卡尔·雅斯贝斯：《人的历史》，转引自《现代西方史学流派文选》，上海人民出版社，1982年，第40页。

处不再产生犯罪欲望,从而自觉遵守各种礼仪制度的约束。因此,在德刑关系上,孔子主张德治价值优先论,并从不同层面、不同角度对德刑关系做了具体展开。

孔子是最早洞悉道德教化的优越性及法律刑罚的局限性的思想家。他认为,道德与刑罚都可通过规范约束人们之思想行为以达到维护社会等级秩序之目的,但其不同之处在于:刑罚只能弭祸于已发,虽具有外在强制力,但不足以服民众之心;刑罚是依靠外在强力来维持,民众只是由于惧怕惩罚而暂时收敛自己的行为,并未收到治本之效果;而德治则能防患于未然,通过内在信念来维护,通过潜移默化式的道德情感唤起固有的羞耻之心,使人从内心深处产生避恶趋善之意识,使庶民有知耻向善之心,以达到提高自我道德修养之境界及"徙善远罪而不自知"(《礼记·经解》)的自觉自愿境界,其社会作用更为持久深远,在维护国家政治统治方面具有刑法法律所不具有的社会功效。因此,在维护和巩固社会等级秩序方面,道德有着刑罚不可替代的社会教化功能。现实的政治实践证明:人们决非因为有法律才遵守某些规章制度,社会道德舆论及良好的个人道德品质往往起着"治本"的更为重要的作用。道德和法律作为治国之道,犹如鸟之双翼、车之双轮,不可偏废任何一方,道德是自觉的法律,法律则是强制的道德,它们功能互补、相辅相成,成为治国安邦的最重要的政治步骤和环节。孔子有两段非常著名的话表达了这一思想倾向,他说:"为政以德,譬如北辰,居其所而众星共之。"(《论语·为政》)"道之以政,齐之以刑,民免而无耻;道之以德,齐之以礼,有耻且格。"(《论语·为政》)

孔子主张道德优先于刑罚,而反对以刑罚为道德之先。如晋国"铸刑鼎"用刑罚代替了道德,代替了一切,刑罚成为衡量一切的价值标准,这在孔子看来是绝对不能容忍的,它与孔子的政治价值观念背道而驰,因此遭到了孔子的猛烈抨击。

孔子强调道德的社会教化功能,但并不排斥刑罚的作用。面对春秋时期严重的社会矛盾冲突,仅仅依靠德礼教化是行不通的,还必须辅之于刑罚,运用德刑兼施、宽猛相济之手段,达到民免有耻、以德去刑之政治目的。他反对"不教而杀"(《论语·尧曰》),反对不先教育而进行杀戮,反对用刑罚来对待百姓,认为"不教而杀谓之虐"(《论语·尧曰》)。若用道德教化,百姓仍不改悔,依然我行我素,则可诉之刑罚,即所谓"圣人之治化也,必刑政相参焉。太上,以德教民,而以礼齐之;其次,以政焉导民,以刑禁之。刑不刑也,化之弗变,导之弗从,伤义以败俗,于是乎用刑矣"(《孔子家语·刑政》)。孔子德主刑辅的德治原则具体表现为一种宽猛相济的管理民众的方法。"宽猛相济"的思想最早来源于子产。"宽"是指思想教化和管理适度原则;"猛"是指刑罚制裁原则。据《左传·昭公二十年》记载,子产死前对子大叔说:"我死,子必为政,唯有德者能以宽服民,其次莫如猛。"在子产看来,宽、猛关系,实际上就是礼、法关系,"宽"是一种理想的政治,但要做好很难;因此,就要辅之于"猛"。子产的宽、猛思想,提出了两种发展的可能性:或以宽为主,或以猛为主。前者则可能发展为儒家的礼治主义,后者则可能发展为法家的法治主义。孔子正是接受和发展了子产的以宽为主的思想,并做了进一步的阐明和深化,他说:"政宽则民慢,慢则纠之以猛;猛则民残,残则施之以宽。宽以济猛,猛以济宽,政是以和。"(《左传·昭公二十年》)这就是孔子"宽猛相济"的治民思想。

孔子认为,只有加强德治,处理好执政者与贤才、民众之间的关系,真正做到"修己以安人""修己以安百姓",才可以达到"无讼"(《论语·颜渊》)、"老者安之,朋友信之,少者怀之"(《论语·公冶长》)及"胜残去杀"(《论语·子路》)的社会理想状态。孔子所描绘的德政理想前景是:"为政以德,譬如北辰,居其所而众星共之。"(《论语·为政》)意思是说,为政者要有高尚的道德,有仁慈的爱心,以"德"的原则从政,就像北极星一样,居其处所,而群星皆拱卫于四周;实施德政,将在人民心中产生一种向心力,无须强令而百姓自然趋之若鹜。朱熹在《论语集注》中诠释云:"政之为言正也,所以正人之不正也。德之为言得也,得于心而不失也。……为政以德,则无为而天下归之,其象如此。"并引用程子言:"为政以德,然后无为。"引用范氏言:"为政以德,则不动而化,不言而信,无为而成。"(《四书章句集注》)

孔子所建构的为政以德的政治思想理论,在中国政治思想发展史中具有重要的意义和不朽的价值,因而受到历代政治思想家的高度重视,对于稳定中国古代社会的政治秩序起到了十分重要的作用。它犹如一条亘古不变的价值标尺,清晰地照映出历代统治者治国政策方略的得失优劣。但值得注意的是,由于孔子所处时代及个人的局限,其"德治"思想势必打上阶级的烙印,孔子主张"德治"的动机是为了维护统治阶级的统治地位,其出发点并非真正为了老百姓的利益,正如鲁迅先生所指出的,"孔夫子曾经计划过出色的治国的方法,但那都是为了治民众者,即权势者设想的方法,为民众本身的,却一点也没有。这就是'礼不下庶人'。"[1] 再如他对周礼的推崇过犹不及,其"德治"是为了加强对民众的思想控制。所以,对孔子的"德治"思想要辩证地分析,取其精华,去其糟粕。孔子为政以德的政治思想理论对今天我们所从事的事业仍具有积极的借鉴意义。

[作者系中国实学研究会会长,全国儒学社团联席会议秘书长,
中共中央党校(国家行政学院)哲学教研部教授]

---

[1] 鲁迅:《鲁迅全集》第6卷,人民文学出版社,1981年,第318页。

文以载道，文以化人，为新时代青少年培根铸魂

于建福

基于中华民族数千年教化之道，习近平主席于2014年9月24日在纪念孔子诞辰2565周年国际学术研讨会暨国际儒学联合会第五届会员大会开幕式上发表的重要讲话（以下简称"讲话"）中明确强调，"文以载道，文以化人"，注重发挥"文以化人的教化功能"，深入挖掘和阐发中华优秀传统文化中的"教化思想"。"讲话"发表十周年之际，重温蕴含其中的"文以载道，文以化人"的"教化"之道，对新时代青少年培根铸魂十分重要。

一、溯流从源：文以载道，文以化人，从延续民族文化血脉中开拓前进

"讲话"指出："不忘历史才能开辟未来，善于继承才能善于创新。优秀传统文化是一个国家、一个民族传承和发展的根本，如果丢掉了，就割断了精神命脉。"中国自古注重"文以载道"，将"文"视为衡量文明程度的标尺，是思想价值的体现，也是"道"的载体；同时注重"文以化人"，"观乎人文，以化成天下"（《周易·象传》），以人文之道化育天下，以期带来文明幸福。

中华元典《尚书》呈现了尧、舜、禹人文化成之范例。《尚书·尧典》载有尧之"钦明文思安安"，盛赞尧帝处事恭敬，明察四方，有经天纬地之

文,深谋远虑,为人宽厚而温和;《尚书·舜典》记载舜之"浚哲文明",盛赞舜帝智慧深邃,闪耀文德光辉;《尚书·虞书》则载禹之"乃武乃文",赞誉大禹文经天地、武定祸乱之文德武功。

"文宣王"孔子景仰"制礼作乐"的"文宪王"周公,推崇周朝"郁郁乎文哉"(《论语·八佾》)。孔子本人赞《易》、序《书》、删《诗》、定《礼》、正《乐》、修《春秋》,可谓"删述六经,垂宪万世"。孔子编辑《诗经》的标准是"取可施于礼义"(《史记·孔子世家》)、"思无邪"(《论语·为政》),自称"吾自卫反鲁,然后乐正,《雅》《颂》各得其所"(《论语·子罕》)。孔子"志于道",终身以"闻道""行道""弘道"为己任,培养"文质彬彬""修己以安人"的君子。"子以四教:文、行、忠、信。"(《论语·述而》)列"文"为四教之首。孔子"以诗书礼乐教,弟子盖三千焉,身通六艺者,七十有二人"(《史记·孔子世家》)。文以化人之功由此彰显。

南北朝时期刘勰在《文心雕龙·原道》中,就"圣""文""道"三者的关系作了精辟概述,"道沿圣以垂文,圣因文而明道",就是说,"道"因为圣贤著书立说而流传千古,圣贤凭借著书立说而使"道"愈益彰显。刘勰在《文心雕龙·宗经》中还对"经"与"道""教"三者作了阐发:"经也者,恒久之至道,不刊之鸿教也。"视"经"为恒久不绝的至善至美之大道、不可改易的卓越之教化。

古文运动之先驱柳冕主张文道并重,尊经而崇儒,美教化而兴王道。柳冕提出:"夫君子之儒,必有其道,有其道必有其文。道不及文则德胜,文不知道则气衰。"(《答荆南裴尚书论文书》)强调"文章本于教化",认为"经术尊则教化美,教化美则文章盛,文章盛则王道兴"(《谢杜相公论房杜二相公书》)。唐代韩愈提出"修其辞以明其道"(《争臣论》),自称"愈之所志于古者,不惟其辞之好,好其道焉耳"(《答李翊书》),力图恢复几乎中断了的儒家"道统";其门人李汉主张"文者,贯道之器也;不深于斯道,有至焉者,不也"(《〈昌黎先生集〉序》);柳宗元主张"文者以明道"(《答韦中立论师道书》),认为"圣人之言,期以明道,学者务求诸道而遗其辞。……道假辞而明,辞假书而传"(《报崔黯秀才论为文书》)。

在古文运动家提出"文以明道"的基础上,北宋周敦颐首次提出"文以载道":"文所以载道也,轮辕饰而人弗庸,徒饰也。况虚车乎?文辞,艺也;道德,实也……美则爱,爱则传焉。贤者得以学而至之,是为教。故曰:'言之无文,行之不远。'"(《通书》)此处所言之"道",是"圣人之道",而且"圣人之道,入乎耳,存乎心,蕴之为德行,行之为事业"(《通书》)。为"文"旨在弘扬儒家"圣人之道",以服务于社会与政治教化;评价"文"之贤否的首要标准是其内容好坏,若仅是文辞漂亮,却无道德内涵,则难以长久流传。

古代先贤秉持"文以载道""文以贯道""文以明道"之理念,以其"载道"之诗文,言志抒情,言传身教,兴观群怨,人文化成,赓续着中华文化的基因,成就着中华文明。确如"讲话"所言:"只有坚持从历史走向未来,从延续民族文化血脉中开拓前进,我们才能做好今天的事业。"

二、当务之急:以经典圣道之教化为当代青少年培根铸魂

自古"文"之核心便是承载圣贤之道、关乎世道人心而历久弥新的经文。《隋书·经籍志》云:"夫经籍也者,机神之妙旨,圣哲之能事。"可见,经典书籍乃是修行达到高明境界之人对自然和人事所作的精准把握,其中蕴含着机微玄奥的绝妙旨趣,是圣贤哲人所擅长、能驾驭的本事。"四书"即"圣哲之能事",《论语》涉及至圣孔子、复圣颜回、宗圣曾子等圣哲,《大学》涉及宗圣曾子,《中庸》涉及述圣子思,《孟子》涉及亚圣孟子。这些圣哲上观天文,俯察地理,中观人事,反观自身,究天人之际,察古今之变,成一家之言。经典书籍的作用就在于"经天地,纬阴阳,正纪纲,弘道德,显仁足以利物,藏用足以独善"(《隋书·经籍志》)。经籍可用来通达天地、辨识阴阳、端正纲纪、弘扬道德、彰显仁义,足以赐利万物,藏书之读用足以独

善其身，即便是普通人来学习经典，也会有王公之重。宋人汪洙《神童诗》所谓"朝为田舍郎，暮登天子堂"，恰是科举制下经典面前人人平等的真实写照。经典的价值亦如东汉王符《潜夫论》中所言："索物于夜室者，莫良于火；索道于当世者，莫良于典。"一个人在黑暗的屋子里要找到东西，最好有灯火照明；要在当世求索人间正道，最好求助于经典。人生要有所作为，最好有经典相伴。

经典诗文所承载的古圣先贤之道，在培育中华民族文化精神、价值引领及人格塑造中发挥着极为重要的作用。2014年9月，习近平总书记考察北京师范大学时强调，"我很不赞成把古代经典诗词和散文从课本中去掉，'去中国化'是很悲哀的。应该把这些经典嵌在学生脑子里，成为中华民族文化的基因"。教师的首要职责就是"传道"。为此，需要教育工作者学好中华文化经典，信道而明道，开展以经典为核心的中华文化本根教育，让经典里的文字真正活起来，发挥其超越时空的教化功能。

"文"之"载道"不是目的，仍需"明道"而"信道"，更离不开教化而"传道"，务求文以化人。"文以化人"的效果，应是春风化雨，润泽人心，令人崇善尚美；应是成己成人，立己立人，达己达人。倡导"文以载道，文以化人"，其核心是实施经典圣道之教化，旨在培育"修己以安人"之君子。"讲话"强调："文以载道，文以化人。当代中国是历史中国的延续和发展，当代中国思想文化也是中国传统思想文化的传承和升华，要认识今天的中国、今天的中国人，就要深入了解中国的文化血脉，准确把握滋养中国人的文化土壤。"显然，当代中国教育，理应是中国传统文化教育思想的传承与升华；要认识今天的教育，就要深入了解中国的经典文化血脉，准确把握滋养中国人的经典文化土壤；当代中国教育，应该深深植根于中国经典文化的沃土之中，深谙并传承圣贤之道，从而获得丰厚的滋养。中国人民的价值观和精神世界，是始终深深植根于中华优秀传统文化沃土之中的。由此不难推知，当代核心价值观教育，必须建立在传统经典文化的基础之上，需要下一番培根、固本、铸魂的功夫。浇花浇根，育人育心。务必按照习近平总书记的号召："把中华优秀传统文化教育作为固本铸魂的基础工程，贯穿人才培养全过程。"否则，很可能培养出一些"长着中国脸，不是中国心，没有中国情，缺少中国味"的人！

三、大势所趋：尊经崇圣，推行最低限度的国学教育

"讲话"指出："我们要善于把弘扬优秀传统文化和发展现实文化有机统一起来，紧密结合起来，在继承中发展，在发展中继承。"纵观中华文明史，有识之士已达成如此共识：国学的主流是儒学，儒学的核心是经学。"文以载道"与"文以化人"之"文"，首要的是儒家圣贤的学问，要以儒家经典为核心，把握蕴含其中的圣贤之道，尊经崇圣。为彰显中华经典文化价值，感通圣贤至德要道，延续中华文明精神血脉，破解国学教育的现实困境，最低限度的国学教育势在必行。

（一）共唱《大同歌》，以确立共同理想信仰

《礼记·礼运》中，孔子提出了"天下为公"的大同社会的理想蓝图。其中，首先就"大同"社会作了纲领性论述。"大道"乃治理社会的最高准则。推行"大道"，必有"天下为公"之公制，必有"选贤与能"之公正，也必有"讲信修睦"之公德。"大同"世界必恪守"人不独亲其亲，不独子其子"的仁爱之道，并基于此而"使老有所终，壮有所用，幼有所长"，对各年龄段的人群都要做出适度的安排，使"矜、寡、孤、独、废、疾"这六种特殊群体也能得到赡养，并使男女都能安居乐业而各得其所。基于公心和仁爱之道，必货尽其用，人尽其力，安身立命，人心和顺，因而，阴谋诡计受到遏制，无任何施展余地，抢劫、偷窃和犯上作乱之事不会发生，也不用关上门来彼此防范，代之而兴的将是一个"外户而不闭"的和谐安定的局面。这就是2000多年前，中国圣贤对理想社会具体而形象的鼓舞人心的生动描绘，此正是中国圣贤指引的重民生、以人为本位、恪守诚信、崇尚公正道义、

和合修睦而渐入大同之境的社会发展道路。概而言之，就是"仁爱、民本、诚信、正义、和合、大同"的思想理念。

"天下为公"的"大同"世界是世世代代中国人梦寐以求的社会理想。"大同"理想世代传承，历久弥新，为中国社会发展注入了不竭动力，如今既是立德树人的有益资源，也是社会主义核心价值观的强大基石，又是中华民族伟大复兴中国梦的思想渊源，还是构建"人类命运共同体"的思想源泉。自2013年9月28日第五期"国学经典教育"专题研修班在尼山唱响《大同歌》，之后每期国学班必唱，相关国学活动必唱，并多次前往北京孔庙，在大成殿前唱响《大同歌》。不仅如此，国学班和国学经典教育相关学校数以万计的师生颂唱、抄写《大同歌》，有多民族文字书法撰写，也有用盲文、手语等各种形式的呈现，并长期进行"大同"文化展览，如今在尼山建有"大同学堂"，让大同理想深入人心，并化作为之奋斗的毕生追求。共唱《大同歌》，简单易行，建议普遍唱响，为青少年埋下共同理想的种子。

(二) 过好中华母亲节和"9·28"尊师日，以此崇圣希贤

在传统社会里，父慈子孝、孝亲敬老本是天经地义之事。自20世纪后期，中国人普遍在5月第二个星期日庆祝母亲节。然而，那是国外的风俗，并非中国传统节日。中华民族历来不乏伟大母亲形象，陶母"封坛退鲊"、欧母"画荻教子"、岳母励子从戎"尽忠报国"的教子故事广为传颂，成为教子育英典范；"孟母三迁""断机教子"的事迹尤为人们所推崇，一部流传千余年、仅有千余字的《三字经》，开篇即有体现孟子思想的"人之初，性本善"，随之则有"昔孟母，择邻处，子不学，断机杼"的典故，可见孟子和孟母在中华文明中的崇高地位。自2006年，有识之士将农历四月初二，即孟子诞辰日确定为中华母亲节，并在民间逐步推广，以此倡导孝亲敬老的风气，颂扬母教母爱精神。

如果说上半年的中华母亲节倾心于亚圣孟子，那么，下半年的"9·28"孔子诞辰日则应倾心于"至圣先师"孔子。孔子诞生于鲁襄公二十二年农历

八月二十七日,即公元前551年9月28日。自孔子去世,尤其是有汉以来,每年此时祭拜孔子的活动几无间断,有些国家和地区甚至将该日确定为教师节。中国作为万世师表孔子的故国,理所当然应以其诞辰日作为中华教师节,赋予教师节以深厚的文化内涵。孔子诞辰日在尚未改为教师节之前,不妨作为"尊师日",以景仰圣贤,弘扬中华民族尊师重教的优良传统。

(三)诵读蒙学读物,蒙以养正

"三百千"等蒙学读物适合启蒙教育和初等教育,是中国传统教育的基础,也是进入"四书"的阶梯。"蒙以养正,圣功也。"(《周易·象传》)儿童应从蒙昧状态就开始培养其真诚纯正的品质,开发其成就圣贤的潜质,功莫大焉。

明代理学家吕坤曾说过:"初入社学,八岁以下者,先读《三字经》以习见闻,《百家姓》以便日用,《千字文》亦有义理。"《三字经》乃融入中华文化精华的三字歌诀,更是流传千年的劝学从善良言,具有独特的思想价值和文化魅力,不可不读。《百家姓》朗朗上口,便于日用,乃中国人了解自我及家族宗脉源流、寻根法祖、慎终追远必备的文献蓝本。《千字文》是蕴含义理的绝妙文章、享誉千古的恒久日用之书,开卷必有益。《弟子规》乃圣人之训,属训蒙之文,最终劝人"勿自暴,勿自弃,圣与贤,可驯致",不妨熟读背诵。读《千家诗》,乃走入古代诗歌王国,可涵养文采,更能陶冶性情。读《声律启蒙》,通晓声韵格律,徜徉于中华文海,可让生活充满诗情画意。读了《增广贤文》会说话,读了《幼学琼林》走天下,读了《孝经》则明至德要道,本立而道生。

(四)熟读"四书",感通"修己安人"之道

在诸多中华典籍中,最值得当代学人共同研读的莫过于"四书"。"四书"蕴含的核心思想理念是当代教育培根铸魂的源头活水。"四书"所蕴含的儒家之道,乃成就"修己安人"的君子之道。《论语·宪问》载:子路问君子,子曰:"修己以敬。"曰:"如斯而已乎?"曰:"修己以安人。"曰:"如

斯而已乎?"曰:"修己以安百姓。修己以安百姓,尧、舜其犹病诸?"其中,"修己以敬"最为根本,"修己以安人"是自然延伸,"修己以安百姓"则达于极致。但是说到"修己以安百姓"之时,孔子加了一句,此非一般君子所能及,即便尧舜那样的圣贤也未必能做得到、做得好。对大部分人来说,做一个君子,"修己安人"可也。南宋理学家朱熹对《大学》做了一个总结,认为是"穷理、正心、修己、治人"之道,用《中庸》之言则是"君子笃恭而天下平",用《孟子·尽心下》的话就是"君子之守,修其身而天下平"。

唱响《大同歌》,确立理想信念;过好两个节,心中有圣贤;读好"三百千",蒙以养正;研读"四书"诸经典,感悟蕴含其中的圣贤之道,尤其是将仁义礼智信之五常植根于心,进而体悟"讲仁爱、重民本、守诚信、崇正义、尚和合、求大同"的核心思想理念;就会以特有的文化情怀和敬畏之心,强化文化认知,增进文化认同,增强文化自信,提升文化自觉,担当文化强国重任,在民族复兴及人类命运共同体构建之路上大有作为。

(作者系国际儒学联合会副会长、国家教育行政学院教授)

孔子的"施教"体系及其对当今国学教育的启示

杨朝明

据《孔子家语·卫将军文子》记载，孔子弟子子贡来到卫国，卫将军文子和子贡有一段对话，阐述了孔子"施教"的逻辑顺序，其中说："孔子之施教也，先之以诗书，而道之以孝悌，说之以仁义，观之以礼乐，然后成之以文德。盖入室升堂者，七十有余人。"可见，这个过程是伴随着一个人的成长过程而完成的，促成人在德性方面的成长，即"成德"。

什么是道德？"道"是一种信仰层面的东西，就是价值体系。因为有这样的信仰，所以才会有相应的行为方式，而这个行为方式就是"德"。我们每个人的德性、每个人的素养、每个人的境界、每个人的格局，基础是怎样奠定的呢？其实，孔子的教育就是希望成就人的德性，成就人的修养和教养，这就是"成之以文德"。今天弘扬中华优秀传统文化，尤其是各级各类学校要立德树人，很有必要借鉴孔子的"施教"体系。

一、先之以诗书

"先之以诗书。"诗、书本来是两种科目，后来孔子编定了教本，这就是《诗》《书》，其代表的是经典。

为什么"先之以诗书"呢？《左传》载，"诗、书，义之府也"，什么是"义"？"义者，事之宜也"，事情应当这样做，我就这样做，这叫"义"。我们说见义勇为，见到我们该做的事，就去做，这就叫见义勇为。见义勇为，未必就是要做出很大的牺牲。比如，我们从路边走，看见一个水管在哗哗流水，我们去把它关上，这就是见义勇为。也就是说，事情应当这样做，我们就这样做。而诗、书，谈到的都是"义"的问题，是"义的府库"。

《左传》又说："礼、乐，德之则也。"什么是"德"？"德"是行为的标准，"则"就是榜样，"德"的榜样其实就在"礼""乐"里面。《论语》载："质胜文则野，文胜质则史，文质彬彬，然后君子。"一个人过于质朴，不可以；反之，过于文饰，过于注重一些表面的细节，也不可以。文质相应，叫"文质彬彬"。所以，这个"礼"，实际上就是礼文，就是人的文饰。"乐"就是教化人们如何去行礼。

当然，"礼"的内涵很丰富，比如，祭祀之礼，"以祀礼教敬""以阳礼教让""以阴礼教亲"（《周礼·地官司徒》），这是指"礼"的不同功能。"礼""乐"，其实是广义的"礼"。

我们每个人都在追求利，"天下熙熙，皆为利来；天下攘攘，皆为利往"，追求利的时候，"利"和"义"是什么关系呢？先"义"后"利"，或者以"义"为"利"。说到底，落脚点还是在"利"。但是，这样可以使自己的"利"来得更加正当，所以孔子"先之以诗书"就是"以诗书先之"，而"以诗书先之"的原因就在于"诗""书"是义的府库。

孔子曾经编订《诗经》和《尚书》。《关雎》作为《诗经》首篇，大家都很熟悉，孔子编订《诗经》时，为什么把《关雎》作为第一篇呢？其实这涉及古代的教育制度，古代的教育制度是八岁入小学，十五岁入大学。八岁入小学，学什么？学"有什么""是什么"；到了十五岁，就学大学。小学称为"小子之学"，就是指小孩学的东西，大学就是大人之学。"大人"不仅是年龄概念，更重要的是人的内涵。一个人有了境界，有了气象，有了格局，有了内涵，这才是"大人"。所以说，不是你年龄大了就是大人，大人是有德性的人，有社会性的人。十五岁这个年龄非常重要，一个人到了十五岁，就基本上开始懂事了，而《关雎》中，"关关雎鸠，在河之洲，窈窕淑女，君子好逑"，这两句表达的就是一个孩子喜欢上了另外一个，"参差荇菜，左右流之，窈窕淑女，寤寐求之"，表示因为喜欢而思念对方，"求之不得，寤寐思服，悠哉悠哉，辗转反侧"，表示因为过于思念对方而寝食难安。这时候，他必须懂得一个道理，就是"琴瑟友之""钟鼓乐之"。这里讲了一个重要问题，就是"发乎情，止乎礼"。

古代的教育，从小学到大学，一个重要的年龄，就是十五岁。人在十五岁就进入了青春期。佛家讲"戒"，其实儒家也讲"戒"，孔子说："君子有三戒：少之时，血气未定，戒之在色；及其壮也，血气方刚，戒之在斗；及其老也，血气既衰，戒之在得。"（《论语·季氏》）这是《论语》里面教导我们的，其中"少之时，血气未定，戒之在色"，这个"色"很关键，《孟子》里也有一句话，"食色性也"。吃饱穿暖是物质需求，色就是精神需求。这种感觉非常美好，也非常正常，孩子到了十五岁，情窦初开，而教育的最佳时机恰恰就是这个时候。孩子进入这个年龄，进行诗、书、礼、乐之教，《诗》第一篇就是要告诉孩子，在你刚刚懂事的年龄，你不是一个纯粹的小动物，你是具有社会性内涵的人。中国传统的教化思想很了不起，这就是一个很好的体现。

什么叫礼？礼者，理也。礼者，理万物者也。《礼记·礼器》说："礼也者，合于天时，设于地财，顺于鬼神，合于人心。"这个礼，有一个内在的道理，这个礼是对人的行为的人性思考。中国文化的特点，就是研究人性和人的价值。不言而喻，每一个人都有双重属性，人首先是一个自然的人，作为一个自然人，我们有自己的自然性，我们的喜、怒、哀、乐，都是自然性。但我们不仅是一个自然人，还是一个社会人，作为一个社会的人，必须考虑如何与其他人相处，如何与这个社会、这个国家、这个民族，甚至与自然处理关系。作为一个自然的人，是我"想怎么样"，但作为一个社会的人，就是我"应怎么样"了。一首好的诗歌，一定起于一种情感，终于一种智慧。这种情感发乎自然，所以我们高兴的时候就手舞足蹈，这是一种情感的自然外露，但发乎情还必须得止乎礼。

人心教化要"适时而教"。什么是适时而教呢？就是教于当教之时。大学就是大人之学，"学"是一个名词，大人之学，大人如何学？"安其学而亲其师，乐其友而信其道"，师之传道才是最重要的，"道之所存，师之所存"，老师不传道，这个老师就是一个教书匠。"师者，所以传道受业解惑也。"当老师的，如果不传道，如果不传承价值观，那这个老师顶多就是知识比别人多一点。《大学》说"安其学而亲其师"，老师承载着学，承载着境界，承载着信仰，老师的一举一动、一言一行可能都承载道，所以当一个学生"安其学"的时候，才能"亲其师"。"安其学而亲其师，乐其友而信其道"，这里"学"与"道"是同位词。适时而教，教的是道，教的是修身做人。"发乎情，止乎礼"，这个"礼"也就是"道"，就是行为的标准。

"大学之道，在明明德，在亲民，在止于至善。"《大学》中的"止于至善"说的就是方向。英国哲学家培根说过一句话："知识就是力量。"我认为，后面还要加一句话："知识就是力量，力量需要方向。"我有很大的力量，要看这个力量用来做什么，如果用这个力量来做坏事的话，力量越大危害就越大。文化强调方向，有人说："不要让孩子输在起跑线上。"此话怎么理解？有两个要点：第一，起点；第二，方向。方向对了，跑得慢点没关系；方向错了，跑得越快越糟糕。

中国文化特别讲究方向，这个方向就是"至善"，所谓"止于至善"。中国文化讲"知止"，"知止而后有定，定而后能静，静而后能安，安而后能虑，虑而后能得"（《大学》）。怎样把握"至善"呢？首先就要明确方向，只有知止，才能穷理、正心、明德。

中国典籍里面谈到"止"的地方很多。"为人君，止于仁；为人臣，止于敬；为人子，止于孝；为人父，止于慈；与国人交，止于信。"（《大学》）作为君王，要做一个仁君；作为下属，要敬于执事；作为子女，要孝；作为父母，要慈。孔子到了齐国，齐景公向孔子问政，孔子说了八个字："君君、臣臣、父父、子子。"（《论语·颜渊》）很多人说这句话是强调君权、父权。其实，孔子的意思是，我们每个人在社会上的角色都是多样的，无论是君还是臣，都是相对的。我们既然处在不同的社会关系中，那么每个人都要做好自己，这就是"君君、臣臣、父父、子子"。怎样做好自己呢？应该明白自己的社会定位，作为君，就要"止于仁"；作为父，就要"止于慈"。只有明白自己的角色定位，才能知道自己应该怎么做。儒家大学之道，就是教人们去做自己该做的。

那么，如何"知止"？我个人理解，在社会中，我们最不能缺少的就是两个字，一个是"爱"，一个是"敬"。如果这个社会充满了爱，如果每个人都懂得敬，那问题就好解决了。

儒家文化有两个东西最重要，一个是仁爱，一个是敬畏。儒家特别讲究仁爱，"人而不仁，如礼何？人而不仁，如乐何？"（《论语·八佾》）人如果不仁，那礼乐秩序怎么办呢？很多人说法律很重要，法律当然重要，但"国皆有法，而无使法必行之法"（《商君书·画策》），制定法律很容易，但又有哪一部法律能够保证法律得到执行呢？人如果不自觉遵守礼，那礼乐秩序怎么办呢？再好的规则，到了没有素养的人那里，都会变得漏洞百出。

二、道（导）之以孝悌

儒家为什么特别重视孝悌呢？孝就是孝亲，悌就是敬长。人来到世界上，首先得到的就是父母的关爱，没有父母，就没有这一切。当我们什么都不知道的时候，首先看到的就是自己的父母，然后是我们的兄长。只要爱父母，敬兄长，把这种爱和敬推广开来，社会就不会缺少爱与敬。孔子说"立爱自亲始"，"立教自长始"，爱与敬的培养，是从孝悌开始的。

《论语》开篇第一章就讲"学而时习之"，第二章讲"有子曰：'其为人也孝弟（悌），而好犯上者，鲜矣；不好犯上，而好作乱者，未之有也。'"

"孝弟（悌）也者，其为仁之本与！"孝悌为什么是为人的根本？因为孝悌是培养爱与敬的。

《孔子家语·大婚解》载，有一天，鲁哀公向孔子请教，孔子说："古之政，爱人为大。所以治爱人，礼为大；所以治礼，敬为大；敬之至矣，大婚为大。"最后落脚点是，"爱与敬，其政之本与"。我们为政、管理社会，就是要让社会充满爱和敬，要让人们懂得爱和敬。当人们有了爱心、有了敬畏之心后，这个社会上的很多问题就会迎刃而解，这是政治的根本。

为政者从孝悌出发，以孝悌来引导一个人，培养其爱与敬，这就是为政之本。儒家讲的爱，是从父母的亲情之爱开始的，《中庸》说："仁者，人也，亲亲为大。"只要是人，就应当有爱心，有爱心的基本表现就是"亲亲"。只有"亲亲"，才有可能"不独亲其亲"，才有可能"老吾老以及人之老，幼吾幼以及人之幼"，才有可能"泛爱众"，进而"仁厚及于鸟兽昆虫"。这种亲亲之爱，放大以后，推广开来，才有社会的爱，才有可能把家庭伦理变成政治伦理。一个人如果不爱亲敬长，到了社会上忽然有了满腔的爱心，这是不可想象的，也不符合逻辑。

儒家特别讲究忠恕，讲究从修己到推己。修己，是"仁者人也，亲亲为大"，修己就是"忠"。把这种修己之心推展开来，就是"恕"。修己是"忠"，推己是"恕"，"忠恕"就是孔子的一贯之道。"子曰：'参乎！吾道一以贯之。'曾子曰：'唯。'子出，门人问曰：'何谓也？'曾子曰：'夫子之道，忠恕而已矣。'"（《论语·里仁》）孔子之道、儒家之道，无非就是"忠恕"，"忠"是根本，是修己，一个人只有修己才能推己。同样，只有推己才能更好地修己。

"忠"和"恕"之间哪个更重要呢？子贡向孔子请教："有一言而可以终身行之者乎？"孔子的回答就是："其恕乎。"什么是"恕"呢？孔子接着解释："己所不欲，勿施于人。"（《论语·卫灵公》）这就是"恕"，就是换位思考。这个"己"，不是一个纯粹的自然的人，他一定是一个具有道德修养的社会的人。

三、说（悦）之以仁义

所谓"说之以仁义"，就是以仁义"说"之，就是告诉大家一定要做到仁义。什么叫"仁"？"仁者人也，亲亲为大。"（《中庸》）这个环节虽然说起来很容易，但做起来并不容易。有一个英国作家说，孔子提出的方法是简单的，也许你不会马上就喜欢，但是其中蕴含着比人们第一眼所看到的更多的智慧。而要发现这个"更多的智慧"，实际上有一个关键的环节，就是从修己到推己。每个人都是自然的人，每个人都是利己的，都是优先考虑自己的。由修己到推己，说起来简单，但真正做起来很难。

这里，有一个关键环节，就是"说"，即反复说，反复强调。儒家为什么反复讲"仁义之道"？"仁爱"的"仁"，从古体字的角度，上边代表身，下边代表心。这个字，意思不是让人心里想着自己，而是让人"反省自身"。一提到"仁"，大家想到的就是仁者爱人，就是人与人之间的相互关爱，其实这个字更强调修己。一个人只有"成己""克己""为仁由己""敢于反己"，这个人才有可能做到仁爱。儒家仁爱的逻辑，首先就是修己，然后是推己。只有修己才能孝亲，修己的基本表现就是孝亲，只有孝亲才能爱人，进而才能爱物。这就是儒家的仁爱学说。

儒家讲仁义，什么是仁义？首先是修己以安人。忠，就是修己，"修己以敬"，"修己以安人"，"修己以安百姓"，修己以安天下。儒家很多典籍讲的恰恰就是推己及人的问题，《中庸》说："道不远人，人之为道而远人，不可以为道。"有些人在讲"道"的时候，讲得"道"像雾、像雨、又像风，讲得"道"不可捉摸。当然，"道"确实很难捉摸，所以老子说"道可道，非常道"，但"道"又离我们很近，每个人身上都承载着"道"："道也者，不可须臾离也，可离，非道也。"人的一言一行都体现了自己的人生境界，一举一动都彰显着自身的素养，所以真正有境界的人，会把自己的普通岗位当成自己的道场，可见"道"离我们每一个人都很近。

《孔子家语》里有"三恕篇"，其中说："君子有三恕：有君不能事，有臣而求其使，非恕也；有亲不能孝，有子而求其报，非恕也；有兄不能敬，有弟而求其顺，非恕也。""恕"，其实很简单，"士能明于三恕之本，则可谓端身矣。"即要明白"三恕"的根本，而其根本就是修己。"施诸己而不愿，亦勿施诸人"，"己所不欲，勿施于人"，自己做不好，反而要求别人做好，是肯定行不通的。《中庸》还有一段说："所求乎子以事父，未能也；所求乎臣以事君，未能也；所求乎弟以事兄，未能也；所求乎朋友先施之，未能也。"希望别人对自己怎么样，先想想自己是怎么做的，"严以律己，宽以待人"。很多人对自己很宽容，对别人却很严格，这就"非恕"也。所以，仁义之道就是忠恕之道，忠恕之道就是换位思考，换位思考乃以修己为前提。

四、观之以礼乐

礼乐可以表演，所以可以观。由此，我们想到"仁者人也，亲亲为大"，"义者宜也，尊贤为大。亲亲之杀，尊贤之等，礼所生也"（《中庸》）。"礼者，政之本也。"礼，作为一种外在的形式，一定表达着深刻的内涵。一个彬彬有礼的人，一定有内在的修养。周代的礼乐教化，就非常注重人心的教化，周代的大司徒职责有所谓"十二教"，摆在首位的是"以祀礼教敬"，即用祭祀之礼培养人的敬畏之心。

"以祀礼教敬"很重要。比如，我们祭祀黄帝，礼敬的是人文初祖，因为我们是中华儿女。我们礼敬孔子，尊重的是孔子本人，同时更尊重孔子所确立和阐述的价值观念。此外，"十二教"的内容还有很多，如"以阳礼教让"，阳礼就是人与人之间的礼仪活动，培养的是一种礼让的品质；还有"以阴礼教亲"，祭祀之礼的深层内涵，一定是尊尊而亲亲，亲亲就是宗法观念深入人心；还有"以乐礼教和"，"乐礼"就是礼乐，礼然后乐。《乐记》云："乐者，通伦理者也。"有些音乐是感人至深的，所以教化人心"莫善于乐"，移风易俗"莫善于乐"。其实，这些都属于礼乐的范畴。

《孔子家语·观乡射》谈的都是孔子和他的弟子观礼的事。比如孔子观于乡射是观射礼，观于乡是观乡饮酒礼，观于蜡就是观蜡礼。观礼，学什么？比如射礼，很多人在"射礼"上迷失了，看到射礼，就想到孔子的"六艺"，即礼、乐、射、御、书、数。其实，在小学"六艺"里面，射是指射箭，是属于兵战教育；而在大学六艺里面，射指射礼，属于礼的范畴。观于乡射是指乡射礼。射礼考虑的是人们的中正，或是人道，比如说"射者，仁之道也。射求正诸己，己正而后发，发而不中，则不怨胜己者，反求诸己而已矣"（《礼记·射义》）。

《论语》里有句话叫作"君子无所争"。一个境界高的人，又有什么可争的呢？境界高了，就无所争。如果有所争，"必也射乎"，意思是如果要争的话可能就是射箭。"君子无所争，必也射乎！揖让而升，下而饮，其争也君子。"（《论语·八佾》）就是说观射礼，比的是人的中正。所以"观之以礼乐"，在"观"礼乐的过程中，得到了心灵的教化和净化。

何谓乡饮酒礼？到了年终，把老人请来，对老人尊敬、序齿。在传统中国社会，年龄越大，境界越高。因为那个时期，很多知识都是靠口耳相传的。咱们常说，有些人吃的盐比我们吃的面都多，有些人过的桥比我们走的路都多，所以，对这些人要尊重。《孟子·尽心上》载："五亩之宅，树之以桑，五十者可以衣帛矣；鸡豚狗彘之畜，无失其时，七十者可以食肉矣；百亩之田，勿夺其时，数口之家可以无饥矣；谨庠序之教，申之以孝悌之义，颁白者不负戴于道路矣。七十者衣帛食肉，黎民不饥不寒，然而不王者，未之有也。"年龄大，得到的尊重就多。《论语·乡党》载："乡人饮酒，杖者出，斯出矣。""杖者"就是拄拐杖的老人，老人出来以后，我们再走。乡饮酒礼是尊老礼，观这种礼仪，就可得到敬的教育。

观于蜡，蜡礼就是年终的时候集合众神，把祭祀对象都请来进行祭祀。《孔子家语·礼运》篇载，孔子做大司寇的时候，鲁国举行了一次大的祭祀，孔子做傧相，就是相礼的人。可能是在做礼仪活动的时候，有人只注重形式而不注重内容，存其仪而失其义，有仪式而无内涵。所以孔子很感慨，参加完那种礼仪之后，与子贡讨论这个问题。他们认为，举行完仪式后，大家都高兴，一国之人皆若狂，到了年终时大家都要放松一下。这个时候，孔子想到，一张一弛，文武之道也。孔子在礼仪中悟出了很多道理。我们参加一些礼乐活动，可以培养一种"敬"。这种"敬"，通过观礼，会得到一种心灵的改变，这就是"观之以礼乐"的效果。

这就是孔子教育体系的顺序："先之以诗书，而道之以孝悌，说之以仁义，观之以礼乐，然后成之以文德。"只有这样，一个人的境界才能真正提升。今天弘扬中华优秀传统文化，人的德性要得到有效提升，就需要慢慢融化于心，这是一个"润物细无声"的过程。

（作者系中华孔子学会副会长、山东大学儒学高等研究院特聘教授）

孔子教育思想概说

舒大刚

引 言

孔子是我国古代著名的思想家、教育家、儒家学派创始人。他在历史上有许多称呼：当时的人们称他为"夫子"，夫子就是先生的意思；他逝世的时候，鲁哀公诔文称他为"尼父"，父是尊称；战国人称他"孔子"，就是孔先生的意思；西汉称他"素王"或"先师"，素王就是他有王者之德、王者之风，但是没有王者的位置，所以是"素王"，"先师"指开一代教育万世师表的人物；汉平帝时正式封他为"褒成宣尼公"；北魏孝文帝称他为"文圣尼公"；北周静帝封他为"邹国公"；隋文帝时称他为"先师尼父"；唐太宗尊他为"先圣"，后又改成"宣父"；唐高宗尊他为"太师"；武则天时称他为"隆道公"；唐玄宗升孔子为"文宣王"，"素王"是汉代经学家对孔子的称呼，"文宣王"是统治者正式给他的封号；宋真宗时称他为"玄圣文宣王"，后来又改称"至圣文宣王"；元武宗加封孔子为"大成至圣文宣王"；明世宗尊孔子为"至圣先师"；清顺治加封号"大成至圣文宣先师"，后又恢复称"至圣先师"；民国时期仍然派大员来祭祀孔子，并且沿用"大成至圣先师"这一称呼。这些称呼都是褒称，而且这些褒称中有一个共同现象，即大多称孔子为"圣"、为"师"，以"大成至圣文宣王"为例，根据苏洵《谥法》记载,"行道化民曰圣",意思是说,推行自己的道德主张来教化民众,这就是"圣";"穷理尽性曰圣",从哲学的角度、心理的角度、人性的角度来穷尽这些义理、穷尽人性,这就是"圣"。关于"文",苏洵认为"经纬天地曰文""修德来远曰文""道德博闻曰文",这些都是孔子所具备的。关于什么是"宣",苏洵认为"善闻周达曰宣",就是把他的美名向四面八方宣扬出来,"诚意见外曰宣",即内外表里如一。"大成"是孟子赞扬孔子集三代文化、古今圣贤之大成;"至圣"是说孔子是圣人中的"高大上",是最高大的一个圣人。"先师"一词在孔子之前就出现了,《周礼》记载,"师以贤得民""儒以道得民",当时有"师""儒"之分。"师以贤得民",就是说"师"是以贤明来获得人们的敬重;"儒以道得民",指"儒"是以知识和道义来获得人们的崇敬。"师"和"儒"实际在孔子以前是两种官职,这两种官职都要表率万民,一个是用自己的德行,一个是用自己的知识和道理。韩愈讲得更清楚,即"师者,所以传道、受业、解惑也"。真正承当"先师"之任的孔子是当之无愧的,所以评价孔子最核心的、最主要的就是"师",从事教育、从事教学、从事人才培养,是孔子终生的事业,也是他影响千秋万代甚至影响人类的一代伟业。本文将主要从下面五个方面介绍孔子的教育思想。

一、六艺——全能教育

(一) 六艺与七十二弟子

孔子的教学重视全能教育、全方位训练,即所谓"六艺":礼、乐、射、御、书、数。礼,不仅指今天所说的有礼貌、有秩序,古代的礼内容非常广,有吉、凶、军、宾、嘉五礼,还有若干小类,有所谓的"经礼三百,曲礼三千"之说,所有的制度典章、行为规范都在礼的规定当中。乐有"六乐",包括《云门》《大咸》《大韶》《大夏》《大濩》《大武》等古乐,是从尧舜一直到周代的音乐。射也不是简单的射箭,有"五射":白矢、参连、剡注、襄尺、井仪。即五种射箭的技巧、理论和技能。白矢,箭穿靶子而箭头发白,表明发矢准确而有力；参连，前放一矢，后三矢连续而去，矢矢相属，若连珠之相衔；剡注，谓矢行之疾；襄尺，臣与君同射，臣让君一尺而退；井仪，四矢连贯，皆正中目标。御的讲究也非常多，有文车、武车之分，因为古代打仗是战车，出行外交则坐文车，走到哪个地方该怎么驾、该怎么行礼都是有讲究的。书是"六书"，包括书法、"六书"的原理、文字的含义等。数指"九数"，包括各种计算，如工程计算、面积计算等。这些技能都是当时士人服务于社会必备的技巧。孔子认为"君子不器"，是说不要成为一个具体的、简单的用具，君子应该是全能的、全面的。又对子夏说："女为君子儒，无为小人儒。"（《论语·雍也》）君子儒是全面的儒者。《史记》记载孔子弟子"身通六艺者七十有二人"，就是能够全面掌握这些技巧的有七十二位，这七十二位在《史记·仲尼弟子列传》《孔子家语》里都有记载，只是人数有多有少，人名不完全相同。简单来看，礼、乐就是当时的文明制度，主于教世，即教化世人；射、御是当时的武艺和技能，主要指战备制度和技能，用于救世；书、数是文化知识，用于治理社会。这几种知识都具备，可以说是能文能武，知今知古，精文精理，通艺通技，无施不宜，无往不利。因此，当时很多国君既想用孔子又怕用孔子。想用，是因为孔子的弟子都是人才，每个人都能担当重任；怕用，是怕他的弟子团结起来造反而驾驭不了。但是他们不知道儒家是不主张造反的，是为君子统治服务的。

（二）六艺对历史的继承——乡三物

儒家经典《周礼》中记载了教化万民的"乡三物"："（大司徒）以乡三物教万民而宾兴之。""宾兴之"就是把他作为珍贵的人才举荐，"一曰六德：知、仁、圣、义、忠、和；二曰六行：孝、友、睦、姻、任、恤；三曰六艺：礼、乐、射、御、书、数。"孔子讲的"六艺"就是从这里来的。"六德"属于内在的品质，也包括政治的；"六行"属于伦理的品行；"六艺"属于知识技能。这是孔子对历史的继承。大司徒既以这三种品德和知识教化万民，又以此为标准来推荐优秀人才。

(三) 四科造士

孔子在继承六艺的基础上又有所扩展。《礼记·王制》曰："《诗》《书》《礼》《乐》以造士。"孔子将诗、书、礼、乐分成四科，一是"德行"，颜渊、闵子骞、冉伯牛、仲弓在德行这一科是非常优秀的。二是"言语"，相当于今天的外交辞令，比较突出的学生有宰我、子贡等，尤其是子贡。一次吴国要攻打鲁国，鲁君派子贡去游说吴国，子贡就说你打鲁国没意思，鲁国那么弱，你不打它，它也会听你的。吴国就问哪国最强，他说齐国最强，你敢不敢惹？吴国当时正如日中天，于是就跟齐国开战，结果吴齐强国两败俱伤，鲁国反而安全了。三是"政事"，杰出学生主要有冉有和子路。四是"文学"，指古代文献，也就是当时的经学，杰出学生有子游、子夏。

在孔子的弟子中，有不少人都干出了一番成就，对于当时的政治，尤其是对于孔子思想的传播以及儒家的形成和发展，起到了重要作用。

二、六经——全智教育

(一) 四经

前文所说的"六艺"培养出的是操作性较强的人才，这样的人才缺乏信仰，缺乏哲学。因此孔子晚年就对此做了补充、改造，尤其是周游列国之后修订了《易》《春秋》，形成了"六经"。孔子之前是"四经"，《礼记·王制》曰："乐正崇四术，立四教，顺先王《诗》《书》《礼》《乐》以造士。春秋教以《礼》《乐》，冬夏教以《诗》《书》。"《左传·僖公二十七年》记载，赵衰赞郄縠："说《礼》《乐》而敦《诗》《书》。《诗》《书》，义之府也；《礼》《乐》，德之则也；德、义，利之本也。"《管子》："泽其四经。"尹知章注："四经，谓《诗》《书》《礼》《乐》。"《史记》称："孔子闵（悯）王路废而邪道兴，于是论次《诗》《书》，修起《礼》《乐》。"《孟子》："孔子以《诗》《书》《礼》《乐》教，弟子盖三千焉。"

（二）六经形成

《庄子》中记载，孔子继"旧法、世传之史"，"治《诗》《书》《礼》《乐》《易》《春秋》六经"。孔子用这"六经"来教授学生，尤其是对"六经"进行了新的阐释，加入了很多仁义、道德，还包括民本、秩序等方面的思想，形成了系统的儒家经典。《庄子·天道》篇说孔子"翻'十二经'以说"。一种说法认为十二经指六经六纬，也有人认为是大"六经"、小"六经"。大"六经"是《诗》《书》《礼》《乐》《易》《春秋》，小"六经"是具体教授礼、乐、射、御、书、数的教材。《孔子家语·本姓解》也讲道："（孔子）删《诗》述《书》，定《礼》理《乐》，制作《春秋》，赞明《易》道。"这样就形成了"六经"。

（三）六经异说

有人认为，"六经"讲的都是历史，不是孔子自己创作的，孔子以前已经有了"六经"。如龚自珍《六经正名答问一》："仲尼未生，已有六经；仲尼之生，不作一经。"章学诚《校雠通义·原道》："六艺非孔氏之书，乃周官之旧典也。《易》掌太卜，《书》藏外史，《礼》在宗伯，《乐》隶司乐，《诗》颂于太师，《春秋》存乎国史。"这种认识是不对的。虽然"六经"的内容在孔子以前就有了，但是"六经"作为经典文献，是孔子定下来的。虽然"六经"的内容在以前就有了，但是只是记载历史事件，没有从历史事件中总结规律、道理，这些规律和道理是孔子总结出来的。就像《孟子》说的"晋之《乘》，楚之《梼杌》，鲁之《春秋》，一也"（《孟子·离娄下》），它们的内容都是一样的，都是历史书籍，但是"其义则丘窃取之矣"，里面贯穿的义理是孔子灌输进去的。也有人说"六经"在孔子那个时候不存在，是汉代的人整理出来的，这也是不对的。郭店战国竹简《六德》记载："观诸《诗》《书》则亦在矣，观诸《礼》《乐》则亦在矣，观诸《易》《春秋》则亦在矣。"这说明在战国时期，"六经"已经形成，而且成为一个体系，它不是短时间能够实现的。

（四）六经益智

"六经"不仅是历史故事，它也是有内容的。《庄子·天下》篇记载："《诗》以道志，《书》以道事，《礼》以道行，《乐》以道和，《易》以道阴阳，《春秋》以道名分。"虽然《诗经》今天还在，但通常是把它讲成文学著作，把有些诗篇讲成纯粹的男女爱情，或者说成是劳动人民反抗，这些实际都在一定程度上曲解了《诗经》本意。古代写诗，不像现在这样大胆直白，这些诗歌的作者不一定是青年男女，往往是士大夫借以表达自己不得志及知音难遇的心情。比如屈原的《离骚》，诗中大多是用一种如怨如慕的笔调，所写内容大都是香草美人，但我们不能从字面意义上来理解，认为屈原是在埋怨、怨恨楚怀王抛弃了自己，认为屈原是一个弄臣，这就是不了解古代文学委婉表达感情的方式所致。《诗》是用来道志的，不完全是言情的；"《书》以道事"，《书》是讲历史事件的；"《礼》以道行"，《礼》是讲行为规范的；"《乐》以道和"，《乐》是讲怎样和谐、融洽相处的，怎么妥善地表达自己的感情的；"《易》以道阴阳"，阴阳就是哲学；"《春秋》以道名分"，名分不是讲等级，而是讲秩序，在哪一个等级，就要做符合哪个等级、哪个身份的事，也就是齐景公问孔子，孔子所答的"君君、臣臣、父父、子子"，君要像君，臣要像臣，父要像父，子要像子，就是讲的名分，无论是国君还是士大夫、卿、士人，都要尽自己的本分。《荀子·儒效》也有类似言论："《诗》言是，其志也；《书》言是，其事也；《礼》言是，其行也；《乐》言是，其和也；《春秋》言是，其微也。"《史记·滑稽列传》引孔子的话也这样说："'六艺'于治，一也。《礼》以节人，《乐》以发和，《书》以道事，《诗》以达意，《易》以神化，《春秋》以义。""'六艺'于治，一也"，"六经"也称"六艺"；"《礼》以节人"，《礼》是用来节制每一个人的言行的；"《乐》以发和"，《乐》就是表达和谐感情的；"《书》以道事，《诗》以达意，《易》以神化"，神化就是把神秘的变化展示出来，"《春秋》以义"，义就是原则、规范。这与《庄子》说"六经"是一致的。

(五) 六经载道

"六经"也是载道的,指孔子把他的主张、理念贯穿于"六经"之中。《汉书》记载:"臣闻之于师曰:'天地设位,悬日月,布星辰,分阴阳,定四时,列五行,以视圣人,名之曰'道'。圣人见道,然后知王治之象,故画州土,建君臣,立律历,陈成败,以视贤者,名之曰'经'。贤者见经,然后知人道之务,则《诗》《书》《易》《春秋》《礼》《乐》是也。'"其中,"天地设位",指自然界秩序的形成;"悬日月",就是日月悬在空中,白天太阳运行,晚上月亮出来;"布星辰",指像北斗星、二十四宿布满天空;"分阴阳",则分白天黑夜;"定四时",指四季交替;"列五行",是把金、木、水、火、土列出来,这些都是自然形成的;"以视圣人",这些现象客观上陈列在那里,但是普通人感觉不出来,只有圣人一看到就能感觉到;"名之曰'道'",就是圣人把这些规律性的东西阐释出来、解释清楚、传播出去,这就是"道"。"道"其实就是解释天地为什么这样形成、日月为什么这样运转、星辰为什么这样分布,其运行表达什么意思,阴阳的原理是怎样消长的,四时是如何形成的,还有推算历法、五行之间相生相克的关系,这就是"道"。"道"在哪里?"圣人见道,然后知王治之象",圣人从自然界看到这些东西,然后体会人们该怎样去做;"故画州土",就是把行政区域划为九州或十二州;"建君臣",指把君臣之间的关系确立下来;"立律历",制定历法是古代帝王非常重要的工作之一;"陈成败",把历史的经验总结出来;"以视贤者",圣人把这些规律写出来给贤者看;"名之曰'经'","经"里面就包含这些东西。《尚书·禹贡》主要讲的是划九州,《尚书·洪范》主要写的五行,《周易》讲阴阳,《春秋》讲等级、成败,《礼记》里讲礼经,也讲君臣之义。也就是说,"六经"所记载的既是天道,又是人道,也是地道,甚至还探讨阴阳,也就是所谓的鬼神原理。"贤者见经,然后知人道之务",贤者见到这些经,就知道我们当下该怎样去做,因此说《诗》《书》《礼》《乐》《易》《春秋》是有非常丰富的思想内涵、道理、主张和规范的,孔子用它们来教育学生，教出来的学生也非常优秀。

（六）六经与五常

《汉书·艺文志》曰："六艺之文，《乐》以和神，仁之表也；《诗》以正言，义之用也；《礼》以明体，明者著见，故无训也；《书》以广听，知之术也；《春秋》以断事，信之符也。五者盖五常之道，相须而备，而《易》为之原。""六经"不是随意选出来的，它们之间相互独立又相互联系，从而形成一个与五常相对应的、完善的体系。《乐》是让人们精神快乐的，代表着仁的情怀。《诗》是正言的，古代外交辞令要引用《诗经》来表达自己的主题和想法，否则没有说服力和感染力，因此孔子说"不学《诗》，无以言"，这是《诗经》表达义的原理。《礼》是讲行为规范的，告诉人们怎样身体力行。《书》记载了尧舜至西周时期的重要文诰和事件，让人们总结历史的经验，这样会增加人的智慧。《春秋》下笔很有考究，它将褒贬寓于措辞之中。如"天王狩于河阳"一句，表面是说天子到黄河之北去巡狩，实际背后隐含的是晋文公称霸，要在河阳举行会盟，他想得到周天子的认可，就把周天子叫过来为他作证。按历史的本相，应该是晋文公会盟诸侯于河阳，召天子来作证，但是这样就会违反儒家所提倡的君臣等级，对周天子来说，普天之下莫非王土，他走在哪里都不需要请，更不能召，而是自己主动地想去哪就去哪。所以孔子在修《春秋》的时候就采取主动的笔法，叫"天王狩于河阳"，表达了他尊崇周天子、贬斥称霸之人不懂规矩的主张，所以说《春秋》可以"断事"。"五经"里包含了"仁、义、礼、智、信"五常，五常之间相互配合，相辅相成。但是只有这五者还不够，还缺乏一种哲学思考、哲学原理。"而《易》为之原"，《易经》讲的是阴阳，是万事万物变化的源头，所以"五经"里都涉及阴阳问题；而阴阳又代表仁义，"五经"里也都涉及仁义问题。因此，"六经"的选择是有科学依据的，是相互制衡、互为支撑、互为配合的。

（七）六经的功能

《诗》是抒情文学，故长于真情实感；《书》是历史纪录，故长于明事纪功；《礼》是行为规范，故长于制度文明；《乐》是音乐作品，故长于和乐盛美；《易》讲天地阴阳，故长于运数变化；《春秋》讲是非名分，故长于社会治理。"六经"各司其职，各行其是，共同塑造"仁义"之士，共同促进天下文明与和平。古代"六经"包含了文学、美育、历史、政治、哲学、社会学、行为学甚至语言学等各个方面。被梁漱溟先生誉为"千年国粹，一代儒宗"的马一浮先生就曾称"六经"可以统天下一切学术。如果掌握了"六经"，再去读之后各家的学术，就可以像犀角分水一样迎刃而解。

(八) 六经教化

《礼记·经解》述"六经"之教的效果说："入其国，其教可知也：其为人也，温柔敦厚，《诗》教也；疏通知远，《书》教也；广博易良，《乐》教也；洁静精微，《易》教也；恭俭庄敬，《礼》教也；属辞比事，《春秋》教也。"意思是说，到一个地方，你就可以看到这个地方的教化：如果这个地方的人能说会唱、温文尔雅、待人敦厚，那一定是《诗经》的教化在起作用；如果这个地方的人上知五百年、下知五百年，对历史事件、历史典故很熟悉，那肯定是《尚书》的教化在起作用；如果一个地方的人都非常豁达、潇洒、风流，这是《乐经》的教化在起作用；如果一个地方的人思想非常缜密，考虑问题非常深刻，一定是《易经》的教化在起作用；如果这个地方的人恭俭庄敬，那就是《礼》的教化在起作用；如果一个地方的人说话咬文嚼字，非常注重自己的语言，那一定是《春秋》的教化在起作用。由此可见，"六经"的教化是很明显的。所以"六经"既是历史的记载，又是道理的记载；既是教化的经典，又是益智的教科书。它是兼有德育、智育、美育的经典。所以孔子作为一个教育家，他是全方位的。

三、君子——全德教育

(一) 形形色色的人格

孔子有非常明确的教育目标，就是要培养君子。君子在当时来说是一种全德教育，即完全德行的教育。孔子把一个人的成才分成很多类型，作为一个教育家，他必须要形成自己明确的教育目标。不仅孔子，放之世界各地都是如此，教育家必须有明确的教育目标。如西方古希腊的"智者"教育，重视智慧、知识的培育；欧洲中世纪的"骑士"教育，重视勇敢、道义的培育；英国的"绅士"教育，重视礼貌的培育；日本的"武士"教育，重视勇敢、战绩的培育；其他一些国家重视现代"精英"教育，培育不仅有领袖气质还要有大众情怀的人。作为教育家，一定要有自己的目标，才能完成好教学任务。

中国古代诸子百家也都提出了自己的一些教育目标，比如道家提倡的是"无为"的隐士；墨家提倡的是敢于牺牲的义士；名家提倡能言善辩的诡辩家；兵家提倡能够出奇制胜的智谋者；农家提倡亲自耕作，耕而食、织而衣的劳动者；法家提倡不避亲属、不分贵贱、依断于法的铁面法官；阴阳家提倡善于推算历法的、神秘的方士；儒家推崇的则是文质彬彬的君子。

(二) 孔子论人格

孔子把人格分成很多类型，包括匹夫、士、成人、圣人和君子，而君子是最理想的人格形象。

1. 匹夫。匹夫就是有志气的、能够坚持操守的自由人。因此孔子说"三军可夺帅也，匹夫不可夺志也"，就是说匹夫有自己的操守、荣辱观以及是非观。但是这种匹夫只知道小义小节，而不知大义、大节、大道，所以孔子与他的学生讨论管仲是不是君子的时候，把匹夫与君子区分出来了。管仲曾跟随公子纠与齐桓公争夺君位，公子纠死后，齐桓公听取鲍叔牙的建议，要重用管仲。孔子的弟子子贡问，齐桓公把公子纠杀死，而管仲没有死，反而做了他的相，还帮助他"九合诸侯，一匡天下"，这样的人能算君子吗？孔子回答他说："管仲相桓公霸诸侯，一匡天下，民到于今受其赐。微管仲，吾其被发左衽矣！"当时北方少数民族山戎南下，齐桓公靠管仲的辅佐，将山戎打败，从而保证了中华民族的文化不被中断。要是没有管仲，大家都得披散头发，是管仲捍卫了中华传统文化。"岂若匹夫匹妇之为谅也？自经于沟渎，而莫之知也。"如果管仲当时像匹夫匹妇一样，主子死了，自己也去殉君，君辱臣死，后来这些建功立业的事情就没了，中华文化也将变了颜色，如果是那样有什么好呢？所以孔子说管仲的"义"要比匹夫匹妇高，管仲守的是大节大义，这是匹夫跟君子的区别。

2. 士。士最早是一种等级。士上面是公、大夫，士下面是庶人、工商、皂隶。《国语·晋语》："公食贡，大夫食邑，士食田，庶人食力，工商食官，皂隶食职。"《左传·哀公二年》："克敌者，上大夫受县，下大夫受郡，士田十万，庶人工商遂，人臣隶圉免。"士在后来逐渐成了追求文化或理想的一群人，包括文士和武士。管仲治理齐国的时候，把士农工商分开，士处于"闲燕"之地，即让他们在较好的氛围中传习文化。士是有知识的，孔子就说"推十合一为士"。"十"是十种知识，古代"十"表示多，把多方面的知识合为一个然后提炼出来就叫"推十合一"，学了很多知识，又会分析归纳，这就是士。士是有担当的。《白虎通》载："士者，事也，任事之称也。故《传》曰：'通古今，辩然否，谓之士。'"这个"事"就是能够任事的意思，具有担当，敢于做事。士还要弘毅，要能够坚持，有恒心。《论语·泰伯》："曾子曰：'士不可以不弘毅，任重而道远。仁以为己任，不亦重乎？死而后已，不亦远乎？'"《论语·里仁》："子曰：'士志于道，而耻恶衣恶食者，未足与议也。'"意思是说，士要追求道，又要能吃苦耐劳。《论语·宪问》："子曰：'士而怀居，不足以为士矣。'"士不能只想着居住安稳，要善于去追求。士又是善于学习、努力学习的人。士还能够做大事，"行己有耻，使于四方，不辱君命，可谓士矣"（《论语·子路》）。但是士有一个缺点，就是比较功利，没有达到超然的人格，所以士是"见危致命，见得思义"（《论语·子张》），就是士会想着去求利、谋利，但是会先义后利。《论语·颜渊》篇记子张以"在邦必闻，在家必闻"之士为士之"达者"，孔子却反对他说："是闻也，非达也。夫达也者，质直而好义，察言而观色，虑以下人。在邦必达，在家必达。夫闻也者，色取仁而行违，居之不疑。在邦必闻，在家必闻。"意思是说，士还处于谋求成功、谋求回报、谋求利益的阶段。又如《荀子·子道》："子路对曰：'知者使人知己，仁者使人爱己。'子曰：'可谓士矣。'"《荀子·劝学》："其义则始乎为士，终乎为圣人。"士还是追求中的人。

3. 成人。士之后，如果在几个方面都获得了一定成就，当时叫"成人"，意思是成为一个比较有担当的人。子路向孔子请教什么是成人时，孔子说"若臧武仲之知，公绰之不欲，卞庄子之勇，冉求之艺，文之以礼乐，亦可以为成人矣"（《论语·宪问》）。意思是说，假如这个人有一定的知识、才能，或者很勇敢，但是外在表现方面还受礼乐的约束，这就叫"成人"。为什么这种人不叫君子呢？因为他缺乏信仰。

4. 圣人。孔子理解的"圣人"很简单，"修己以安百姓"就是圣人。内在修成君子，外在能够让百姓受益，这就是圣人。有德、有才、有能、有识，还要有地位，能够建功立业，这就是圣人的最高境界。实际上，君子成功了就是圣人，所以孔子说："圣人，吾不得而见之矣，得见君子者斯可矣。"（《论语·述而》）也就是说，圣人退回一步就是君子，君子进一步就成圣人。

5. 君子。君子兼有士、成人所拥有的优点，同时又有更多的修为。最早的君子是"封君之子"的意思，凡是接受了封赠就叫"君"，君的长子就是"君子"。古代的君子很有修养，他们从小接受诗书礼乐的教化，同时还要接受礼、乐、射、御、书、数的培养，此外还要承担维护家族、国家及天下安稳的责任。当时的"封君之子"是有教化的，所以"君子"一词逐渐就成了有修养的人的代称，甚至还成了很多女孩追求的理想对象，所以《诗经》里有好多篇章写女子对君子的追求，如《小戎》"言念君子，温其如玉。在其板屋，乱我心曲"，《汝坟》"未见君子，惄如调饥"，《草虫》"未见君子，忧心忡忡""未见君子，忧心惙惙"等。在我看来，孔子眼中的君子具备一些基本的特征，大致有以下几点。《论语·宪问》里记载了孔子的话："君子道者三，我无能焉：仁者不忧，知者不惑，勇者不惧。"子贡曰："夫子自道也。"孔子认为君子首先有仁德，仁者爱人，没有忧惧；其次是君子很有智慧，没有看不懂的事情；最后，君子还应该具有勇敢的精神，无所畏惧。美国思想家威尔·杜兰特也认为，孔子心目中的完人是一个哲圣兼备的圣人。孔子心目中的这个"超人"，是兼备苏格拉底的"智"、尼采的"勇"，以及耶稣的"仁"，是一个三达德的完人。可见，仁、智、勇三者的结合是中西方公认最美的人格，但是儒家的君子还有更多的修养和追求。孔子在《论语·尧曰》中说："不知命，无以为君子也。"孔子认为君子应具备高尚的信仰，他所说的"命"是天命、使命、命运。《论语·季氏》载，"君子有三畏：畏天命，畏大人，畏圣人之言"，这里的"畏天命"就是敬畏天命、敬畏命运的意思。天是莫之为而为者，命是莫之致而致者，也就是客观性和必然性。君子"内省不疚""乐天知命故不忧"，他知道天命、自然及规律，所以不忧，在做事的时候就会掌握好分寸，所以"君子之中庸也，君子而时中"，"时"就是在恰当的时机来掌握中庸。君子具有仁义情怀。《论语·里仁》："子曰：'……君子去仁，恶乎成名？君子无终食之间违仁，造次必于是，颠沛必于是。'""造次"就是紧迫，"颠沛"就是不如意，无论是仓促、急迫时刻，还是落魄潦倒的时候，君子都不会忘记仁义。又"君子之于天下也，无适也，无莫也，义之与比"（《论语·里仁》），"适"就是绝对服从，"莫"就是绝对否定。君子做事时不是绝对服从也不是绝对否定，而是要看它有没有义，合不合乎原则。《论语·卫灵公》："君子义以为质，礼以行之。"意思是说，君子心中坚持的是正义，表达出来就是要遵守礼教。君子具有高尚的志趣。君子重义轻利，如"君子喻于义，小人喻于利"（《论语·里仁》）。又如"君子固穷，小人穷斯滥矣"（《论语·卫灵公》），君子穷但是穷得有骨气，穷得有底线，小人则没底线、没规矩，无所不为，所以"君子坦荡荡，小人长戚戚"（《论语·述而》）。君子还有优良的处事态度。"君子周而不比""君子和而不同""君子求诸己""君子成人之美""君子泰而不骄""人不知而不愠"。"君子有三变：望之俨然，即之也温，听其言也厉"（《论语·子张》），意思是君子远远看上去非常庄严，走近了实际很温和，听他说话又非常有原则。总之，从中西方融合、贯通的角度来理解君子，孔子心目中的君子形象应该更为丰富，具有前述古希腊"智者"的智慧和技能，欧洲"骑士"、日本"武士"的忠正和勇敢，其他国家"精英"分子的担当和亲和力，以及释迦的悲悯等，再加上英国"绅士"的礼貌与温和。如此，才当是孔子心目中真正的理想人格。

四、经济——安邦教育

孔子的教育不是把人塑造成君子后就供起来，或者是躲到深山里修道，而是要进入社会，要安邦。所以孔子进行的是安邦教育，要实现人格完善，社会和谐，国家稳定。这在他的下列语句中得到了完整的表述，"君子学道则爱人"（《论语·阳货》），意思是君子学了道就可以有仁者情怀，能够爱人。子夏也说"仕而优则学，学而优则仕"，也就是学习好了要进入仕途，要治理社会、治理天下。《大学》里有更全面的概括：格物、致知、诚意、正心、修身、齐家、治国、平天下。因此可以说，儒家教育是积极入世、内修外现的教育，同时还要博施济众，修己以安百姓。如《论语·宪问》："子路问君子。子曰：'修己以敬。'曰：'如斯而已乎？'曰：'修己以安人。'曰：'如斯而已乎？'曰：'修己以安百姓。修己以安百姓，尧舜其犹病诸？'"

五、三统——安魂教育

君子的目标确定下来后，就要确定信仰。孔子深通古代文化，他从古代文化中总结出了"三统"理论。"三统"是以夏商周为代表的中华传统信仰体系。《礼记·表记》载孔子说，"夏道尊命，事鬼敬神而远之"，在价值观上是"尚忠"，重视天道；"殷人尊神，率民以事神，先鬼而后礼"，在价值观上是"尚质"，重视祖先；"周人尊礼尚施，事鬼敬神而远之"，在价值观上是"尚文",注重仁义礼乐。"天命"和"天道","鬼神"和"孝悌","礼乐"和"仁义",构成了中华民族的精神信仰和价值追求,从而形成中国"天人相与""鬼神无欺""敬天法祖"的信仰系统,"仁民爱物""诗书礼乐""文明秩序"的文化系统,"孝悌忠信""礼义廉耻""博施济众""民本""法治"的政治系统,加以提炼,即"道""孝""仁",分别代表尊重自然、尊重祖宗、尊重民意的价值取向。后来荀子提出"天地君亲师"信仰,成为中国人供奉的主流。这一信仰非常重要,因此孔子说"君子有三畏:畏天命,畏大人,畏圣人之言","不知命,无以为君子"。在我们今天也是一样的,没有信仰是不行的。根据社会学家的调查,当人均国内生产总值为1000美元时,人们处于温饱状态,要树立的是信心问题;到了人均3000美元的时候,需要确立信任,因为那个时候已经造成了贫富分化,民众要信任政府会调解好两极分化的问题;当人均6000美元时,需要的是信仰,没有信仰,人们的精神就会缺失,就会无所适从。从人的追求来说,人有四种境界:一是动物境界,要追求生存;二是功利境界,要追求成功;三是道德境界,要追求好的名声;四是天人境界,要知道自己在宇宙当中的位置,生命从何而来,生命又将往哪里去,也就是所谓的终极关怀、临终关怀。我们现在需要找回信仰。对历史文化,要注重发掘和利用,溯到源,找到根,寻到魂,找准历史和现实的结合点,深入挖掘历史文化中的价值理念、道德规范、治国智慧。习近平总书记指出:"人民有信仰,民族有希望,国家有力量。""实现中华民族伟大复兴的中国梦,物质财富要极大丰富,精神财富也要极大丰富。"有人说,"中国人没有信仰,而没有信仰的民族是可怕的"。说这种话的人,不是不了解中国的传统文化,就是用西方的宗教信仰来衡量一切。孔子"三统"理论,为中华民族构建了"终极关怀""临终关怀"和"现实关怀",是自足的、完整的,也是现实的、可行的。

结　语

孔子作为人类历史上的第一位专职教师，开创了私人办学的先河，注重"全能""全智""全德"教育，培养了一大批"身通六艺"，在"德行、政事、言语、文学"等方面卓有成就的弟子，还删修"六经"，传承文明，启迪智慧，成为诸子百家的先驱，开启了人类历史上东方的轴心时代。他在教学实践中，总结出系统的教育理论，包括教育目的（造士、安邦）、教育方针（有教无类）、教育规律（因材施教、循序渐进）、教学方法（启发式、激励式）等，使教育成为立德树人的重要手段，也成为文化传承和文明再造的重要途径。特别是他确立的"君子"人格和"三统"信仰，更是培养完美人格和合格公民的重要指标，如果加以"创造性转化"和"创新性发展"，对当今教育事业和文化建设都极具借鉴价值。

（作者系国际儒学联合会副会长，中华孔子学会副会长，

四川大学国际儒学研究院院长、教授）

上编：理论阐发

孔子教育思想的现代启示

王洪源

一、孔子教育思想的核心价值

（一）仁爱为本的教育理念

孔子提出的"仁爱为本"的教育理念，不仅是中国古代教育思想的精髓，更是跨越时空、历久弥新的教育智慧。这一理念强调在教育过程中，应以培养人的仁爱之心为核心，通过言传身教，引导学生学会关爱他人、尊重生命、追求和谐。在现代社会，仁爱为本的教育理念依然具有深远的现实意义。

在教育实践中，仁爱为本的理念促使教师不仅关注学生的学业成绩，更重视学生的品德修养和人格塑造。此外，仁爱为本的教育理念还强调教育过程中的情感交流与人文关怀。孔子曾说："爱之，能勿劳乎？忠焉，能勿诲乎？"（《论语·宪句》）这句话深刻揭示了教师对学生应有的关爱与责任。

（二）德育为先的教育目标

德育为先，作为孔子教育思想的核心目标之一，其深远影响跨越时空，至今仍对现代教育体系产生着不可估量的作用。孔子强调"君子务本，本立而道生"（《论语·学而》），这里的"本"即指德性之根本。在现代教育实践中，德育为先不仅体现在课程设置上，更贯穿于教学活动的每一个环节。

德育为先的教育目标不仅是孔子教育思想的精髓所在，也是现代教育体系不可或缺的重要组成部分。通过借鉴历史经验、结合时代特点、创新教学方法，我们可以更好地实现德育为先的教育目标，培养出更多具有高尚品德和社会责任感的优秀人才。

(三) 因材施教的教学方法

因材施教，作为孔子教育思想中的精髓之一，强调根据每个学生的个体差异和潜能，量身定制教育方案，以实现最佳的教学效果。这一理念在现代教育中依然熠熠生辉，成为提升教育质量、促进学生全面发展的关键策略。

孔子曾言："中人以上，可以语上也；中人以下，不可以语上也。"(《论语·雍也》) 这句话深刻揭示了因材施教的重要性。因材施教的教学方法不仅符合孔子教育思想的核心理念，也是现代教育发展的必然趋势。通过深入了解学生、灵活运用教学策略，我们可以为每个学生提供最适合他们的教育环境，助力他们成长为具有创新精神和实践能力的优秀人才。

(四) 学而不厌、诲人不倦的教学态度

孔子所倡导的"学而不厌、诲人不倦"的教学态度，不仅是对教师个人修养的极高要求，更是对教育事业的深刻洞察与执着追求。这一理念在现代教育中依然熠熠生辉，成为许多优秀教师不断前行的动力源泉。

"学而不厌、诲人不倦"的教学态度还促进了教育创新与实践。教师在不断学习新知识的过程中，能够发现新的教学方法和手段，提高教学效果。同时，他们也能够根据学生的实际情况和需求，灵活调整教学策略，实现因材施教。这种基于实践的教学创新不仅有助于学生的全面发展，也为教育事业的进步注入了新的活力。

二、孔子六艺教育的全面培养

(一) 礼乐之教：培养君子风范

在孔子教育思想中，礼乐之教占据着举足轻重的地位，它不仅是培养君子风范的核心途径，更是塑造个体品德与促进社会和谐的关键。孔子深信，

"礼之用，和为贵"，通过礼乐教育，能够引导人们遵循社会规范、培养高尚情操，进而具有君子风范。具体而言，礼乐之教强调通过音乐、舞蹈、礼仪等多种形式，使人在潜移默化中接受道德熏陶，形成内在的道德自觉。

在现代社会，礼乐之教依然具有重要的现实意义。随着社会的快速发展和文化的多元化，人们面临着越来越多的道德挑战和价值冲突。此时，重拾礼乐之教，通过对中华优秀传统文化的传承与创新，培养具有君子风范的现代公民显得尤为重要。礼乐之教作为孔子教育思想的重要组成部分，对于培养君子风范、促进社会和谐具有不可替代的作用。在现代社会，我们应当重新审视并传承这一宝贵的教育遗产，通过创新与实践，让礼乐之教焕发出新的生机与活力。

（二）射御之术：强化身心素质

在孔子教育思想中，"射御之术"作为六艺教育的重要组成部分，不仅承载着技艺传授的职能，更深刻体现了对学子身心素质的全面强化。孔子认为，通过射箭与驾车这两项技能的训练，能够有效锻炼学生的意志力、专注力以及身体协调性，从而达到身心和谐发展的目的。

而驾车之术，则是对学生身体协调性和应变能力的锻炼。在古代，驾车不仅是出行的方式，更是一种社交礼仪的体现。孔子强调，驾车需"执辔如组，两骖如舞"，即要求驾车者能够灵活驾驭马匹，使车辆行驶平稳有序。这种训练不仅增强了学生的身体素质，还培养了他们的责任感和团队协作能力。

在现代教育中，虽然"射御之术"的具体形式已发生变化，但其强化身心素质的理念仍具有深远的启示意义。例如，在体育教学中引入射箭、马术等运动项目，不仅能够丰富课程内容，激发学生的学习兴趣，还能有效提升学生的身体素质和心理素质。同时，这些项目还能培养学生的自律性、专注力和团队协作能力，为他们未来的学习和生活奠定坚实的基础。

(三) 书数之基：奠定知识基础

在孔子的教育体系中，"书数之基"作为六艺教育的重要组成部分，不仅强调了知识积累的基础性，还体现了对逻辑思维与数理能力的重视。孔子时代虽未明确提及现代意义上的数学体系，但"数"的教育已蕴含了初步的数学思维与计算能力，为学子的全面发展奠定了坚实的基础。

孔子认为，"书"即对文字、典籍的学习，是获取知识、传承文化的主要途径。他鼓励学生广泛阅读，深入钻研儒家经典，如《诗经》《尚书》《礼记》等，这些典籍不仅蕴含了丰富的历史、哲学思想，也为学生提供了语言表达、文学创作的范例。通过对"书"的学习，学生得以构建起扎实的文化根基，为日后的学术研究与人生实践提供源源不断的智慧源泉。

而"数"的教育，则侧重于培养学生的逻辑思维与数理能力。在古代中国，虽然数学尚未形成独立的学科体系，但孔子及其弟子们在日常生活中已广泛运用到了计数、度量、比例等数学概念。例如，在农业生产中，他们需要计算土地面积、种子用量、作物产量等；在商业活动中，则需要掌握货币兑换、账目管理等基本技能。这些实践活动不仅锻炼了学生的数学应用能力，也促进了他们逻辑思维的发展。

三、孔子教育思想对后世的影响

(一) 儒家教育思想的传承与发展

儒家教育思想的传承与发展，历经千年而不衰，其深厚的文化底蕴与独特的教育理念，对后世产生了深远的影响。自孔子创立儒家学派以来，其教育思想便成为中国古代教育体系的基石，通过历代儒者的不断阐释与实践，逐渐形成了一套完整而系统的教育体系。在这一过程中，儒家教育思想的传承不仅体现在对经典文献的保存与解读上，更在于其教育理念与方法的不断创新与发展。

进入现代社会，儒家教育思想的传承与发展依然具有重要意义。在全球化的背景下,儒家教育思想所倡导的仁爱、诚信、礼义等价值观念,对于构建人类命运共同体、促进世界文明交流互鉴具有积极作用。同时,随着科技的飞速发展,儒家教育思想也在不断创新与发展。例如,在教育领域,越来越多的学者开始探索将儒家教育思想与现代教育技术相结合,通过数字化、智能化的手段,使儒家教育思想更加贴近现代生活,更加符合现代人的学习需求。

(二) 科举制度的形成与演变

科举制度,作为中国古代教育体系中的核心组成部分,其形成与演变深刻体现了孔子教育思想对后世教育制度的深远影响。自隋唐时期正式确立以来,科举制度便以儒家经典为主要考试内容,通过层层选拔,为封建王朝输送了大量人才。这一制度的形成,不仅是对孔子"学而优则仕"理念的直接实践,更是对儒家教育目标"德育为先"的具体落实。

科举制度的形成与演变,不仅是中国古代教育史上的重要篇章,也是孔子教育思想在实践中的具体体现。它通过制度化的方式,将儒家思想中的仁爱、德育、因材施教等理念融入教育体系之中,对后世产生了深远的影响。尽管科举制度已成为历史,但其背后的教育理念和价值追求,仍值得我们深入思考和借鉴。

四、孔子教育思想在现代教育中的应用

(一) 融入现代课程体系设计

在探索传统文化课程的创新设计时,深刻汲取孔子教育思想的精髓,尤其是其强调的"六艺教育"全面培养理念,为现代课程体系注入了新的活力。以"礼乐之教"为例,不再局限于传统的讲授与模仿,而是引入了情境模拟与角色扮演的教学方法。通过模拟古代礼仪场景,让学生在实践中体验"克己复礼"的精神内涵,这种教学方式不仅激发了学生的学习兴趣,还使他们在潜移默化中培养了君子风范。

此外，现代课程还借鉴了孔子"因材施教"的教学方法，针对不同年龄段、不同兴趣爱好的学生，设计了多样化的传统文化课程。对于小学生，我们注重趣味性和互动性，通过故事、游戏等形式，让他们在玩中学、学中玩；对于中学生，我们则更注重深度与广度，引入经典研读、文化讲座等内容，培养他们的批判性思维和独立研究的能力。这种分层分类的教学模式，有效提升了传统文化课程的教学效果。

（二）孔子教育理念指导下的教师培训

在孔子教育理念的指导下，教师培训成为提升教育质量、传承文化精髓的关键环节。近年来，越来越多的教育机构和教育者开始重视将孔子教育思想融入教师培训之中，以期培养出既有深厚文化底蕴，又具备现代教育技能的新型教师。一项针对全国中小学教师培训的调查显示，超过80%的受访者表示，在培训中引入孔子教育理念后，他们的教学态度、教学方法以及对学生品德教育的重视程度均有了显著提升。

教师培训还强调经典研读与道德实践的结合。教师们通过研读儒家经典著作，深入理解孔子教育思想的精髓，并将其融入日常教学中。同时，通过组织道德实践活动，如志愿服务、社会调查等，教师们引导学生将所学知识转化为实际行动，培养学生的社会责任感和道德品质。

此外，孔子"经典研读与道德实践结合"的教育思想也对教师专业素养的提升具有指导意义。教师们应不断研读儒家经典及现代教育理论，同时注重将所学知识应用于教学实践中，实现知行合一。通过参加专业培训、学术研讨和教学实践反思等活动，教师们能够不断提升自己的专业素养和教育教学能力。

五、孔子教育思想面临的机遇

（一）跨文化交流中的教育智慧共享

在全球化日益加深的今天，跨文化交流中的教育智慧共享已成为推动世界教育发展的重要动力。孔子教育思想,作为中华文化的瑰宝,其在跨文化交流中的独特价值愈发凸显。以孔子学院为例,这一遍布全球的教育机构不仅传授汉语和中国文化,更将孔子的教育理念与智慧融入其中,成为连接不同文化背景下教育体系的桥梁。据统计,截至目前,全球已有超过500所孔子学院和数千个孔子课堂,它们通过举办文化讲座、学术研讨会、教学交流活动等多种形式,促进了中外教育智慧的深度交流与融合。

在跨文化交流的过程中,孔子教育思想中的"仁爱为本"和"因材施教"等理念得到了广泛认同和借鉴。同时,"因材施教"的教学方法也被广泛应用于国际教育中,教师们根据学生的文化背景、学习习惯和兴趣爱好等特点,制定个性化的教学方案,帮助学生更好地适应和融入新的学习环境。

(二)人工智能与孔子教育思想的结合

在探讨人工智能与孔子教育思想的结合时,我们不难发现,两者在核心理念上存在着深刻的共鸣。孔子强调"因材施教",这一思想在人工智能(AI)技术的辅助下得以更加精准地实现。通过大数据分析学生的学习习惯、兴趣偏好及能力水平,AI系统能够为学生量身定制个性化的学习路径,确保每一位学生都能在最适合自己的节奏中成长,这无疑是孔子"因材施教"思想在现代教育中的生动实践。一项研究显示,采用AI个性化教学方案的学生,其学习成效较传统模式提高了约30%,充分证明了这一结合的巨大潜力。

人工智能与孔子教育思想的结合还体现在对师生关系的重塑上。AI技术为师生之间的交流提供了更多元化的渠道和更丰富的形式,使得师生之间的互动更加频繁、深入和个性化。这种新型的师生关系不仅有助于增进师生之间的理解和信任,还能够促进教学相长,共同推动教育事业的进步。

孔子的教育思想在当代教育中仍具有重要的现实意义和价值。它不仅为现代教育提供了理论指导,还为教育实践提供了方法论。在当今快速变化的社会中,孔子的教育思想提醒我们,教育应当关注个体差异、培养德才兼备的人才,并且要注重激发学生的学习兴趣和自主学习能力,同时还要强化教育的社会责任。这些观点对于推动现代教育的发展,具有不可忽视的启示作用,更是在探讨中华优秀传统文化对于推进中国式现代化的时代意义中具有深刻的引领作用。

(作者系长春市孔子研究会会长、长春市文庙博物馆馆长)

上编：理论阐发

由庙学到书院：学统视域下的孔子师者形象嬗变

孔维钊　宋立林

讨论中国历史、中国文化乃至中华文明，孔子及其开创的儒家文化传统都是避不开、绕不过的，孔子及儒家文化对于中国传统文化具有莫大的收束和延展之功。柳诒徵在《中国文化史》中赞道："自孔子以前数千年之文化，赖孔子而传；自孔子以后数千年之文化，赖孔子而开。"[①] 孔子对三代教育总结提炼、继承创新之后，其师者形象便建立起来，这一形象在此后两千余年的岁月流转中得以深入人心，成为诸多孔子形象描述之中最被重视且最被认可的典范。总的来说，孔子师者形象自产生以来，呈现为一个逐步升格的过程。以庙学到书院的孔子师者形象演变观之，便可窥见这一趋势，这体现出由民间层面的儒者之师到国家层面的士子之师的历程。

一、杏坛设教：孔子师者形象的产生

孔子早年人生坎坷，未能如贵族子弟一般进入周代教育系统中学习。这也为其打破旧有教育制度、开创私学埋下伏笔。但孔子自小对知识文化就产生了浓厚的兴趣。《论语·子罕》："子曰：'吾少也贱，故多能鄙事。'"《史记·孔子世家》记载："孔子为儿嬉戏，常陈俎豆，设礼容。"这也为其掌握

---

① 柳诒徵：《中国文化史》，上海古籍出版社，2001年，第263页。

丰富的知识和技能以及后来的收徒设教奠定基础。"杏坛"二字虽最早出自《庄子》，言"孔子游乎缁帷之林，休坐乎杏坛之上。弟子读书，孔子弦歌鼓琴"，但经孔子对师者形象的认知和践行、孔门弟子及时人的诠释与传播，成为孔子教育生涯的真实写照。

(一) 孔子对师者形象的认知和践行

关于孔子对教育的创制，我们认为，孔子开创的私学传统，使得"学术下移"，显然别具价值。首先，这使得教与学二者作为一种文明行为进入了自觉的阶段，并发展出一套教育思想。① 教育的过程就是教师传授和学生领受的过程。孔子本人对师者形象的认知和践行也体现在这两个方面。对于教师来说，第一，作为知识的传授者，其本人要有虚心求教的态度。如《论语·为政》篇言："温故而知新，可以为师矣。"又如《论语·述而》篇言："三人行，必有我师焉。"这也就是后世所言"圣人无常师"的意思。第二，对知识和真理要有坚守的态度和决心。如《论语·卫灵公》篇言："当仁不让于师。"师者对知识和智慧（即此处所讲的"仁"）要心存敬畏，自己只是知识和智慧的传播者，而不是凌驾于知识之上。第三，德性教育高于智性教育。尽管孔子的教育内容以六经、六艺为主，但孔子更加注重学生的品德素质教育。如《论语·述而》篇言："子以四教：文、行、忠、信。"又如《论语·学而》篇言："弟子入则孝，出则悌，谨而信，泛爱众，而亲仁。行有余力，则以学文。"由此观之，以《论语》一书为例，孔子纯粹的知识性教导极少，而更多强调将道德教育融入对学生的知识传授之中。

孔子对其师者形象的认知践行更主要体现在对"学"的阐释上。第一，学是一种谋生手段。如《论语·泰伯》篇言："三年学，不至于谷，不易得也。"又如《论语·卫灵公》篇言："学也，禄在其中矣。君子忧道不忧贫。"第二，学是一种求知方式。如《论语·为政》篇言："学而不思，则罔；思而

---

① 宋立林：《孔门后学与儒学的早期诠释研究》，人民出版社，2021年，第9页。

不学,则殆。"如《论语·卫灵公》篇言:"吾尝终日不食,终夜不寝,以思,无益,不如学也。"如《论语·雍也》篇言:"君子博学于文,约之以礼,亦可以弗畔矣夫!"又如《论语·述而》篇言:"默而识之,学而不厌,诲人不倦,何有于我哉。"再如《论语·泰伯》篇言:"学如不及,犹恐失之。"第三,知识性的学习有助于道德素质的彰显和提升。如《论语·阳货》篇子游之语:"昔者偃也闻诸夫子曰:'君子学道则爱人,小人学道则易使也。'"又如《论语·阳货》篇记孔子与子路讨论"六言六弊":"居,吾语女。好仁不好学,其蔽也愚;好知不好学,其蔽也荡;好信不好学,其蔽也贼;好直不好学,其蔽也绞;好勇不好学,其蔽也乱;好刚不好学,其蔽也狂。"最后,学是一种人生态度和生命境界。如《论语·学而》篇首章即言:"学而时习之,不亦说乎?"又如《论语·泰伯》言:"笃信好学,守死善道。"再如《论语·季氏》篇记孔子以"学"作为一种划分标准:"生而知之者上也,学而知之者次也;困而学之,又其次也;困而不学,民斯为下矣。"

值得注意的是,孔子论学的路径并非以"师—生"为起点,即不是讨论老师如何传授、学生如何领受。而是以"知识—知识领受者"为起点,其是站在师、生乃至所有的知识领受者的立场上,讨论如何将知识加以吸收领受,从而提升自我的知识水平和道德水平。也正是这样,孔子的师者形象更加光明伟岸,更加具有普世意义和现实价值。

(二)孔门弟子对孔子师者形象的论说

孔子师者形象首先是在孔门内部确立起来的。《史记·孔子世家》载:"孔子以诗、书、礼、乐教,弟子盖三千焉,身通六艺者七十有二人。"通过当时孔门弟子及再传弟子对孔子师者形象的论说,也可以看出孔子师者形象的逐渐丰盈。

第一,对孔子师者地位的维护与赞扬。尽管孔子的教学生涯并未确立严格的师生界限和地位关系,但正因其博学之智慧和伟岸之人格,其师者形象便逐步脱离其"知识——知识领受者"(可以理解为"师生没有明确的界限")的教学范式,转向"师生有差"的模式上来。如《论语·子张》篇记子贡对孔子之赞誉:"譬之宫墙,赐之墙也及肩,窥见室家之好。夫子之墙数仞,不得其门而入,不见宗庙之美,百官之富。得其门者或寡矣。夫子之云,不亦宜乎?"又如《论语·子张》篇记子贡向陈子禽言孔子之贤:"陈子禽谓子贡曰:'子为恭也,仲尼岂贤于子乎?'子贡曰:'君子一言以为知,一言以为不知,言不可不慎也。夫子之不可及也,犹天之不可阶而升也。夫子之得邦家者,所谓立之斯立,道之斯行,绥之斯来,动之斯和。其生也荣,其死也哀,如之何其可及也?'"这都体现了孔子在孔门弟子心中的崇高地位。

第二,对孔子境界和智慧的推崇与肯定。如《论语·述而》言公西华赞孔子之谦逊:"子曰:'若圣与仁,则吾岂敢?抑为之不厌,诲人不倦,则可谓云尔已矣。'公西华曰:'正唯弟子不能学也。'"又如《论语·子罕》篇记颜回赞叹孔子之生命境界:"仰之弥高,钻之弥坚。瞻之在前,忽焉在后。夫子循循然善诱人,博我以文,约我以礼,欲罢不能。既竭吾才,如有所立卓尔,虽欲从之,末由也已。"孔子去世之后,孟、荀成为先秦儒家的代表人物,其对孔子也是推崇备至。如《孟子·公孙丑上》言:"自生民以来,未有孔子也。"又"以德服人者,中心悦而诚服也,如七十子之服孔子也。"再如《荀子·解蔽》篇言:"孔子仁知且不蔽,故学乱术,足以为先王者也。"

第三,孔门弟子对孔子之道的进一步阐释。如《论语·里仁》篇记曾子对孔子"一以贯之"之"道"的解读:"夫子之道,忠恕而已矣。"又如《论语·子张》篇记子贡对孔子学习态度的阐释:"卫公孙朝问于子贡曰:'仲尼焉学?'子贡曰:'文武之道未坠于地,在人。贤者识其大者,不贤者识其小者,莫不有文武之道焉,夫子焉不学?而亦何常师之有?'"孔子的师者形象在孔门弟子对其不断的阐述和补充之中逐渐丰满起来,逐渐成为儒者之师的典范和楷模。

(三)儒家之外对孔子师者形象的诠释

孔子收徒设教,在其教育实践中,师者形象逐渐丰盈起来,其师者形象也逐渐由孔门弟子内部扩展到孔门之外。至迟在战国时期,其师者形象便已经有走出孔门的趋势,成为时人的普遍共识。

首先是其作为师者的"好学博学"品质深入人心。《左传》一书对孔子为人持肯定态度,"《左传》直接引用孔子的评论近二十处。其中有六处八次,孔子在说理时引用了古代典籍《志》(二次)、《夏书》(二次)、《诗》(二次)及古人如古代良史周任(一次)、时人(一次)"①,这从一个层面体现了孔子的博学。如《国语·鲁语下》载孔子识"贲羊"一事:"季桓子穿井,获如土缶,其中有羊焉。使问之仲尼曰:'吾穿井而获狗,何也?'对曰:'以丘之所闻,羊也。丘闻之:木石之怪曰夔、魍魉,水之怪曰龙、罔象,土之怪曰贲羊。'"又如孔子识"麒麟"一事,《左传·哀公十四年》载:"十四年春,西狩于大野,叔孙氏之车子鉏商获麟,以为不祥,以赐虞人。仲尼观之,曰:'麟也。'然后取之。"这也是孔子"多识于鸟兽草木之名"的一个写照。

其次,孔子不仅成为弟子之师,也成为从政者之师。《论语》中记载大量为政者向孔子求教的语句。如《论语·学而》载:"子禽问于子贡曰:'夫子至于是邦也,必闻其政,求之与?抑与之与?'子贡曰:'夫子温、良、恭、俭、让以得之。夫子之求之也,其诸异乎人之求之与?'"从此可见,孔子的博学才识及道德情操使师者形象逐渐走出孔门弟子内部,被更多人认可。如《论语·子路》载:"叶公问政。子曰:'近者说,远者来。'"如《论语·颜渊》载:"齐景公问政于孔子。孔子对曰:'君君、臣臣、父父、子子。'"又如《论语·为政》载:"孟懿子问孝。子曰:'无违。'"又载:"孟武伯问孝。子曰:'父母唯其疾之忧。'"再如"哀公问曰:'何为则民服?'孔子对曰:'举直错诸枉,则民服;举枉错诸直,则民不服。'""季康子问:'使民

---

① 张岩:《先秦三部典籍中的孔子形象剖析》,《辽宁大学学报(哲学社会科学版)》2006年第6期。

敬忠以劝，如之何？'子曰：'临之以庄，则敬；孝慈，则忠；举善而教不能，则劝。'"这都是孔子师者形象深化的表现。

孔子之学问渊博使当时人也乐于拜孔子为师，除了孔子对普通子弟的收徒设教，一些参政贵族也愿意"师事仲尼"。如《左传》载孟懿子与南宫敬叔以孔子为师的故事：

> 臧孙纥有言曰："'圣人有明德者，若不当世，其后必有达人。'今其将在孔丘乎？我若获没，必属说与何忌于夫子，使事之，而学礼焉，以定其位。"故孟懿子与南宫敬叔师事仲尼。

如果说从政者的"问政"是孔子政治才能的彰显，那么一些从政者"师事仲尼"则使孔子的师者形象真正走出孔门内部，扩展到了更加宽广的领域。

孔子的师者形象的确立，一方面是其数十年教育实践的结果，另一方面得益于孔门诸弟子对其师者形象的阐释。而社会层面的认可和尊重也对孔子师者形象的进一步发展起到了良好的推动作用。

二、庙学释奠：孔子先师形象的发展

鲁哀公十六年（前479年），孔子去世。《左传·哀公十六年》载鲁国国君鲁哀公亲诔孔子："公诔之曰：'旻天不吊，不慭遗一老。俾屏余一人以在位，茕茕余在疚。呜呼哀哉！尼父，无自律。'"鲁哀公诔文尊称孔子为尼父，表现其对孔子崇高的敬意。而孔子的师者形象在此后随着教育的发展更加明确和清晰起来，由民间层面的儒者之师走向了国家层面的士子之师。

（一）由"学"入"庙"：孔子开创的师道传统

学，即广义上的学校。庙，即文庙，也就是孔庙。孔子之前的教育系统依托的是官方创建的学校，即庠、序、校。而孔子首创私学，使教育得以推广和普及，打破了"学在官府"的局面，拓宽了教育的载体。但是，孔子儒家所开创的教育系统本质上还是私人的教育活动或地方的讲学活动，属于民间行为，成为春秋战国以来教育体系的一种补充。但随着孔子师者形象及学派影响力的逐渐扩大，这种民间行为逐渐转化为官方的正式行为，而官方的教育机构之称，由一般意义的庠、序、校，转化为以孔子师者形象为核心的孔庙，这是孔子形象的又一发展。

这种转化有赖于孔门弟子对师道精神的传承和国家层面的肯定与推广。首先是孔门弟子对师道精神的传承。这一方面表现在孔子去世之后，对孔子的追思与怀念。《史记·仲尼弟子列传》载："孔子既没，弟子思慕，有若状似孔子，弟子相与共立为师，师之如夫子时也。"这反映出孔子去世之后，其教学传统及教育活动依然在孔门弟子内部延续不绝。另一方面，孔门弟子对孔子思想学说的编纂与整理为其师道传承奠定了坚实的理论基础。以《论语》的编纂为例，杨义提出"三次编纂说"，即第一次编纂在孔子初卒（前479年），弟子庐墓守心丧三年，奠定了《论语》最初的格局；第二次编纂在心丧结束后（前477年），《论语》二十篇已见规模；第三次编纂在曾子去世不久，曾门弟子对《论语》进行实质性的修补重修。尽管《论语》成书始末未必如此详细明确，但我们也可以看到孔门弟子在孔子去世之后对其思想学说的坚守与传承。正是如此，孔子所开创的教育传统才不至于如昙花一现，消于云烟。

其次，国家层面的推动是孔子师者形象在社会范围内确立的主要动力，表现在孔庙成为官方正式的教育场所。但这也经历了一个过程，首先是家庙祭祀的开始。孔子去世后，其影响首先是以家庙的形式延续下来。《史记·孔子世家》载："孔子冢大一顷。故所居堂、弟子内，后世因庙，藏孔子衣冠琴车书，至于汉二百余年不绝。"《史记·索隐》言："孔子没后，后代因庙，藏夫子平生衣冠琴书于寿堂中。"《孔氏祖庭广记》中说得更具体，言："鲁哀公十七年立庙于旧宅，守陵庙百户。"官方立庙自此始，亦开祭祀孔子之先河。庙，《说文》："尊先祖貌也。"《广雅·释天》言："庙祧坛墠，鬼，祭先祖也。"即庙的功用首先是家族内部祭祀祖先，而孔庙自官方设立，家族行为也逐渐转化为更广泛的国家祭祀行为。《史记·孔子世家》载："高皇帝过鲁，以太牢祠焉。诸侯卿相至，常先谒，然后从政。"这就开帝王祭祀孔子之始，此后历代帝王将相相继祭祀，逐渐成为一种惯例。

文庙是孔子师者形象得以彰显的重要载体，从历史上看，其首先担任了祭祀孔子的功能，而随着孔子师者形象的正式确立，文庙也逐渐具有了教学的功能，真正取代了三代之学。正是如此，师道传统由三代之学到孔子之教转移的真正完成，即是孔庙具有了教学的功能，这标志着孔子先师形象在社会范围内的正式确立。

（二）寓"学"于"庙"：孔子之教纳入国家的教育体系

如上文所言，孔庙建立之初首先具有祭祀孔子的功能，而文庙的教育功能也在祭祀孔子之中被悄然赋予。释奠礼是始见于周代的一种祭祀仪式，在当时可以用于祭祀山川，祭祀庙社，也可以用于学校。① 从现有文献记载来看，周代即有释奠先师的传统。如《礼记·文王世子》："凡学，春，官释奠于其先师，秋冬亦如之。凡始立学者，必释奠于先圣先师；及行事，必以币。凡释奠者，必有合也，有国故则否。凡大合乐，必遂养老。"又言："天子视学，大昕鼓徵，所以警众也。众至，然后天子至，乃命有司行事，兴秩节，祭先师先圣焉。"释奠礼也具有深厚的历史渊源。李纪祥认为："早期的'释奠'古礼，本非专为'学制'而施设，亦非专行于学宫之中，而应当是一种天子出征'主兵'性质的师祭。古'释奠'礼在早期的演变史中，有其自'主于兵'而趋'主于文'的历史动向在焉。"② 由此可知，早期释奠礼经历了一个祭祀场所上由"宗庙"到"学校"、祭祀对象由军旅之师到授学之师的转化。

---

① 孔祥林：《释奠礼的发展》，《孔庙国子监论丛》2014年。
② 李纪祥：《前孔子时代的古释奠礼考释》，《文史哲》2012年第2期。

此不难理解，释奠礼本就为祭祀之礼，在国家宗庙举行自然合理。如《周礼·春官》云："甸祝，掌四时之田，表貉之祝号。舍奠于祖庙，祢亦如之。"又言："师甸，致禽于虞中，乃属禽；及郊，馌兽。舍奠于祖祢，乃敛禽、祸牲、祸马，皆掌其祝号。"郑玄言："舍，读为释。释奠者，告将时田，若将征伐。"可知释奠礼最早的举行场所应是在宗庙之中。而后其场所转移到学校，即"凡学，春，官释奠于其先师"，又如《礼记·王制》载："天子将出征，类乎上帝，宜乎社，造乎祢，祃于所征之地。受命于祖，受成于学。出征，执有罪，反，释奠于学，以讯馘告。"从此亦可以看出释奠礼的场所转移到学校。

师，从帀从自。自，杨宽《西周史》言，即是古"屯"字，就是军队经常的驻屯地的称谓。① "师"字本义和周代军队出征时祭祀之礼有关，如《礼记·曾子问》载："曾子问曰：'古者师行无迁主，则何主？'孔子曰：'主命。'问曰：'何谓也？'孔子曰：'天子诸侯将出，必以币、帛、皮、圭告于祖祢，遂奉以出，载于齐车以行。每舍，奠焉，而后就舍。反必告，设奠，卒敛，币玉，藏诸两阶之间，乃出。盖贵命也。'"《说文》言："师，二千五百人为师。"认为师就指代军旅之师（的数量）。在"国之大事，在祀与戎"的时代，军队出征之前举行祭祀自然合理。如《礼记·王制》言"天子出征"而"反释奠于学"之事。至于兵事何以于学校举行祭祀，当与周代官师一体、学政一体的制度有关。而到国家太平之时，学校的教育功能更加凸显出来，释奠礼变成了祭祀授学之先师的礼仪。

而到了孔子时代，孔子师者形象得到确立和发展，前孔子时代之学校的教育功能逐步向孔子及儒家集中，孔庙既担当祭祀孔子的重要使命，一定意义上也成为孔子形象及理念的象征，自然又被逐渐赋予了"教育"的功能，即寓"学"于"庙"。当然，"庙""学"之祭祀与教育功能的合一也需要一

---

① 杨宽：《西周史》，上海人民出版社，2003年，第680页。

个较长的过程。

(三)"庙""学"合一：孔子先师形象的独尊地位

既有"释奠于其先师""释奠于先圣先师"之礼，由泛指授学之师到专指以孔子为代表的儒家团体，则成为"庙""学"合一的重要一环。

《周礼·春官》云："凡有道者、有德者，使教焉。死则以为乐祖，祭于瞽宗。"郑玄注引郑司农言："瞽，乐人，乐人所共宗也。"又言："祭于瞽宗，祭于庙中。"又《礼记·明堂位》言："瞽宗，殷学也。"郑玄注云："瞽宗，乐师瞽矇之所宗也。古者，有道德者使教焉，死则以为乐祖，于此祭之。"可知郑司农以"瞽宗"为祭祀对象，郑玄以"瞽宗"为祭祀场所。《周礼·春官》言："瞽矇掌播鼗、柷、敔、埙、箫、管、弦、歌。讽诵诗，世奠系，鼓琴瑟。掌九德六诗之歌，以役大师。"可知"瞽矇"为乐官。宗，《说文》言："尊祖庙也。"那么瞽宗大概率为商周时代礼乐祭祀的宗庙。如贾公彦曰："学《礼》《乐》在瞽宗，祭《礼》先师亦在瞽宗矣。"《礼记正义》亦曰："教《书》之官，春时于虞庠之中，释奠于先代明《书》之师，四时皆然。教《礼》之官，秋时于瞽宗之中，释奠于其先代明《礼》之师。如此之类是也。"由此可见，此时释奠礼的祭祀对象，已经由军旅之师转向了明礼之师，也是授学之师。

随着孔子的教育影响愈来愈大，其师者形象愈加凸显。国家层面上的祭孔活动也越来越多，而孔子在官学的影响力也越来越大。秦亡以后，汉初实行的休养生息政策和黄老之术，使儒家在内的诸子百家都得以存续发展。公元前195年，汉高祖亲自到曲阜以"太牢"祭祀孔子。汉武帝建元五年（前136年），下令"罢黜百家，表章《六经》"，儒家思想被提高到一个前所未有的高度。

在教育活动上，元朔五年（前124年）汉武帝下令兴太学，并为五经博士设置弟子员，即"至武帝时，乃令天下郡国皆立学校官"，以官方形式将学校推广至全国。元始三年（3年），官方下令天下郡国、县邑、乡聚都要设立学校官，从而学校更加普及。教育的蓬勃发展与孔庙祭祀活动相向而行，并最终产生了历史交汇。汉昭帝时，有的学校之中已经开始举行祭祀等礼仪活动，如《汉书》载韩延寿担任颍川太守期间，"令文学校官诸生皮弁执俎豆，为吏民行丧嫁娶礼"，任东郡太守时，"修治学官，春秋乡射，陈钟鼓管弦，盛升降揖让"。东汉建武中元元年（56年），建造辟雍，辟雍、大学两存，在大学讲学，在辟雍举行乡射、大射、养老等礼仪活动。光武帝建武五年（29年），"乃修起太学，稽式古典，笾豆干戚之容备之于列，服方领习矩步者，委它乎其中"，光武帝也亲临观礼，令博士们御前论难。明帝永平二年（59年），首次在辟雍举行养老礼和大射礼，地方学校也举行了乡饮酒礼，"三月，上始帅群臣躬养三老、五更于辟雍，行大射之礼；郡、县、道行乡饮酒礼于学校；皆祀圣师周公、孔子，牲以犬"。并且，汉明帝于太学及全国郡县学祭祀周公、孔子。其后，和帝、顺帝、灵帝都曾在辟雍举行乡射活动。

在祭孔活动上，汉元帝在位时，征召孔子第十三代孙孔霸为帝师，封关内侯，号褒成君，赐食邑八百户，并以税收按时祭祀孔子。公元29年，光武帝派遣大司空宋宏作为特使到曲阜祭祀孔子。永平十五年（72年），明帝亲临孔子故居祭祀，"幸孔子宅，祠仲尼及七十二弟子，亲御讲堂，命皇太子、诸王说经"，李贤注引《汉春秋》曰："帝时升庙，立，群臣中庭北面，皆再拜，帝进爵而后坐。"元和二年（85年），章帝"幸阙里，以太牢祠孔子及七十二弟子，作六代之乐，大会孔氏男子二十以上者六十三人，命儒者讲论"；延光三年（124年），安帝也到曲阜祭祀孔子，"祀孔子及七十二弟子于阙里，自鲁相、令、丞、尉及孔氏亲属、妇女、诸生悉会，赐褒成侯以下帛各有差"。又见《永兴元年乙瑛置守庙百石卒史碑》载："鲁前相瑛书言：诏书崇圣道，（勉）（六）（艺）。……辞对：（故）（事），（辟）（雍）（礼）（未）行，祠圣先师。"①

---

① 杨朝明：《曲阜儒家碑刻文献集成》上，齐鲁书社，2022年，第14页。

表 1 释奠礼变化趋势简表

时期	场所	对象	趋势
前孔子时代	由宗庙到学校	由军旅之师到明礼之师	由主兵到主文
孔子时代	由学校到孔庙	由明礼之师到先师孔子	由泛指到专指

孔庙讲学与学校祭孔的交汇，从教育活动上言，表现在官方下令于太学及郡县学祭祀周公、孔子并举行一系列礼仪活动。从祭孔活动上言，表现在国家统治者在祭孔活动中所组织的说经讲经活动、儒者讲论活动。但这种学校释奠周公、孔子，孔庙组织讲学还只是初步的庙学合一，官学之中并无祭祀孔子的专门场所，孔庙之内也无教学的专门场所，更多属于一种无意识的观念上的庙学合一倾向，更多是出于一种对孔子及儒家教育贡献的推崇和肯定。

实质上的庙学合一，即于学校设置建立孔庙，始于魏晋南北朝。当时帝王或太子每通一部儒经，常常释奠于辟雍，"通经释奠"的形式逐渐成为常态，也为庙学合一规制的形成奠定了基础。西晋元康二年（292 年），皇太子讲通《孝经》，然后在太学举行释奠，史载："乃扫坛为殿，悬幕为宫，夫子位于西序，颜回侍于北墉。"（《晋书·潘岳传》）这可以说是太学之中设置"孔庙"之先声。到了东晋太元九年（384 年），尚书谢石上书："请兴复国学，以训胄子，班下州郡，普修乡校。"孝武帝准许，"其年，选公卿二千石子弟为生，增造庙屋一百五十五间"（《宋书·礼志一》）。官学之中设置"庙屋"，当属"庙学合一"规制之雏形。① 东晋太元九年，则明确记载了国子学内设置夫子堂，顾野王《舆地志》载，国学在江宁县东南二里一百步右御街东，东逼淮水，当时人呼为国子学。西有夫子堂，画孔子及十弟子像。西又有皇太子堂，南有诸生中省，门外有祭酒省、二博士省，旧置二博士。地方

---

① 常会营：《作为"庙学"存在的儒学》，《世界宗教文化》2023 年第 2 期。

上，《隋书·礼仪志四》载："后齐制，新立学，必释奠礼先圣先师……郡学则于坊内立孔、颜庙。"到了隋唐时期，特别是唐代儒学制度化，孔庙及"庙学合一"教育规制正式形成并推广到全国。唐贞观四年（630 年），唐太宗"诏州县学皆作孔子庙"，并为宋元明清沿袭。州县学校一律建设孔子庙不是偶然的，它是南北朝统一后隋唐朝廷推崇儒家思想的必然。①

庙学合一的教育规制有着重要的历史意义和价值，是汉代以来儒学经学化、制度化，祭孔讲经逐步常态化、制度化的充分体现。② 随着庙学合一教育规制的推广，文人士子在求学阶段自然而然就产生了对孔子师者形象的认知，并且随着经师、儒者的代代传授，孔子的先师形象逐渐深入人心。其师者形象在官方的教育体制的推动下，也得到蓬勃的发展。

三、书院教育中孔子师者形象的定格

考察孔子师者形象在中国传统教育中的地位和作用，书院教育是必不可少的一环。主流观点认为，中国的书院教育肇始于唐代，而作为一种教育制度则兴于宋代。书院教育作为中国传统教育的重要组成部分，既有官方设立的，又有民间创办的，还有官民合办的，扮演着沟通官方和民间、中央和地方教育的重要角色。书院教育作为中国教育的荦荦大端，通过考察孔子在书院教育中的地位和作用，亦可以看到孔子的师者形象在此时期的发展与定格。

首先，书院祭祀孔子成为惯例。唐宋以降，儒释道三家思想都成为显学。而儒家与佛、道二家分庭抗礼的重要阵地之一就是书院，书院崇儒的重要表现就是尊孔祭孔。在书院规制中，祭祀是很重要的组成部分。北宋书院依照庙学制度，祭祀孔子。如石鼓书院位列北宋四大书院之一，《铜鼓书堂遗稿》

---

① 孔祥林等：《世界孔子庙研究》（上），中央编译出版社，2011 年，第 44~45 页。
② 常会营：《儒家"庙学合一"教育规制的形成及历史价值》，《世界宗教文化》2021 年第 2 期。

提到:"衡州郡城之东烝湘合流处有石鼓山,山阳有石鼓书院。"① 朱熹《衡州石鼓书院记》中记其遭废弃,"至国初,时尝赐敕额,其后乃复稍徙而东,以为州学,则书院之迹于此遂废而不复修矣"②。元祐六年(1091年),王定民任左奉议郎知衡阳县兼衡州府学教授,石鼓书院在其推动下又得以修葺重建,而修葺之初就特别提到祭祀孔子一事,《衡阳县志》载:"是时,方诏州县广建学宇,衡阳偏远,馆宇不备,定民修葺石鼓斋舍,以祀孔子,作《劝学颂》以勉生徒。县人传诵其文。"可见孔子师者形象对于书院的恢复和重建具有重要意义。推崇师者孔子,更是推崇孔子儒家之学,正如黄宗羲所言:"古之释奠于先师者,必本其学之所自出。非其师,勿学也;非其学,弗祭也。"③

其次,书院专设场所祀孔,孔子庙或夫子堂居书院核心位置。如上文所言石鼓书院,光绪《湖南通志》载:"郡北有石鼓书院,当烝湘二水合流之中,内有石鼓,高六尺,前孔子燕居殿,后韩昌黎、周濂溪、朱晦翁、张南轩祠堂。"孔子燕居殿与唐宋诸位大儒祠堂一前一后,以示师道正统。如岳麓书院于北宋开宝六年(973年),由尚书兼潭州太守朱洞初建。建立之初,有"讲堂五间,斋舍五十二间",讲于堂,习于斋,中开讲堂、东西序列斋舍的格局保存至今。后由潭州太守李允则加以扩建,设置"礼殿"(又名"孔子堂"),并且"塑先师十哲之像,画七十二贤",恢复了祭祀孔子的传统。因中路设堂,后设藏书楼,东西列斋舍,所以祭祀孔子的礼殿则建于讲堂东侧,从而奠定了书院讲学、藏书、供祀三大事业的基本格局。④ 张舜民《画墁集》:"岳麓书院有孔子堂、御书阁,堂庑尚完,清泉经流堂下,景德极于潇

---

① 查礼:《铜鼓书堂遗稿》卷三十,清乾隆查淳刻本。
② 朱熹:《晦庵集》卷七十九,四库全书本。
③ 黄宗羲:《黄梨洲文集》卷二,顺德邓实风雨楼丛书本。
④ 朱汉民、邓洪波:《岳麓书院史》,湖南大学出版社,2017年,第12~19页。

湘。"① 南宋乾道二年（1166年），理学家张栻也高度赞扬了孔子之道："至于孔子，述作大备，遂启万世无穷之传。其传果何与？曰仁也。仁，人心也，率性立命，知天下而宰万物者也。"②

又如北宋太平兴国年间，南昌人邓晏建秀溪书院讲学，书院建有崇礼堂，专门祭祀孔子及颜、曾、思、孟四哲。如南宋淳祐元年（1241年）创建的明道书院，以纪念北宋理学家程颢而命名。书院设有燕居堂，其内奉祀孔子及十四贤，所祭与官学相同。又如元代至元十七年（1280年），杨应桂、申益章建立蓝山书院，《江西通志》载："其门人杨应桂、申益章以来学者之众，无所息游也，规为学舍以处之。得地于县之水南，广长几八里，中为宫焉，有庙堂以祀夫子，两庑翼焉，有明伦堂以讲学，有祠以奉其乡先生，其左右斋曰稽古、学易、约史、兴诗、立礼、成乐，祭器有藏，庖湢有所，前为大门，略如郡县学之制，明年九月告成，名之曰蓝山书院。"③ 书院依照庙学体制，分设场所祭祀孔子、传道讲学。

再次，书院教育遍及全国。不仅在王朝统治的中心区域，明嘉靖四十五年（1566年）于银川地区建立朔方书院，隆庆元年（1567年）建立揆文书院。王道行《朔方书院记》言其规制："中作堂三楹，曰'体仁堂'，两翼为号院十二楹，前为宜门，又前为大门。堂之后为厅三楹，左右厢各三楹，后为飨堂一楹，以祠夫子，而有宋横渠先生配焉，曰是其乡先生也。又最后起土为台，高千尺。登台远眺，则内夏外夷，若指诸掌。"④ 书院飨堂用以祭祀孔子，又因张载多于关中讲学，使之配祀。又如嘉靖二十六年（1547年）副使唐宽于甘肃建立酒泉书院。《重修肃州新志》言："酒泉书院，在文庙之东。

---

① 张舜民：《画墁集》卷八，四库全书本。
② 张栻：《南轩集》卷十，四库全书本。
③ 陶成、谢旻等：《江西通志》卷一百二十八，清雍正十年刻本。
④ 王道行：《朔方书院记》，见陈谷嘉、邓洪波：《中国书院史资料》，浙江教育出版社，1998年，第660~661页。

嘉靖二十六年，副使唐宽建。射圃亭旧在明伦堂之右，兵备道之西，因建书院，迁启圣祠于射圃亭基，遂以射圃亭为学道。……本朝顺治五年，经逆徊之乱，折毁无存。复城之后，每逢春秋二祀，借文昌宫以行祀典。"① 可知酒泉书院建立之时，此地已有文庙，"迁启圣祠于射圃亭基"一句可知书院与文庙之间存在互通关系。值得注意的是，在书院无条件行孔子祀典之时，可"借文昌宫以行祀典"，文昌宫是道教场所，其所在之甘谷大像山为佛教名山，从中亦可观三教合一之势。

最后，书院讲习弘扬孔子师道。如北宋景祐四年（1037年），石介协助孙复在泰山岱庙建立信道堂，讲学其中。后因信道堂于宝元年间并入岱庙，于是迁建栖真观，改名泰山书院，石介因此作《泰山书院记》，文中交代其建院讲学的目的，即"以其道授弟子，既授之弟子，亦将传之于书，将使其书大行，其道大耀"②，这里的道即孔子所传的圣贤之道，"其书"则是后文所言的"先圣之书"。文中还提到其讲学的宗旨，即"上宗周孔，下拟韩孟"。这里很显然是宣扬周公、孔子开创的儒家师者道统的意思。又如宋景定年间，欧阳守道在《白鹭洲书院山长厅记》中就论述了书院山长传道授业之责："或谓学以教授名官，而书院但曰山长，不无小异。愚谓不然。昌黎韩公谓，师者所以传道授业解惑，故教授之名，人皆知其为师。然自孔子教人，未尝以师自居，子路而次，以齿列坐，犹曰：'以吾一日长乎尔，毋吾以也。'则长亦不居矣。"③ 文中以孔子授业为例，认为书院的山长应以传道授业为本分，不应过度看重师者的身份和地位。又见其《韶州相江书院记》中对孔子本人的推重："生民以来，未有盛于孔子，此亲见圣人者之言也。"④

朱熹是宋代理学的集大成者，其一生著书立说，与书院教育有很深的渊

---

① 黄文炜：《重修肃州新志》，清乾隆二年刻本。
② 石介：《徂徕集》卷十九，四库全书本。
③④ 欧阳守道：《巽斋文集》卷十四，四库全书本。

源。从朱子一生的行迹来看，亦可看出书院教育对其影响之深，以及书院教育的蓬勃之势。南宋建炎四年（1130年），朱熹出生于福建尤溪郑氏馆舍，即南溪书院，院内有半亩方塘，因之以留下"问渠那得清如许？为有源头活水来"的名句。朱熹六岁随父迁居政和星溪，就读于云根书院和星溪书院，十一岁迁居建安，受教于环溪精舍，十四岁受教于"武夷三先生"（刘子翚、刘勉之、胡宪），访学于兴贤、紫阳、隆教等书院。后朱熹在武夷山地区陆续创办诸书院：乾道六年（1170年），创办寒泉精舍；淳熙二年（1175年），创办晦庵草堂；淳熙十年（1183年），创办武夷精舍；绍熙三年（1192年），创建沧州精舍，即考亭书院。除此之外，朱熹还于淳熙六年（1179年）上书修复白鹿洞书院，将其教育思想以《白鹿洞书院揭示》的形式较为完整体现出来，后于淳熙八年（1181年），邀请陆九渊到白鹿洞书院讲学。朱熹还首创书院会讲的形式，乾道三年（1167年）于岳麓书院与张栻展开跨时两个多月的会讲，"朱张会讲"也在学术交流史上留下一段佳话，使得岳麓书院声名远播。

在朱熹从事书院教育的生涯之中，他一边强调书院教育对学子莫大的益处，一边以理学的方式弘扬孔子之教，使之更加思辨化、义理化，他于《龙光书院心广堂记》中言："熹尝闻此于先师之教，惟实用其力致之。噫！要必有以识乎诚，然后有以用其力。且人之视听言动，曷为而然哉？心有所向于是也，必立志以定其本，居敬以定其志，博学审问，慎思明辨，皆所以求广之功也。"[①] 成为继孔孟儒学、汉唐经学以来，宋明理学的又一杰出代表。

书院教育是宋代以来中国教育的重要载体，是国家官学、民间私学的重要补充和联系纽带，自然而然，孔子的师者形象便浸润其中，在官方太学、国子学、州郡之学，民间私塾庠序之学，书院之学中都居于崇高地位。但总

---

① 朱熹：《龙光书院心广堂记》，《朱子全书》第26册，上海古籍出版社、安徽教育出版社，2002年，第788页。

的来看，孔子师者形象依旧是活跃在教育领域、知识分子圈层。后随着孔子师者形象的进一步提升，对于孔子的推重崇拜便在更广泛的群众之中普及开来。

钱穆先生言："在孔子以前，中国历史文化当已有两千五百年以上之积累，而孔子集其大成。在孔子以后，中国历史文化又复有两千五百年以上之演进，而孔子开其新统。"① 梁漱溟在《东西文化及其哲学》中说："孔子以前的中国文化差不多都收在孔子手里，孔子以后的中国文化又差不多都从孔子那里出来。"② 孔子对中国文化最主要的贡献之一就体现在对教育传统的奠定和开展上，这也使中国历史、中国文化甚至中华文明的发展有了一条连续而清晰的脉络。

（作者系曲阜师范大学孔子文化研究院硕士研究生；
曲阜师范大学孔子文化研究院副院长、教授，山东孔子学会秘书长）

---

① 钱穆：《孔子传》，生活·读书·新知三联书店，2018年，第1页。
② 梁漱溟：《东西文化及其哲学》，商务印书馆，2023年，第184页。

有德者必有言

——孔子的教育语言艺术

代春敏

《论语》被称为中国人的"圣经"。虽然已过去两千多年，但翻开《论语》，那富有生命力的文字活泼亲切，即使穿越千年，依然能感受到浸润于文字间的温度和穿透纸背的思想力量。一字一句读来，丝毫不觉有任何语言和思想上的隔阂，仿佛看到一位慈祥的老人从时光隧道中缓缓走来，在你耳边娓娓道来，他"循循善诱"，行止有度，"句句是自然"，这就是孔子高深的哲学思考和充斥于内心的仁德之言，是《论语》独特的语言之美。

对于孔子的语言，宋代程颐说："读之愈久，但觉意味深长。"鲁迅先生评价说："略无华饰，取足达意而已。"蒋伯潜先生则称："章既简短，辞已质朴。"这是孔子的语言魅力之所在，谓其语言之"美"，因有情感之"真"，有思想之"智"。透过孔子动静语默，容止周旋，体察孔子与人交接往来，以其独有的语言特色，让我们直接深切地体悟孔子的为学、为政、为礼、为仁之大道，感悟孔子之教人如何言行，如何"为人"。

一、循循善诱之言

孔子的话语非常质朴，甚至是直白的口语，但读来一点也不觉枯燥乏味，反觉自然流畅，生动传神。这不仅因为孔子的言语有真挚的情感，还因为孔子善于运用多种语言的修辞方法，赋予语言更多的文采，如散文诗般节奏明快，音韵和谐。孔子说"言之无文，行而不远"，透过焕发生命力的语言，感受孔子的真挚情感和文采，他敦厚笃定、温和率真、幽默风趣的样子，执着追求理想的样子，字里行间，跃然如见。

颜回曾感叹："夫子循循然善诱人，博我以文，约我以礼。"（《论语·子罕》）"循循"是有次第，"诱"，是引导。学生资质不同，学养深厚不一，领悟能力和性情也各不相同，孔子会依其水平循序教导，因材施教，应时设教，应机设教，这也是孔子教学语言中最有价值的思想。

孔子和学生经常在一起相互讨论，气氛热烈。孔子重《诗》教，"不学《诗》，无以言"，但不是所有的学生都能学《诗》。一次，子贡和老师进行一番"如切如磋"的探讨之后，孔子说："始可与言《诗》已矣。"对于子贡的能以《诗》兴，举一反三，孔子及时给予鼓励和认可。还有一次，子夏问孔子《诗经》中的"巧笑倩兮，美目盼兮，素以为绚兮"是什么意思？师生二人像打哑谜般的交流后，孔子感叹道："起予者商也，始可与言《诗》已矣。"子夏能因《诗》及礼，对《诗经》有了一定的认识，孔子非常高兴，禁不住夸赞。也只有这样，孔子方觉能一起讨论《诗》了。

子路一心向学，不为贫富动心，孔子引《诗经》中的"不忮不求，何用不臧"赞美子路。结果子路沾沾自喜，"终身诵之"，每天碎碎念。孔子见子路得意忘形的样子后又赶紧泼冷水："是道也，何足以臧？"你本来就应该这样，这是道，有什么值得骄傲的呢？这就是孔子既赞其美，又及时纠偏，该夸的时候夸，该打击的时候打击，一扬一抑，孔子教导弟子的场面呼之欲出，子路听到后恐怕只能在心里默念"不忮不求"了。

不只是老师批评学生，孔门弟子中也有学生"怼"老师的时候，子路就是其中一位。孔子到了卫国，拜见卫灵公夫人南子，子路不愿意看到老师这样委屈迁就，心中不悦。孔子没办法，指天为誓："予所否者，天厌之，天厌之。"我所行之事皆合于礼，合于道，否则上天也将厌弃我。公山弗扰叛乱，欲召孔子，佛肸叛乱，孔子欲往，但前后两次子路都反对孔子应召，心中"不悦"，孔子引用谚语："不曰坚乎，磨而不磷；不曰白乎，涅而不缁。"表明心迹，行道之路再艰难复杂，我自出淤泥而不染，坚白之志不改，最后还用"匏瓜"自喻，难道我是只徒好看而无实用的匏瓜吗？孔子的理想是"如有用我者，吾其为东周乎"孔子期望道能行于天下，以助苍生，"欲往，出乎仁；终不往，本乎智"①。师徒之间的言谈"辞旨深隐，寄慨甚遥。戏笑婉转，极文章之妙趣。两千五百年前圣门师弟子之心胸音貌，如在人耳目前，至情至文"②。

孔子的课堂并非我们想象的那样枯燥呆板，而是轻松愉悦的，"侍坐"一章可以说是一堂绝佳的"精品课"。师生各谈其志，有"指点江山，激扬文字"的豪气，有"谦恭务实，志行礼乐"的谦谦君子，有"纵情山水，徜徉天地"间的逍遥境界，更有曾皙美妙的琴音萦绕其间。弟子们纵横捭阖，孔子或启发点拨，或引而叹曰："吾与点也。"经义通达。这个课堂生机勃勃，每个人都以最真实的生命状态参与其中，令人如闻其声，如睹其容，如诗如画，其乐融融。阳明说孔子的教化："圣人教人，不是个束缚他通做一般（完全照着一个样子做），只如狂者，便从狂处成就他；狷者，便从狷处成就他。"孔子就是这样以高超的教学语言，让课堂充满生命的张力，每个人都得以充分绽放。

孔子的幽默也总能让课堂变得有趣。子游任武城宰，有一天，孔子去到武城，听到了弦歌之声。孔子莞尔而笑，曰："割鸡焉用牛刀？"治理这么一个小城，还用礼乐教化吗？子游马上一本正经地回答，这都是老师您以前教导我们的呀，君子小人都要学礼乐。孔子一看子游当真了，马上应机设教，

---

① 刘强：《论语新识》，岳麓书社，2016年，第483页。
② 钱穆：《论语新解》，九州出版社，2011年，第103~104页。

转而对其他弟子说，子游说得对，我前面所说的只是和他的玩笑话。瞧！没想到吧，大家印象当中的孔子还会开玩笑。其实，孔子一听到弦歌声，"莞尔而笑"时，心里就充满了喜悦和得意，他得意于弟子能学以致用，并非徒务空言，整个教学场景轻松而风趣，也教育了随行的其他弟子。

《论语》中讲到孔子对于两个儿童的教育态度。一个是互乡的童子，虽然这个地方的风俗不太好，人都很难交流，但当童子主动来求见时，孔子欣然接见。并指正其他人的偏见："人洁己以进，与其洁也，不保其往也。"孔子不计过往，唯见其洁身自好之心，"君子成人之美"，何乐而不教？这是作为一个教育者应有的悲悯情怀和导人向善的仁爱。同样是阙党的一个童子，孔子的态度却完全相反。这个童子非常积极，在宾主间传话，大家都认为他有上进心，是可造之才。而孔子却说，这个孩子坐在成年人的座位上，与长辈并肩而行，这不是进取心，而是急于求成呀。"互乡童子则进之，开其善也；阙党童子则抑之，勉其学也。"① 孔子一进一退之言皆是教。

有一次，孔子突然跟子贡感叹道："予欲无言。"我不想说话了，你看看上天，何曾说过一句话，但四时照样动转，万物照样化育。孔子崇尚天道，古人也善于向天道学习，虽然不知孔子这句为何而感慨，但是孔子的确也有"无言之教"。《论语》中记载，孺悲想要见孔子，孔子不愿见，就称病推辞。当传话的人快要出门的时候，孔子却偏偏弹起琴唱起歌来，故意让使者听到，我好好的，没有病，就是不愿见你。

都说孔子"有教无类"，其实并不是什么样的人孔子都教，"不愤不启，不悱不发，举一隅不以三隅反，则不复也"。对于不懂得举一反三，不主动思考的学生，孔子说我不会再教第二遍。还有这样几类人："饱食终日，无所用心，难矣哉"，"群居终日，言不及义，好行小慧，难矣哉"，教这样的学生，孔子说，作为老师，我太难了，我也没办法，教不了；还有"不曰'如之何，

---

① 王应麟：《困学纪闻》，涵芬楼影印本。

如之何'者,吾末如之何也已矣","说而不绎,从而不改,吾末如之何也已矣"。天天不说"怎么办""怎么办"的人,不加分辨只喜欢听好话,当面承认错误,背后却顽固不改的人,我也不知道"怎么办"了;还有三种人"狂而不直,侗而不愿,悾悾而不信,吾不知之矣"。狂妄又不正直,无知又不老实,没有能力又不诚恳,孔子也不知道如何教。这几类令孔子束手无策不愿意或无法教诲的人,孔子"深绝之",但这与孔子"有教无类"的理念并不冲突,反而是孔子深探人性中习染甚重的弱点、缺点,明此以警策世人反求诸己,避免成为此类人,这于人不正是另一番教诲吗?

朱熹认为,孔子的有言、无言之教或无教之教都是教:"言或抑或扬,或与或不与,各因其材而笃之,无非教也。"孔子的无言和不教其实是一种更高明的"言说"和"教化"。

因此,无论是轻松幽默,还是严厉棒喝,不管是言传身教,还是不屑与之教,孔子对弟子严慈相济,弟子对老师"亲其师,信其道",在言语交流间,孔子的教育精神和师生之情尽情展现,令人动容。

二、哲理情思之诗言

诗化是孔子语言的艺术特点,既典雅形象又富有文采。"子所雅言:《诗》《书》、执礼,皆雅言也。"孔子在读《诗》《书》或执礼时,都用雅正之言。孔子重诗书礼乐,这些都是文化传承,在诵读谈论时需用雅正之言。虽然我们无法再闻雅正之音,可是,读着孔子的话,同样可以感受优美明快的韵律、典雅生动的文字、丰富多样的修辞,用散文诗般的语言表达深邃的哲理和思想,读之琅琅,闻之悦耳,思之动心。

孔子善于"近取譬",借用人们熟悉的身边事物,总能把抽象高深的道理讲得浅显易懂。以"大车无輗,小车无軏"来形容"信"的重要性,车马在古代是常见的交通工具,"輗"和"軏"是起关键性作用的部件。钱穆先生解释道,车之行动,在车本身既有轮,又驾牛马,有辕与衡轭束缚之,但无輗和軏，仍不能灵活行动，正如人类社会，有法律契约，有道德礼俗，所以为指导与约束者纵甚备。然使相互间无信心，一切人事仍将无法推进。信者，贯通于心与心之间，既将双方之心紧密联系，而又使有活动之余地，正如车之有輗軏。① 如此比喻，自然就明白为什么孔子用车的"輗"和"軏"来形容"信"，也明白为什么说"人而无信，不知其可也"了。这种比喻，恰当无比，毫无穿凿附会之嫌。

中国文化中有"比德说"，以自然山水景观或物品比喻美好的道德，这一传统可以说是自孔子之后影响深远。"知者乐水，仁者乐山；知者动，仁者静；知者乐，仁者寿。"孔子把知者、仁者与自然界中最常见的山、水联系在一起，以自然山川来比喻智者和仁者，说明知者有着如水一样的宁静、优雅，仁者有着如山一样的静穆、无私。"盖道德本乎人性，人性出于自然，自然之美反映于人心，表而出之，则为艺术。"② 这种"君子比德于物"的艺术手法，不仅让人能更加生动形象地感受大自然的美，而且更能体会仁者、智者的美善合一、天人合一境界。《说苑》和《春秋繁露》中都有以山水之性象征君子人格的描写，到魏晋时期逐渐形成一种文学流派——山水文学。

一位老人，站在河边，看着川流不息的江水感叹道："逝者如斯夫，不舍昼夜。"一切逝去的，都像这江水一样逝去了，日月流转，时不我待，生命也将如奔流的江水一般滚滚向前，盈科后进，永不停息。老子、荀子、孟子、董仲舒都咏叹水的智慧和品德，而孔子就用如此简单的一句话，用纯诗性的语言和意象，道尽了瞬间与永恒、静止与不息、有限与无穷，留给后人无尽的慨叹和想象。有探求时空奥妙"人生代代无穷已，江月年年望相似"的张若虚；忧思"无边落木萧萧下，不尽长江滚滚来"的杜甫；唱着"大江东去，浪淘尽，千古风流人物"的苏轼……水的意象包含了中国古人对时间、历史、

---

① 钱穆：《论语新解》，第43页。
② 钱穆：《论语新解》，第144页。

生命及自然的探索与认知，孔子以其独有的思维和语言，赋予水如此开阔、深沉、灵动的意境，随岁月沉淀，这就是孔子语言的魅力。

孔子可以说是使用比喻手法的大家，他信手拈来，随处比兴。"君子之德"有表率和模范作用，引领风尚，孔子将其比喻为风，"小人之德"就像风下之草，跟随风向而动。孔子把"学"比喻为堆山："譬如为山，未成一篑，止，吾止也；譬如平地，虽覆一篑，进，吾往也。"子张问什么是"明"，孔子说："浸润之谮，肤受之愬，不行焉，可谓明也已矣。"孔子用人们能感受得到的"浸润"和"肤受"来比喻谗言和控诉，这两者如果行不通，可以说是"明"，甚至是"远"。还有"见善如不及，见不善如探汤"，"善"与"不善"如何理解？孔子没有下定义、说明、推理，只是借用平常的生活经验作比喻，而且使用了通感的修辞手法，把抽象的概念解释得明白清楚，印象深刻。甚至更为形而上的"道"，也让孔子讲得深入浅出："谁能出不由户，何莫由斯道也？""道"是什么？想要从房间里走出去，必须由门户出入，同样，人想要成为"人"，必须按"人道"而行。

另外，孔子的语言大多自带韵律，运用对仗、排比、反复等辞章手法，读起来节奏感强，朗朗上口，如诗文一般。也正是因为孔子对人生大道有深入的思考，才能讲得明、讲得好，融高妙的哲思和真挚的情思于一体。

三、躬身践行之德声

孔子不是纸上谈兵的演说家，不是坐而论道的空想家，他一生汲汲于践行"有德者，必有言"。《论语》中记载仪封人会见孔子后，称"天下之无道也久矣，天将以夫子为木铎"。孔安国注曰："木铎，施政教时所振也，言天将命孔子制作法度，以号令于天下。"意思是说，木铎能发出声音，孔子虽无位，但天命将要让孔子施教四方，孔子周游列国，以"言"来推行自己的大道，"有德者，必有言"，是孔子自觉承担的历史使命和责任。当时，孔子周游列国，他的"言"不是说给某一诸侯国的，而是"宣扬大道于天下"。五百多年后与孔子有同样理想的孟子也说:"则岂徒齐民安,天下之民举安。""夫天未欲平治天下也,如欲平治天下,当今之世,舍我其谁也?"儒家有着天然的使命和担当精神。

孔子是用生命在践行道,"朝闻道,夕死可矣",孔子的这句话在整部《论语》中,犹如划过一道闪电,劈开混沌时空,让人看清生命的本真和意义。"道亘古今,千万世而常然,一日之道,即千万世之道……一日之生,亦犹夫千万世之生矣。"① 朝夕之间,生死一念,儒家并非看轻生死,反而是更看重人的生命价值,有更高的精神追求,所以人生要更有意义。同样是面对生死,孔子还说:"志士仁人,无求生以害仁,有杀身以成仁。"志士仁人,不会苟且枉生以害仁,唯有杀身来成全仁德。中国历史不乏有这样的仁人志士:"求仁得仁"的伯夷、叔齐,"一箪食,一瓢饮"的颜回,"结缨正冠而死"的子路,"舍生而取义""虽千万人吾往矣"的孟子,"正其道不谋其利"的董仲舒,"使于四方,不辱君命"的苏武,"死有重如泰山"的司马迁,"人生自古谁无死,留取丹心照汗青"的文天祥,"要留清白在人间"的于谦,"我自横刀向天笑,去留肝胆两昆仑"的谭嗣同,"匹夫不可夺志""吾辈不出如苍生何"的梁漱溟……从孔子劈开那道闪电,多少人为此热血沸腾,这就是一代代志士文人的铮铮铁骨,凛凛风范,为了心中"大道之行也,天下为公"的理想,为了天下苍生,一往无前,杀身成仁,舍生取义,成就生命的永恒。

孔子重"学",以"学"开篇:"学而时习之,不亦说乎?"他的一生离不开"学""习",在学习中成就生命。钱穆先生认为,孔子一生做了三件事,为学、为教和为政,孔子毕生为学,日进无疆,以其教育事业之博大深微为中心,而政治事业次之。孔子的好学、乐学,也是他最为自信和津津乐道的:"十室之邑,必有忠信如丘者焉,不如丘之好学也。""学而不厌,诲人

---

① 钱穆:《论语新解》,第84页。

不倦","发愤忘食，乐以忘忧，不知老之将至"，又以"六言六蔽"提醒人们，如果不好学，会给德行修养带来弊端和阻碍。孔子自道："饭疏食饮水，曲肱而枕之，乐亦在其中矣。"夸赞颜回："人不堪其忧，回也不改其乐。"师徒二人沉浸在学习带给他们的生命之悦乐中。他所说的这些话，并非自我夸耀，实则向世人树立榜样，勉人向上向善，孔子身体力行、好学乐道的样子深入人心，具有极大的感染力、感召力，潜移默化影响了中国人"希贤""希圣"的文化心理，被钱穆先生称为，中国文明可大可久，其实内核就在于儒家的这样的精神，即"学习精神"。孔子开创的生命的"悦乐精神"，对中国乐感文化的形成也有直接影响。

孔子力行"德言"，追求理想，即便是在整个时代都不得相容，整个世界都反对他的时候，他依然默默前行，在黑暗中寻求光明。《论语·微子》篇中记录了孔子在周游列国时遇到的一些狂狷之逸民，他们或同情或讥讽或劝谏，桀溺说："滔滔者，天下皆是也，而谁以易之？"当今不合于道的事情像滔滔的江水，到处都是，和谁一起能改变呢？孔子当然知道这些人志行高远、洁身自好，他们也曾试图改变这个糟糕的世界，但是选择了和孔子不一样的道路。孔子怅然若失地说："鸟兽不可与同群，吾非斯人之徒与而谁与？天下有道，丘不与易也。"生而为人，不与人在一起，怎么践行人道？我不会选择逃避，不会离开我热爱的滚滚红尘，不会袖手旁观世道的沉沦，哪怕一己之力再微弱，也要点亮世人的希望！

孔子一生志于学道、传道、行道，认为这是上天赋予他的使命，他"当仁不让"，即使得知"道之不行"，依然带着对理想的坚定信念，对文化的高度自信和执着信仰，毅然决然，"知其不可而为之"，孔子"有德者必有言"，此"言"乃孔子大慈大悲之心，大智大勇之行，大仁大义之德。

四、言缓意峻之言

孔子"温而厉，威而不猛，恭而安"。这是孔子内在中正之德，外在平和之貌的中和气象。"言如其人",孔子的话语有时听似平淡缓和,实则严肃峻厉,暗含机锋,又饱含深意。

有一天,子路问孔子怎样侍奉鬼神,孔子平静地说:"未能事人,焉能事鬼?"子路转而问,死是怎么回事?孔子依然缓缓地说:"未知生,焉知死?"鬼神有关祭祀,生死是必须要面对的,孔子的态度严肃庄重,他的话听上去"答非所问",但是平缓的回答中却饱含有关生死人神的关键问题。孔子多次谈到如何对待生死和鬼神,教导弟子首先是"敬","祭如在,祭神如神在","敬鬼神而远之",专务人事,处理好人伦关系,便能处理好人神之事。儒家重生死,慎终追远,但在生存之上还有生命的价值和追求所在,"朝闻道,夕死可矣!"生于闻道,死亦安矣。孔子接连反问,以"事人"答"事鬼",以"生"答"死",实则是让子路明白:事生如事死,人鬼同道;知何谓生,便知何谓死,死生一也。

子路对鬼神的态度的确也做到了孔子所说的敬,有一次孔子病得很严重,子路忙着祈祷天神保佑。等孔子病好后问子路是否有这回事,子路说,有,我祷告天地神灵。孔子听后,淡淡地说了一句:"丘之祷久矣。"孔子态度既没有明显的反对,也不是赞同,而是相机而教。孔子何曾长久祷告,只不过"素行固已合于神明",孔子所说的"祷"实则是"学","久"实则是一贯如此,顷刻不忘。孔子这句淡淡的回答,还是希望子路能专务人事,尽人道。

类似的话还有,孔子说:"二三子以我为隐乎?吾无隐乎尔。吾无行而不与二三子者,是丘也。"大概是有的弟子"以夫子之道高深不可几及,故疑其有隐",孔子正面解除疑问:我没有任何隐瞒,我没有一天不是跟你们在一起的,我所有的言行举止"全程直播","学于其人,其人俱在"。孔子只是在陈述事实,却深含"学"的真谛:生命的践行。孔子对于弟子的殷殷教诲,切切期待,都在于此。

君子"望之俨然,即之也温,听其言也厉"。有时听孔子说话,听上去像和风徐徐,实则暴风凛冽。在孔子的弟子中,樊迟比较爱问问题,但资质较差。有一天跑来向孔子请教学种庄稼,孔子一听,平静地回了一句:"我不如老农。"后来樊迟又请求学种菜,孔子又平静地说:"我不如老圃。"这两句话波澜不惊,却是绝之之辞。孔子非不重稼穑,实则樊迟志向鄙陋,而且被拒绝了一次,也不能举一反三,孔子后责之"小人哉,樊须也"。当然,这里的"小人"不是道德意义上的小人,而是孟子所说的"大人之事""小人之事"之"小人"。孔门之教,在于教人为学为政,学礼学义,是大人之学。因樊迟鲁钝,孔子没有当面严厉责备,只以平静的话语温婉地批评,在樊迟走后说他是"小人",实则是希望其他同学能告知,给樊迟认真思考和反省的时间。

孔子"事君尽礼",与国君大夫对话亦是如此。卫灵公问孔子军事上的事,孔子淡然回答:"俎豆之事,则尝闻之矣;军旅之事,未之学也。"不好意思,用兵打仗的事,我从来没有学过。即便在颠沛流离中寄居卫国,孔子依然以道义劝导灵公。听似平静和缓,实则心有猛虎;看似温厚谦恭,实则泰山岩岩。当鲁哀公问"君如何使臣,臣如何事君"时,孔子回答:"君使臣以礼,臣事君以忠。"孔子最重"君君臣臣父父子子"之礼,哀公是君,孔子是臣,君在上,臣在下,孔子严格按礼的规定,君对臣是"使",臣对君是"事",说明君臣关系有上下尊卑之别,不对等却是相互对待。后面的"礼"和"忠"却是完全对等的伦理价值,且"君使臣以礼"在前。在对待君臣父子关系上,孔、孟都是从相对关系切入的,而不是上对下或下对上的单一取向。孔子认为,君是表率,要以礼约束,依礼而行;臣依礼尽"忠"。过去,人们只要一谈到"忠",大多会狭隘地理解为"愚忠"或"忠于……",其实,"忠"更强调内心的真诚,并且其内涵也丰富得多。《说文解字》中讲:"忠,敬也,尽心曰忠。"人要做到竭诚尽责就是忠的表现。如果上位者能按照礼来对待大臣,那么在下位的就会尽心去做好分内之事。对于上位者的过失,孔子主张"勿欺也,而犯之"。父子关系亦是如此,"父有争子,则身不陷于不义"。当然,对待父母的过失和上位者的过失,劝谏时的动机和态度是不一样的。某种程度上说,"忠"涉及我们生活中的方方面面。比方说,亲爱家人,友爱朋友,对职业尽忠职守,对他人托付之事竭尽全力等,就是"忠"在感情、生活、事业等方面的体现。曾子说:"吾日三省吾身:为人谋而不忠乎?……"曾子每天多次反省,首先反省的就是替别人谋事,是否做到了"忠"。

五、言峻意切之言

孔子不只是一味的温和之语,有时也言辞犀利,直切要害,具有超凡的洞察力和说服力。尽管话语严峻,却心意恳切,意志笃定,让人豁然通达,又倍感亲切。就像玉石,虽然坚硬,却不会伤人。

孔子对弟子的教诲也不一直是"如春风化雨",有时也"如霹雳弦惊"。孔子曾经批评弟子宰我白天睡觉,宰我也保证不再重犯,但是有一天,又被孔子看到,孔子厉声批评:"朽木不可雕也,粪土之墙不可杇也。"好好地却"昼寝",对儒家来说是不合于礼的,孔子这样严厉地责备不只是"昼寝"这一件事,恐怕更多的是因为宰我的"言行不一"。宰我在言语科位列第一,可知他长于辩言,必定之前在老师面前信誓旦旦,随后却我行我素,所以孔子说他是朽木和粪土。对于别人的话,孔子之前是"听其言而信其行,"经过这件事,马上反省,"听其言而观其行",可见就算再严苛的批评,孔子也不是为了训诫而训诫,是真心教诲弟子,且教学相长。

《论语》中宰我受了两次严厉的批评,还有一次是和夫子讨论"三年之丧"。宰我找了种种理由,认为丧期一年就可以,孔子只问:"于女安乎?"宰我毫不犹豫地答道:"安。"孔子说你觉得安你就去做,可随后却责其"不仁"。这应该是最为严厉的责备了,《论语》中被明确评价为"不仁"的,也就宰我一人。儒家注重丧礼,可礼不单单是外在的形制,"孔子的贡献在于将外在礼制(规范)变为内在心理(情感)。"① 孔子未必看重一年或三年之别,

---

① 李泽厚:《论语今读》,生活·读书·新知三联书店,2004年,第488页。

实际更看重人心，于心"安"否？宰我直言心安。孔子虽未制止，却担心宰我真的那样去做，所以以"不仁"严厉警醒，他还给宰我找了个台阶，说宰我大概是缺少家庭温暖才有这样的想法。相信宰我听到老师的责备后，也能体悟到这一番良苦用心。

另一个学生冉求为季氏聚敛财富，孔子对其他学生说："非吾徒也，小子鸣鼓而攻之，可也。"他不是我的学生，大家可击鼓讨伐！对学生又爱又恨，怒其不争之情溢于言表。

孔子的老朋友原壤也受过孔子的责骂，有一天两人约好见面，原壤去得早，《论语》中记载"原壤夷俟"，"夷俟"具体是什么样子不太清楚，反正是不雅观、不合于礼的一种姿势。孔子看到后，历数他从小到大的种种"劣迹"："幼而不孙弟，长而无述焉，老而不死，是为贼。"边数落边用拐杖敲打他的小腿。《论语》中很多章节讲到交友之道，孔子和他的"发小"原壤，哪怕是"道不同，不相为谋"，孔子依然能和原壤保持一生的友情。这样的打骂场景恐怕不是第一次，似乎是用很严厉的口吻谴责，仔细品读，不难听出其中蕴含的轻松亲昵，此乃真友谊，真性情也，一生能有这样互相笑骂的朋友足矣。

对于弟子和老朋友，孔子是"爱之深，责之切"，但对于别有用心的人，孔子说话也是毫不客气。孔子周游列国时到了卫国，卫国的大臣王孙贾跑来拉拢孔子，用谚语隐讳地表达，"与其媚于奥（有尊位而无实权），宁媚于灶（位卑而权大）"，孔子同样也巧妙地用暗喻义正词严地表明自己的立场："获罪于天，无所祷也。"孔子的回答非常简单：行事不正，伤天害理，无处祷告，取媚于谁都没用！孔子虽客居他国，却不屈从于任何势力，言行只凭天理人道，顺天应命。从孔子或严厉，或轻松的话语中，总能体悟到真真切切的师生之情、君臣之义和深厚的朋友之谊。

透过每一句话传递的温度，触摸生命最真实的脉动。孔子就是这样一位有着自觉性和理性的言传身教者。而且孔子还是一位伟大的语言创造者。且不说孔子深邃的思想影响，单说其语言本身，薄薄的一部《论语》，二十篇，一万余字，孔子和他的弟子们就为汉语贡献了近百个成语，还有许多常用的词语和句子。这些语言，融思想与艺术为一体，鲜活而有生命力，到今天仍然在大量频繁地使用。由此来看，孔子不愧是一位教育语言大师。

(作者系衡水学院董子学院副教授)

论习近平传统文化观的逻辑向度*

刘 伟

习近平传统文化观是党的十八大以来以习近平同志为核心的党中央结合新的时代条件和实践要求,围绕"为什么要继承和发展中华优秀传统文化""如何继承和发展中华优秀传统文化"这个时代课题进行实践探索和理论思考的结晶,是马克思主义中国化的最新成果,充分体现了理论创新在历史、现实与实践上的逻辑统一。

一、历史逻辑:习近平传统文化观是时代发展的历史必然

从广义上讲,文化是指人类所创造的一切文明成果,也是人类生活或存在的方式,有其自身发展规律。近代以降,人们对以儒学为核心的传统文化的认识上存在偏差,在处理传统文化与现实社会的关系时把传统文化看作是"过时的"乃至是"死的"文化,认为传统文化已经走到"尽头"。如列文森的"博物馆化说",认为传统儒学已经失去生命力,退出了历史舞台,走进了博物馆;胡适和傅斯年发起的"整理国故"运动,更是对传统文化以整理为名而行否定之实。在这一历史时期,对传统文化基本上是呈否定、冷落的态

---

* 本文系国家社科基金冷门绝学研究专项学者个人项目"元代《论语》文献整理与研究"(23VJXG019)的阶段性成果。

势。从宏观上来看，大致分为三个阶段：

第一个阶段从新文化运动至新中国成立。这一阶段主要引进宣传西方文化，奉西方文化为圭臬，以新文化运动、打倒孔家店为标志，否定传统文化，主张"全盘西化"。胡适在《中国今日的文化冲突》中明确提出，要"全盘西化"或"充分世界化"，主旨就是放弃旧文化、拥抱新文化。这一阶段是在洋务运动、维新运动、辛亥革命失败的基础上的新转向，这种转向有其深刻的历史背景。洋务运动主张"师夷长技以制夷"，从器物层面学习西方；维新运动提倡"君主立宪"、辛亥革命宣扬"立宪共和"，从制度层面学习西方；最终都以失败告终。从器物、制度层面学习西方的结果并没有为当时的中国找到光明的出路，由此便开始转向对传统文化的反思，认为中国落后的根源在于几千年的传统文化，传统文化遂被冠以"封建糟粕"之名，反传统、学西方成为当时社会的主导趋势。"如果说鸦片战争时期'师夷长技以制夷'口号的提出是在中国文化传统发展演进的历史上第一次明确承认必须'以夷为师'，戊戌维新运动时期提出的对中国传统的制度'统筹全局而全变之'则可以看作是已经在制度的层面开了'一切悉从泰西'的先河，五四新文化运动经过从器物到制度再到精神理念的通盘反省之后得出的'我们百不如人'的结论，则已经是对中国传统文化的整体否定。"[①] 在这期间，尽管梁漱溟、熊十力等人极力为传统文化辩护，但人少言微，并没有引起重视，传统文化被彻底妖魔化。

第二个阶段从新中国成立至改革开放。这一阶段以学习苏联为主，把传统文化与马克思主义相对立，以文化大革命的"破四旧"为代表，彻底批判否定传统文化。

第三个阶段从改革开放至21世纪初期。这一阶段主要学习传播欧美文

---

① 李翔海：《从延续民族文化血脉中开拓前进——论习近平中国传统文化观的时代意义》，《中共中央党校学报》2015年第6期。

化，视传统文化为"落后"的代名词，即"先进"与"落后"的对立，欧美文化占据主导地位。在这期间，传统文化虽然从被批判、被否定的阴影中走了出来，但仍处于被冷落的状态。尽管汤一介、季羡林等人呼吁重视传统文化，但势单力薄，并没有从根本上改变传统文化被冷落的尴尬地位。

纵观鸦片战争以来一百多年的历史进程，在"数千年未有之大变局"的时代，传统文化被批判、被边缘化，狭隘、片面甚至过激地否定传统文化是不争的事实。党的十八大以来，针对"如何认识和评价中华优秀传统文化"这一根本性问题，习近平总书记站在新的时代高度彻底打破这一历史误区，对中华优秀传统文化进行了重新定位，明确指出了中华优秀传统文化对人类文明和中华民族具有的独特贡献、历史地位和当代价值。这种新的定位彻底破除了近代以来对中华优秀传统文化的偏见，使中华优秀传统文化从边缘的地位逐步走向舞台中心。这既符合中华民族发展的历史实际，也是尊重传统文化自身发展规律的体现，更契合人类社会未来发展的趋势。

(一) 新定位符合中华民族发展的历史实际

马克思指出："……他们并不是随心所欲地创造，并不是在他们自己选定的条件下创造，而是在直接碰到的、既定的、从过去承继下来的条件下创造。"[1] 人类所有的活动包括文化的创造都要受到历史的影响，都与历史一脉相承、不能割断。"历史就是历史，历史不能任意选择，一个民族的历史是一个民族安身立命的基础"[2]。中华民族五千年多年的文明，绵延相继、持续不断，本身就是一部相互影响、因袭变革的历史，是承前启后、继往开来的有机统一体。"看到历史发展的继承性，前有古人，后有来者，这大概就是中国

---

[1] [德] 马克思、恩格斯：《马克思恩格斯文集》第二卷，人民出版社，2009年，第470~471页。

[2] 中共中央文献研究室：《十八大以来重要文献选编》上，中央文献出版社，2014年，第694页。

文化思想的一个特点"。① 因此，习近平总书记指出，观察和认识中国，历史和现实都要看，物质和精神也都要看，观察当代中国哲学社会科学，需要有一个宽广的视角，需要放到世界和我国发展大历史中去看。一方面，从人类文明发展的视角定位，强调传统文化是人类文明的重要组成部分，中华民族具有5000多年连绵不断的文明历史，创造了博大精深的中华文化，为人类文明进步做出了不可磨灭的贡献。另一方面，从族群发展的视角定位，强调传统文化对中华民族的形成发展所具有的价值。中华民族是"多元一体"复合型的民族，是各民族融合趋同的结晶，而起主导作用的正是博大精深的传统文化。传统文化经过几千年的沧桑岁月，把我国56个民族、14亿多人紧紧凝聚在一起，是我们共同经历的非凡奋斗，是我们共同创造的美好家园，是我们共同培育的民族精神。

（二）新定位符合传统文化自身发展规律

卡尔·雅斯贝斯认为，公元前800年至公元前200年之间，尤其是公元前500年前后，是人类文明的"轴心时代"，孔子、老子、墨子、庄子等诸子生存的时代是中国的"轴心文明时期"，而人类一直靠轴心时代所产生的思考和创造的一切而生存，每一次新的飞跃都回顾这一时期，并被它重新点燃，自那以后，情况就是这样，"轴心期潜力的苏醒"和"对轴心期潜力的回归"，或者说复兴，总是提供了精神动力。② 从中国来看，轴心时代是在先秦诸子时期，后期所兴起的文化无不都是对其解释、阐发、乃至回归。以儒家思想为例，无论是两汉经学还是宋明理学，在核心层面都是对先秦时期先贤圣哲思想的重新诠释与阐发。可以说，文化的传承与发展有其自身规律，这一规律总是以"轴心时代"的文化为源泉，而这一源泉取之不尽、用之不竭；当发展到一定时期，总会重新兴起。中国传统文化始终是一脉相承、绵延相

---

① 费孝通：《文化与文化自觉》，群言出版社，2012年，第236页。
② ［德］卡尔·雅斯贝斯：《历史的起源与目标》，华夏出版社，1989年，第14页。

继，虽有高潮低谷之波动，却无彻底消亡之担忧。从文化属性来看，回归传统是文化传承规律的体现。当前，中华民族正处于伟大复兴的关键时期，我们比历史上任何时期都更接近中华民族伟大复兴的目标，而民族的复兴要以民族文化的复兴为精神支柱，传统文化复兴是文化自身发展规律的体现，也是时代发展的必然要求。

（三）新定位符合人类社会未来发展趋势

传统文化注重"天人合一"、人与自然和谐共处；西方文化则注重"征服自然""物竞天择""人定胜天"。金岳霖在比较中西哲学时指出，"天人合一"是中国哲学"最突出的特点"。自从工业革命以来，整个世界基本上是西方文化的世界，西方文化占据统治地位，渗透到社会的各个领域，"征服自然""改造自然"，让自然为人类服务成为主流。但随着时代发展、社会进步，西方文化所带来的弊端愈加突出，尤其是人与自然环境的关系日益紧张。要从根本上改变这种状况，做到人与自然的和谐发展、全球社会的和谐共处，人类就需要从中国的传统文化里寻找智慧。"今天，在一个新的'世纪末'里，……要挽救人类，必须改西方之弦，更张东方之弦，大力倡导中国的'天人合一'的思想。我甚至敢毫不夸大地说：只有以中国文化为基础的东方文化能够救人类，到了下一个世纪，东方文化之光必将普照世界。这就是我的信念。"[①] 其实，早在20世纪70年代，汤因比和池田大作在谈及21世纪何种文明将占据世界主导地位的问题时就明确提出，21世纪应是中国传统文化的世纪，从两千年来保持统一的历史经验来看，中国有资格成为实现统一世界的新主轴，[②] 其依据是"中华民族的经验""在漫长的中国历史长河中中华民族逐步培育起来的世界精神""儒教世界观中存在的人道主义""合理主义"，并明确指出人的目的不是狂妄地支配自己以外的自然，而是有一种必须和自然保持协调而生存的

---

① 季羡林：《21世纪：东方文化之光必将普照世界》，《今日中国》1996年第2期。
② ［日］池田大作，［英］汤因比：《展望二十一世纪：汤因比与池田大作对话录》，国际文化出版公司，1985年，第284页。

信念。① 尤其是改革开放以来，中国迅速崛起，以道路自信、理论自信、制度自信、文化自信为鲜明特征的"中国模式"举世公认，更加凸显了传统文化在新世纪的独特优势。中国是一个经济蓬勃发展的大国，随着经济的复兴，人们的文化自豪感应运而生。随着中国成为世界大国，现在轮到中国肯定自己的文化遗产了。相对西方"征服自然"的思想，中国传统文化中所蕴藏的"天人合一""和合共生"的思想更符合人类社会发展趋势。

二、现实逻辑：习近平传统文化观是社会发展的现实使然

任何文化都属于历史的遗存，它在现代社会文化生活中依然存在，中华优秀传统文化源远流长，源自历史，活在当下，并指引未来，在个体、社会、国家以及世界中仍然具有独特的价值。

（一）从个人层面来看，传统文化有助于个体人格的培育

习近平总书记指出："中国传统文化博大精深，学习和掌握其中的各种思想精华，对树立正确的世界观、人生观、价值观很有益处。"② 传统文化渗透到每一个中国人的血液中，已经成为中华民族的基因，植根在中国人内心，潜移默化影响着中国人的思想方式和行为方式。从个人的成长与发展来看，中华优秀传统文化对个人的世界观、人生观和价值观的形成以及思维方式、行为习惯具有潜移默化的重要影响，世代相传，永不磨灭。"中华文化所蕴含的思维方式、价值取向、道德观念及行为准则，具有强烈的认同感和感召力，它代代承传，无时无刻不在制约和影响着炎黄子孙。"③ 从具体群体来说，中

---

① ［日］池田大作，［英］汤因比：《展望二十一世纪：汤因比与池田大作对话录》，第277页。

② 习近平：《在中央党校建校80周年庆祝大会暨2013年春季学期开学典礼上的讲话》，《人民日报》2013年3月3日。

③ 李荣启：《弘扬中华传统文化与建设社会主义核心价值观》，《中国文化研究》2014年秋之卷。

华优秀传统文化对个体人格在领导干部、军人、青年学生等群体中的培育尤为重要。习近平总书记指出，领导干部要将提升道德修养作为人生不得推脱的必修课，自觉学习各种文史知识和优秀传统文化，通过研读优秀传统文化书籍，吸收前人在修身处世、治国理政等方面的智慧和经验，养浩然之气，塑高尚人格，不断提高人文素养和精神境界；要充分发挥优秀传统文化教化人、培育人的作用，培育青年官兵当代革命军人的核心价值观，塑造中国心、民族魂，助推中国梦、强军梦的实现；青年学生要从现在做起、从自己做起，使社会主义核心价值观成为自己的基本遵循，并身体力行大力将其推广到全社会去。

（二）从社会层面来看，传统文化是涵养社会主义核心价值观的源头活水

每个时代都有每个时代的精神和价值观念，社会主义核心价值观是当代中国精神的集中体现，也凝聚着中华民族的价值追求。培育和弘扬社会主义核心价值观必须立足中华优秀传统文化，因为中华优秀传统文化是社会主义核心价值观的深厚沃土，离开中华优秀传统文化的滋养，社会主义核心价值观将变成无源之水、无本之木。要认真汲取中华优秀传统文化的思想精华和道德精髓，大力弘扬以爱国主义为核心的民族精神和以改革创新为核心的时代精神，深入挖掘和阐发中华优秀传统文化讲仁爱、重民本、守诚信、崇正义、尚和合、求大同的时代价值，使中华优秀传统文化成为涵养社会主义核心价值观的重要源泉。"问渠那得清如许，为有源头活水来。"社会主义核心价值观要保持旺盛的生命力和持久的活力，必须植根于中华优秀传统文化之沃土并汲取营养，否则便是无源之水、无本之木，不能久远。

（三）从国家层面来看，传统文化是中华民族的特殊优势

这种优势主要体现在两个方面：其一，中华优秀传统文化是实现中国梦的精神力量。实现中华民族伟大复兴，就是中华民族近代以来最伟大的梦想。没有文明的继承和发展，没有文化的弘扬和繁荣，就没有中国梦的

实现。实现中华民族伟大复兴是所有中国人的梦想，而这一梦想的最终实现，必须要有强大的精神动力来支撑，实现中国梦必须弘扬中国精神，而动力的主要来源之一就是中华优秀传统文化。"一个国家，一个民族的强盛，总是以文化兴盛为支撑的，中华民族伟大复兴需要以中华文化发展繁荣为条件。"① 其二，中华优秀传统文化是中华民族的突出优势和文化软实力。"文化软实力"体现了一个国家在国际社会中的影响力，也是国家实力的核心要素。文化软实力是指一个国家的文化创造力、文化凝聚力以及国家文化在国际上的辐射力和吸引力，它是一种无形的、难以计量的巨大文化影响力量，不仅代表国家软实力的核心内容，而且是国家核心竞争力的重要因素。② 早在2005年，习近平总书记就指出了文化的重要性："文化的力量，或者我们称之为构成综合竞争力的文化软实力，总是'润物细无声'地融入经济力量、政治力量、社会力量之中，成为经济发展的'助推器'、政治文明的'导航灯'、社会和谐的'黏合剂'。"③ 十八大以来，习近平总书记站在实现中华民族伟大复兴的高度强调，要讲清楚中华优秀传统文化是中华民族的突出优势，是我们最深厚的文化软实力。中华优秀传统文化是中国特色，带有鲜明的中国色彩，是中国最本质、最核心、最靓丽的元素，也是中国的软实力。正如约瑟夫·奈所说："我认为中国最大的优势的确还是文化，中国有着十分灿烂的文化，因为这个宝贵资源，中国成功地与美国以及世界上其他国家进行了对话与沟通。"④ 其三，中华优秀传统文化是中国现代化国家治理体系建立的基础。"一个国家选择什么样的治理体系，是由这个国

---

① 习近平：《汇聚起全面深化改革的强大正能量》，《人民日报》2013年11月29日。
② 徐志远、张灵：《文化软实力与社会主义核心价值观》，《马克思主义研究》2017年第11期。
③ 习近平：《之江新语》，浙江人民出版社，2007年，第149页。
④ 刘佳、常绍舜：《"软实力"理论的创新及其对中国发展的思考：基于对"软实力"之父约瑟夫·奈访谈的研究》，《辽宁大学学报（哲学社会科学版）》2015年第1期。

家的历史传承、文化传统、经济社会发展水平决定的,是由这个国家的人民决定的。"① "中国的今天是从中国的昨天和前天发展而来的。要治理好今天的中国,需要对我国历史和传统文化有深入了解,也需要对我国古代治国理政的探索和智慧进行积极总结。"②

(四)从世界层面来看,传统文化是构建人类命运共同体重要价值之源

当今世界,国际形势复杂多变,挑战层出不穷,风险日益增多,宇宙只有一个地球,人类共有一个家园,构建人类命运共同体已是大势所趋。"经济全球化深入发展,把世界各国利益和命运更加紧密地联系在一起,形成了你中有我、我中有你的利益共同体。很多问题不再局限于一国内部,很多挑战也不再是一国之力所能应对,全球性挑战需要各国通力合作来应对。"③ 世界未来的发展应该是选择"中国方案":"构建人类命运共同体,实现共赢共享。"④ 传统文化正是"中国方案"的价值来源,比如习近平总书记以儒家的"义利观"来作比中巴关系:"中巴要弘义融利,实现共同发展。中华文化倡导'己欲立而立人,己欲达而达人'。中国坚持正确义利观,帮助巴基斯坦就是帮助我们自己。"⑤ 又如党的十九大报告指出,中国"始终做世界和平的建设者、全球发展的贡献者、国际秩序的维护者",这与传统文化中的"和"的思想一脉相承。"中华民族历来是爱好和平的民族。中华文化崇尚和谐,中国'和'文化源远流长,蕴涵着天人合一的宇宙观、协和万邦的国际观、和而不同

---

① 习近平:《完善和发展中国特色社会主义制度 推进国家治理体系和治理能力现代化》,《人民日报》2014年2月18日。
② 习近平:《牢记历史经验历史教训历史警示 为国家治理能力现代化提供有益借鉴》,《人民日报》2014年10月14日。
③ 习近平:《推动全球治理体制更加公正更加合理 为我国发展和世界和平创造有利条件》,《人民日报》2015年10月14日。
④ 习近平:《共同构建人类命运共同体》,《人民日报》2017年1月20日。
⑤ 习近平:《构建中巴命运共同体 开辟合作共赢新征程》,《人民日报》2015年4月22日。

的社会观、人心和善的道德观……中华民族的血液中没有侵略他人、称霸世界的基因。"① "坚持走和平发展道路,是对几千年来中华民族热爱和平的文化传统的继承和发扬。"②

三、实践逻辑:习近平传统文化观是文化自信的必然要求

习近平总书记指出,文化自信是道路自信、理论自信和制度自信的基础,"是一个国家、一个民族发展中更基本、更深沉、更持久的力量。"③ 此处的"文化"是指中国特色社会主义文化。什么是"中国特色社会主义文化"?如何发展"中国特色社会主义文化"?对此,习近平总书记作了深刻的阐述:"中国特色社会主义文化,源自于中华民族五千多年文明历史所孕育的中华优秀传统文化,熔铸于党领导人民在革命、建设、改革中创造的革命文化和社会主义先进文化,植根于中国特色社会主义伟大实践。发展中国特色社会主义文化,就是以马克思主义为指导,坚守中华文化立场,立足当代中国现实,结合当今时代条件,发展面向现代化、面向世界、面向未来的,民族的科学的大众的社会主义文化,推动社会主义精神文明和物质文明协调发展。要坚持为人民服务、为社会主义服务,坚持百花齐放、百家争鸣,坚持创造性转化、创新性发展,不断铸就中华文化新辉煌。"④ 这段论述意义深刻,内涵丰富,从根本上解决了在实现文化自信的时代背景下中华优秀传统文化如何继承发展的问题。

(一) 从外部关系上,传统文化必须处理好与其他文化的关系

从横向层面来说,必须处理好传统文化与马克思主义和西方文化的关系。

---

① 习近平:《在中国国际友好大会暨中国人民对外友好协会成立60周年纪念活动上的讲话》,《人民日报》2014年5月16日。
② 习近平:《在德国科尔伯基金会的演讲》,《人民日报》2014年3月30日。
③④ 习近平:《决胜全面建成小康社会 夺取新时代中国特色社会主义伟大胜利——在中国共产党第十九次全国代表大会上的报告》,《人民日报》2017年10月28日。

我们要善于融通古今中外各种资源，特别是要把握好三方面资源。一是马克思主义的资源，这是中国特色哲学社会科学的主体内容，也是中国特色哲学社会科学发展的最大增量。二是中华优秀传统文化的资源，这是中国特色哲学社会科学发展十分宝贵、不可多得的资源。三是国外哲学社会科学的资源。在传统文化与马克思主义的关系上，一方面要坚持马克思主义的指导地位不动摇。在我国，不以马克思主义为指导，哲学社会科学就会失去灵魂、迷失方向，最终也不能发挥应有作用。另一方面，马克思主义也要中国化，与传统文化有机融合。马克思主义的强大力量就在于它与中国实际的结合，其中包括与中国历史和传统文化的结合；应该站在社会形态更替的高度来审视马克思主义和中国传统文化的关系，既要坚持马克思主义思想理论指导，又要正确处理中国传统文化。① 同时，在传统文化与国外文化的关系上，既要借鉴国外文化的精华，又要坚守中华文化立场，避免失去精神独立性。中华优秀传统文化既要吸收国外优秀文化成果，在与中西互动中实现创新发展，做到"洋为中用"，又要保持自身的独立性，不能迷失自我。"不加区分、盲目地成为西方道德价值的应声虫，那就真正要提出我们的国家和民族会不会失去自己的精神独立性的问题了。如果没有自己的精神独立性，那政治、思想、文化、制度等方面的独立性就会被釜底抽薪。"②

从纵向层面来看，必须认识到传统文化与革命文化、社会主义先进文化的关系，三者共为一体。习近平总书记指出："在五千多年文明发展中孕育的中华优秀传统文化，在党和人民伟大斗争中孕育的革命文化和社会主义先进文化，积淀着中华民族最深沉的精神追求，代表着中华民族独特的精神标识。"③ 中

---

① 陈先达：《马克思主义与中国传统文化》，《理论参考》2015 年第 8 期。
② 习近平：《在省部级主要领导干部学习贯彻十八届三中全会精神全面深化改革专题研讨班上的讲话》，《人民日报》2014 年 2 月 17 日。
③ 习近平：《坚定文化自信　建设社会主义文化强国》，《人民日报》2017 年 10 月 16 日。

华优秀传统文化与革命文化、社会主义先进文化三者共同构成了中华民族精神，这是中华民族区别于其他民族的精神标识，三者同为一体，不可分割。

（二）从自身传承上，传统文化必须与时俱进，实现"创造性转化、创新性发展"

习近平总书记指出："要坚持古为今用、以古鉴今，坚持有鉴别的对待、有扬弃的继承，而不能搞厚古薄今、以古非今，努力实现传统文化的创造性转化、创新性发展，使之与现实文化相融相通，共同服务以文化人的时代任务。"① 中国共产党始终是中华民族优秀传统文化忠实的继承者和弘扬者，对如何批判地继承传统文化一直具有清醒的认识。从"古为今用""吸取精华，剔除糟粕"到"创造性转化、创新性发展"，具有根本的一致性和连续性，但"双创"具有新的理论内涵，是在一脉相承的基础上的新展望，为在新的时代继承和弘扬中华优秀传统文化指明了方向。一方面，要尊重历史，一脉相承。中华优秀传统文化是在历史中形成，在前进中发展，已经与中华民族的历史融为一体，对待中华优秀传统文化应坚持正确的历史观。历史地、客观地看待中华优秀传统文化是中国共产党的一贯立场，无论是毛泽东还是习近平都始终坚持马克思主义历史观，承认中华优秀传统文化的历史作用，认为不能割断历史、另起炉灶。毛泽东在《新民主主义论》中明确指出："中国现时的新政治新经济是从古代的旧政治旧经济发展而来的，中国现时的新文化也是从古代的旧文化发展而来，因此，我们必须尊重自己的历史，决不能割断历史。"② "今天的中国是历史的中国的一个发展；我们是马克思主义的历史主义者，我们不应当割断历史。从孔夫子到孙中山，我们应当给以总结，承继这一份珍贵的遗产。"③ 在近代以来一百多年的历史进程中，传统文化经历了

---

① 习近平：《在纪念孔子诞辰2565周年国际学术研讨会暨国际儒学联合会第五届会员大会开幕会上的讲话》，《人民日报》2014年9月25日。
② 毛泽东：《毛泽东选集》第二卷，人民出版社，1991年，第708页。
③ 毛泽东：《毛泽东选集》第二卷，第534页。

前所未有的"大变局",受到西方文化的冲击,"一枝独秀"的历史地位被彻底终结。回顾百多年来中国的历史,在相当长的时期里,中国文化在与西方文化的搏击中节节败退,"全盘西化"(或"全盘苏化")占尽上风,甚至"打倒孔家店"成为某些中国知识分子标榜"进步"的口号。当前,中国已经进入新时代,如何看待传统文化成为执政党必须回答的重大课题。对此,习近平总书记指出:"当代中国是历史中国的延续和发展,当代中国思想文化也是中国传统思想文化的传承和升华,要认识今天的中国、今天的中国人,就要深入了解中国的文化血脉,准确把握滋养中国人的文化土壤。"① 这与毛泽东的观点一脉相承,都坚持用历史、客观的眼光看待传统文化。另一方面,要与时俱进,实现从"量的区分"到"质的飞跃"。"双创"是对既有认识的突破和创新。在"双创"提出之前,对于继承传统文化,基本观点是"古为今用""吸取精华,剔除糟粕"。毛泽东指出:"清理古代文化的发展过程,剔除其封建性的糟粕,吸收其民主性的精华,是发展民族新文化提高民族自信心的必要条件;但是决不能无批判地兼收并蓄。必须将古代封建统治阶级的一切腐朽的东西和古代优秀的人民文化即多少带有民主性和革命性的东西区别开来。"对待传统文化应在区分"糟粕"和"精华"的基础上批判地加以继承,保留其"民主性""革命性"的"精华",剔除其"封建性"的"糟粕",其目的是"通古今之变""古为今用"、指导当下,而不是"颂古非今""赞扬任何封建的毒素"。② 这种认识重在区分"精华"与"糟粕",是"量"的划分。而习近平总书记提出的"双创"是此种认识的"升级版"。所谓"创造性转化,就是要按照时代特点和要求,对那些至今仍有借鉴价值的内涵和陈旧的表现形式加以改造,赋予其新的时代内涵和现代表达形式,激活其生命力"。所谓"创新性发展,就是要按照时代的新进步新进展,对中华

---

① 习近平:《在纪念孔子诞辰2565周年国际学术研讨会暨国际儒学联合会第五届会员大会开幕会上的讲话》,《人民日报》2014年9月25日。
② 毛泽东:《毛泽东选集》第二卷,第707~708页。

优秀传统文化的内涵加以补充、拓展、完善,增强其影响力和感召力"①。"创造性转化"重在"整体改造":不仅改造"形式"——"老酒换新瓶",而且改造"内涵"——"旧瓶装新酒"。"创新性发展"重在"内涵提升",通过补充、拓展、完善,使中华优秀传统文化重新焕发出新的生机和活力。"传承中华文化,绝不是简单复古,也不是盲目排外,而是古为今用、洋为中用,辩证取舍、推陈出新,摒弃消极因素,继承积极思想,'以古人之规矩,开自己之生面'。"② 因此,"双创"不仅重视"量"的划分,坚持古为今用、以古鉴今,坚持有鉴别的对待、有扬弃的继承,更注重"质"的改造和提升,实现"质"的飞跃。

结　语

赵汀阳认为,传统即文化基因,这两个概念基本重合。传统不是指已经消失的古代事物,相反,可称为传统的事物必定是一直活在当下现实中的古代遗产,那些"死去的"古代事物只是遗迹。"传统"蕴含过去,植根现代,是过去与现代的连接点。传统中蕴含现代需求,现代中赓续传统价值。习近平总书记在文化传承发展座谈会上指出:"'第二个结合'是又一次的思想解放,让我们能够在更广阔的文化空间中,充分运用中华优秀传统文化的宝贵资源,探索面向未来的理论和制度创新。""坚定文化自信,就是坚持走自己的路……就是立足中华民族伟大历史实践和当代实践,用中国道理总结好中国经验,把中国经验提升为中国理论……实现精神上的独立自主。"③ 这为中华优秀传统文化实现创造性转化、创新性发展进一步指明了方向。要坚守自身文化立场,切实打破和改变奉西方文化为圭臬、以西范中的话语体系,保

---

① 中共中央宣传部:《习近平总书记系列重要讲话读本》,学习出版社、人民出版社,2016年,第203页。
② 习近平:《在文艺工作座谈会上的讲话》,《人民日报》2015年10月15日。
③ 习近平:《在文化传承发展座谈会上的讲话》,《求是》2023年8月31日。

持民族性和独立性，建构具有新时代特征和中国特色的中华优秀传统文化研究范式、学术体系以及思想体系。在此基础上，积极与中国化的马克思主义深度融合。以马克思主义的根本立场、科学方法和基本原理为指导，紧扣时代主题和中国国情，突出问题意识，从认识和改造世界、治国理政、道德建设等层面与以习近平新时代中国特色社会主义思想为代表的中国化的马克思主义互动融合，提炼出有学理性的新理论，推进传统文化研究的中国化、时代化和大众化。

(作者系曲阜师范大学政治与公共管理学院副院长、教授，
《中国儒学年鉴》副主编)

始于文而终于道

——以欧阳修的道论为中心的考察

李 阳

北宋初期,经济、社会、政治领域相较前代发生了较大变化,思想、文化和教育领域随之也开始酝酿新的变化。在重建师道与发展教育的基础之上,宋学应时兴起。对于北宋时期州县学校陆续设立,书院讲学一时兴起的盛况,全祖望在《庆历五先生书院记》写道:

> 有宋真、仁二宗之际,儒林之草昧也。当时濂、洛之徒方萌芽而未出,而睢阳、戚氏在宋,泰山孙氏在齐,安定胡氏在吴,相与讲明正学,自拔于尘俗之中。亦会值贤者在朝,安阳韩忠献公、高平范文正公、乐安欧阳文忠公皆卓然有见于道之大概……于是学校遍于四方,师儒之道以立……说者以为濂、洛之前茅也……睢阳学统,至旦而汤文正公发其光。则夫薪火之传,幸勿以世远而替矣。①

胡瑗在湖州教学实践过程中提出"明体达用"的思想与"立己治人"的教育

---

① 黄宗羲原著,全祖望补修:《宋元学案》,中华书局,1986年,第134~135页。

目标，孙复创建泰山书院，"乃于泰山之阳起学舍讲堂，聚先圣之书满屋，与群弟子而居之"。范仲淹和"宋初三先生"——胡瑗、孙复、石介的书院教育在推行儒学思想的传播与储备儒学人才方面起到了积极作用。① 这一期间，欧阳修承前启后，对北宋一代的思想革新和文化革新起了很大推动作用。

一、"道胜文至，以道充文"的文道论

作为北宋文坛的杰出领袖，欧阳修在理论上既受易学研究的启发和易学思想的影响，实践上又长期从事文学创作且致力于诗文革新，因此他对"文道"关系有着深入思考，他的"文道论"在继承中唐韩愈、柳宗元古文运动的基础上有了新的发展，更为后世提供了重要创见。

（一）道胜文至

欧阳修关于"文—道"关系的基本思想是"道胜者，文不难而自至"。和孔孟等儒家一样，他也坚持认为"为学"的根本和"为文"的基础在于"道"，而正道平坦、至文简易，"正途趋简易，慎勿事岖崎。著述须待老，积勤宜少时"②。基于"先道后文"的原则，欧阳修将孔孟荀作为学者的正面典型，认为孔孟荀直到晚年才有所著述，恰说明这些圣贤是"道胜而文自至"；又以汉代的子云（扬雄）和仲淹（王通）为例，称二人是勉强模仿圣人的言语，原因在于他们"道未足而强言"；随后，欧阳修批评后世的学者忽视"道"而沉溺于辞章之学，所以越用力越远离真正的文章：

---

① 欧阳修：《欧阳修全集》，中华书局，2001年，第389页。《胡先生墓表》："师道废久矣，自明道、景祐以来，学者有师惟先生暨泰山孙明复、石守道三人，而先生之徒最盛，其在湖州之学，弟子去来常数百人，各以其经转相传授。其教学之法最备，行之数年，东南之士莫不以仁义礼乐为学。庆历四年，天子开天章阁，与大臣讲天下事，始慨然诏州县皆立学。于是建太学于京师，而有司请下湖州，取先生之法以为太学法，至今为著令。后十余年，先生始来居太学，学者自远而至，太学不能容，取旁官署以为学舍。礼部贡举，岁所得士，先生弟子十常居四五。"

② 欧阳修：《欧阳修全集》，第65页。

> 昔孔子老而归鲁，六经之作，数年之顷尔。……故孟子皇皇不暇著书，荀卿盖亦晚而有作。若子云、仲淹，方勉焉以模言语，此道未足而强言者也。后之惑者，徒见前世之文传，以为学者文而已，故愈力愈勤而愈不至。①

欧阳修在《答吴充秀才书》一文中开门见山地指出，后世学者如果不致力于"道"的学习，不顾百姓日用之学，而仅仅满足于学习工整的文辞，轻则出现"道未足而强言"的情形，重则反而越来越偏离"文"的根本精神：

> 夫学者未始不为道，而至者鲜焉。非道之于人远也，学者有所溺焉尔。盖文之为言，难工而可喜，易悦而自足。世之学者往往溺之，一有工焉，则曰："吾学足矣。"甚者至弃百事不关于心，曰："吾文士也，职于文而已。"此其所以至之鲜也。②

(二) 以道充文

既然不能忽略"道"而仅追求所谓"文"，欧阳修便极力主张以"道"来充实"文"。在与师友的书信往来中，他时常援引《易经》，以阐述道德修养对于文学辞章的价值优先性。"人禀天地气，乃物中最灵。性虽有五常，不学无由明。"③ 欧阳修认为，倘若一个人的内在精神达到了"刚健笃实"，其外在则不难"辉光日新"：

> 闻古人之于学也，讲之深而信之笃，其充于中者足，而后发乎外者大以光，譬夫金玉之有英华，非由磨饰染濯之所为，而由其质性坚实，

---

①② 欧阳修：《欧阳修全集》，第 664 页。
③ 欧阳修：《欧阳修全集》，第 757 页。

而光辉之发自然也。《易》之《大畜》曰:"刚健笃实,辉光日新。"谓夫畜于其内者实,而后发为光辉者,日益新而不竭也,故其文曰:"君子多识前言往行,以畜其德。"此之谓也。①

与祖无择讨论学问时,欧阳修批评他行文"议论未精",从而建议他从学习"六经"入手,来寻求为文的本质意涵。只有通过"求意—得意"的过程,进而做到"心定—道纯",文章才有光彩,才能做到真正的经世致用:

> 夫世无师矣,学者当师经。师经,必先求其意,意得则心定,心定则道纯,道纯则充于中者实,中充实则发为文者辉光,施于事者果毅。②

欧阳修坚持认为,"学文"或者"学道"的目标在于国计民生。他经常提醒自己的晚学后生要时刻牢记"事业",《宋史·欧阳修传》记载有求学之人拜访欧阳修,而他"所与言,未尝及文章,惟谈吏事,谓文章止于润身,政事可以及物"。因此不能把"道"置于不可得、不可见的玄学领域。

(三) 知古明道

那么,能够充实文章的"道"究竟指的是什么呢?欧阳修提出"知古明道"的概念,而且将自己理解的"道"与当时部分学者鼓吹的"道"区别为"圣人之道"与"诞者之道"两种取向,并且一再强调"为学"之本和"为文"之根在于"圣人之道",亦即"古道"。

欧阳修理解和大力倡导的"圣人之道",是指周公、孔子、孟子这类往圣前贤"常履而行之者"。既然前人能够履行,那么说明此"圣人之道"绝非高高在上、不可企及,而是"易知而可法"。因此,记叙这种"圣人之道"

---

① 欧阳修:《欧阳修全集》,第431页。
② 欧阳修:《欧阳修全集》,第1010页。

的六经之文,当然也具备"易明而可行"的特点:

> 君子之于学也务为道,为道必求知古,知古明道,而后履之以身,施之于事,而又见于文章而发之,以信后世。其道,周公、孔子、孟轲之徒常履而行之者是也;其文章,则六经所载至今而取信者是也。其道易知而可法,其言易明而可行。①

"圣人之道",是"古道",亦即圣人为治理天下而进行的"百事"。更详细地说,就是《尚书》中所记载的"亲九族,平百姓,忧水患",或孟子列举的圣人"教人树桑麻,畜鸡豚"等事迹。当然,欧阳修强调,这里所谓"古道"之"古",并非远古洪荒之类不可考证的神话传说,而是古代"君臣、上下、礼乐、刑法之事",并且"百事"并不深奥,反而是很平凡的,不过就是古代政治事务中的礼乐刑政和社会生活中的生产劳动:

> (《尚书》所记载)然其事不过于亲九族,平百姓,忧水患,问臣下谁可任,以女妻舜,及祀山川,见诸侯,齐律度,谨权衡,使臣下诛放四罪而已。孔子之后,惟孟轲最知道,然其言不过于教人树桑麻,畜鸡豚,以谓养生送死为王道之本。②

欧阳修指出,由"诞者"所刻意编造而近乎神圣的"道统",是与"圣人之道"相左的"诞者之道",其特点是"以混蒙虚无为道","洪荒广略为古","思混沌于古初,以无形为至道",因而完全不可信,更不可法。

---

① 欧阳修:《欧阳修全集》,第978页。
② 欧阳修:《欧阳修全集》,第979页。

欧阳修给出的理由是：孔子所生的时代尚且距离尧舜禹时代很久远，那么当今时代（宋代）距离尧舜禹就更为久远。若为学不致力于"六经"等"圣人之道"，反而盲目追溯传说多而事实少的"三皇上古"，显然是舍近求远，不可取：

> 今学者不深本之，乃乐诞者之言，思混沌于古初，以无形为至道者，无有高下远近。使贤者能之，愚者可勉而至，无过不及，而一本乎大中，故能亘万世，可行而不变也。今以谓不足为，而务高远之为胜，以广诞者无用之说，是非学者之所尽心也。①

欧阳修推崇"知古明道"且致力简易明畅的文风，批评好高骛远的学风，他所坚持的"道胜文至""以道充文"的文道观，为自己从事古文运动和诗文改革提供了坚实的理论基础。

二、欧阳修"明人事而不究天"的天道论

（一）天道自然而常变

欧阳修在论述"道"时，重点强调"天道"的变易性特征，认为《周易》所揭示的"变"乃天地之常道、天理之自然，"吾闻阴阳在天地，升降上下无时穷"②。如他在解释《乾》《屯》等卦的象辞时提出：

> 物极则反，数穷则变，天道之常也。③
> 剥尽则复，否极则泰，消必有息，盈必有虚，天道也。④

---

① 欧阳修：《欧阳修全集》，第 979 页。
② 欧阳修：《欧阳修全集》，第 717 页。
③ 欧阳修：《欧阳修全集》，第 1107 页。
④ 欧阳修：《欧阳修全集》，第 1110 页。

> 凡物极而不变则弊，变则通，故曰吉也。物无不变，变无不通，此天理之自然也。……阴阳反复，天地之常理也。①

不仅"天道"变动不居，"人道"也要随时应变。欧阳修并不拘泥于《论语》"天下有道则见，无道则隐"的教条，反而提出相反的观点，认为应当天下有道才隐、无道应见；该止则止，该行则行：

> 《艮》者，君子止而不为之时也。时不可为矣则止，而以待其可为而为者也，故其《象》曰"时止则止，时行则行"。②

显然，欧阳修坚持这种"与时偕行"的变通趋时，与他认定天道自然而常变是分不开的。

（二）崇义理而黜卜筮

欧阳修通过对《易经》经传之间关系的考据和语言文字风格的分析，认定《彖传》《象传》文辞简要易明，应为孔子所作；"十翼"其余几篇，如《系辞》之类并非全部由孔子所作；至于《河图》《洛书》，则更是怪妄的异端：

> 余之所以知《系辞》而下非圣人之作者，以其言繁衍丛脞而乖戾也。……至于何谓"子曰"者，讲师之言也。《说卦》《杂卦》者，筮人之占书也。③

> 自孔子没而（周）衰，接乎战国，秦遂焚书，六经于是中绝。汉兴，盖久而后出，其散乱磨灭，既失其传，然后诸儒因得措其异说于其间，

---

① 欧阳修：《欧阳修全集》，第 304~305 页。
② 欧阳修：《欧阳修全集》，第 1115 页。
③ 欧阳修：《欧阳修全集》，第 1123 页。

如《河图》《洛书》，怪妄之尤甚者。余尝哀夫学者知守经以笃信，而不知伪说之乱经也，屡为说以黜之。①

文王作《易》旨在明天地万物、修人伦日用，而其中卜筮、大衍只是末用。文王以后，只有孔子和王弼能以《易》明人事：

> 文王无孔子，《易》其沦于卜筮乎！《易》无王弼，其沦于异端之说乎！②

正因为"天道阴阳反复"，玄远而不可深究，并且天（天地）与人（圣人）职责各有不同，天地用心于"生物"，而圣人用心于"天下"，所以在"天道"与"人道"之间，《易》"止于明人事"：

> 圣人以天下为心者也，是故以天下之忧为己忧，以天下之乐为己乐。③

（三）明人事而不究天

欧阳修阐述的重点并不在"天道"，而是将思考的重心放在阐释"人道"与"人事"的内涵上。欧阳修对于"天地鬼神"这类事物，继承了前人"存而不论，论而不议"，"知之为知之，不知为不知"的思想，并不将未知事物与神秘灵异等怪妄现象牵强附会：

> 人者，万物之最灵也，其不知于物者多矣。至有不自知其一身者，

---

① 欧阳修：《欧阳修全集》，第 615 页。
② 欧阳修：《欧阳修全集》，第 303 页。
③ 欧阳修：《欧阳修全集》，第 1109 页。

如骈拇、枝指、悬疣、附赘,皆莫知其所以然也。……万物生于天地之间,其理不可以一概。谓有心然后有知乎?则蚓无心。谓凡动物皆有知乎?则水亦动物也。人兽生而有知,死则无知矣;蓍龟生而无知,死然后有知也。是皆不可穷诘。故圣人治其可知者,置其不可知者,是之谓大中之道。①

欧阳修将事物分为"可知"与"不可知"两类,对于"可知"的部分,也就是"人间",则"吉凶在人不在物"。只有结合"人道"来探究"天道",才是可信的,才是有意义的:

> 圣人急于人事者也。天人之际罕言焉,惟《谦》之《彖》略具其说矣。圣人,人也,知人而已。天地鬼神不可知,故推其迹;人可知者,故直言其情。以人之情而推天地鬼神之迹,无以异也。然则修吾人事而已,人事修,则与天地鬼神合矣。②
>
> 使其不与于人乎,修吾人事而已;使其有与于人乎,与人之情无以异也,亦修吾人事而已。夫专人事,则天地鬼神之道废;参焉,则人事惑。使人事修则不废天地鬼神之道者,《谦》之《彖》详矣;治乱在人而天不与者,《否》《泰》之《彖》详矣。推是而之焉,《易》之道尽矣。③

欧阳修不主张对"道"进行形而上学的探索,他不满于当时的学者"好为性说",他在《答李诩第二书》中借着书信往来的机会,明确地表示:

---

① 欧阳修:《欧阳修全集》,第 313~314 页。
② 欧阳修:《欧阳修全集》,第 1109 页。
③ 欧阳修:《欧阳修全集》,第 879 页。

> 修患世之学者多言性，故常为说曰：夫性，非学者之所急，而圣人之所罕言也。……今之学者于古圣贤所皇皇汲汲者，学之行之，或未至其一二，而好为性说，以穷圣贤之所罕言而不究者，执后儒之偏说，事无用之空言，此予之所不暇也。①

欧阳修认为，在《论语》里，七十二子不过问"性"；作为儒家经典的"六经"不主言"性"，所记载的内容都是围绕着切己的人事，对于"性"很少提及，或虽言"性"而不穷究，即使偶尔涉及"性"，也不过是劝人改过迁善，以修身治人为目的：

> 《易》六十四卦不言性，其言者动静、得失、吉凶之常理也；《春秋》二百四十二年不言性，其言者善恶、是非之实录也；《诗》三百五篇不言性，其言者政教、兴衰之美刺也；《书》五十九篇不言性，其言者尧、舜、三代之治乱也；《礼》《乐》之书虽不完，而杂出于诸儒之记，然其大要，治国、修身之法也。六经之所载，皆人事之切于世者，是以言之甚详。至于性也，百不一二言之，或因言而及焉，非为性而言也，故虽言而不究。……性者，与身俱生而人之所皆有也。为君子者，修身治人而已，性之善恶不必究也。……故为君子者，以修身治人为急，而不穷性以为言。②

欧阳修将自己在易学研究中坚持的"明人事而不究天"的理念贯彻到治学与治史之中，例如他在《五代史纪》（《新五代史》）中表明自己知人论世的原则是"书人而不书天"。他的这种思想有荀子"明于天人之分"的影子。"明于天人之分"的重点，并不是强调"天人相分"，而是强调要去"明"天

---

①② 欧阳修：《欧阳修全集》，第 669~670 页。

人之分，因为只有清楚天与人之间的分际，才会把天做主的领域交还给天，从而把主要精力放在人能做主的领域。

综上所述，欧阳修在文道关系方面坚持"道胜文至，以道充文"的文道论，强调"道"对"文"的价值优先性，引出了周敦颐的"文以载道"；他在天人关系方面坚持"明人事而不究天"的天道论，强调发挥人的主观能动性，继承了荀子的"明于天人之分"。可以说，欧阳修的思想主张对整个宋学的发展产生了深远影响。

[作者系尼山世界儒学中心（中国孔子基金会秘书处）综合部一级主任科员、山东大学儒学高等研究院博士研究生]

上编：理论阐发

孔子的"君子之教"及其对当代公民道德建设的启示*

宋冬梅

儒家思想体系中有丰富而系统的"君子论",树立了君子的理想人格。君子,作为适合于人们正向发展与成长的理想人格,儒家更加注重强调成就君子人格对于塑造理想人格的现实意义,包括强调君子的"德性",强调君子人格"内圣与外王"的统一以及"名与实"的统一等。儒家关于君子人格的思想传统源自孔子,在战国时期,孟子接着阐释了"君子"的内涵及意义,对之后的儒家君子观及君子人格培养产生了深远影响。

一、孔子强调"君子怀德""君子怀刑"

《论语》中,孔子所论的君子主要是从"道德意义"上来阐发的。子曰:"君子怀德,小人怀土;君子怀刑,小人怀惠。"(《论语·里仁》,以下引《论语》只注篇名)孔子对比君子与小人的区别,以突出君子之德的高尚以及他对"君子怀德"的推崇。程树德在《论语集释》中说:"按此章言人人殊。

---

* 本文是 2022 年尼山世界儒学中心·孔子研究院重点课题"文化自信视域下的儒家君子论研究"(22KZYJY05)、山东省社科规划项目"新时代儒学发展的'双创'研究"(20CZXJ01)、山东省社科理论重点研究基地——孔子研究院中外文明交流互鉴研究的阶段性成果。

窃谓当指趋向言之。君子终日所思者,是如何进德修业。小人则求田问舍而已。君子安分守法。小人则惟利是图,虽蹈刑辟而不顾也。"① 即君子与小人所关心的事情是不同的,君子每天惦记着自己的道德修养,小人挂念自己的家园利益;君子考虑刑典法纪,小人考虑自己得到的实惠。

君子怀德,德者,仁德;君子怀刑,刑者,刑法。决定君子本质内容的关键因素是仁德,"君子去仁,恶乎成名。"(《里仁》)"樊迟问仁。子曰:'爱人。'"(《颜渊》)对于一个人来说,一旦没有仁爱之心,那就不配称君子,甚至会违背一般的做人道德。"君子怀德",而能心忧天下,忧国忧民,明晓大义,这是君子的应有之德。历史上的仁德君子,大都具有心忧天下、兼济天下的情怀,即具有"先天下之忧而忧,后天下之乐而乐","安得广厦千万间,大庇天下寒士俱欢颜"的宽厚、仁爱情怀。君子与常人的最大区别,在于人生价值取向不同,即确立什么样的人生观和价值观的问题,正确的人生观和价值观是君子人生的航标,指引生命的航程;而其中的人生观又能影响价值观,价值观支撑人生观,这样更能充实人生,实现生命的价值。

君子怀德,"为仁由己。"(《颜渊》)君子践行仁德是自律的,无须外在条律的约束,因为君子对物质生活的欲望与要求不高,"君子食无求饱,居无求安"(《学而》),"君子固穷,小人穷斯滥矣"(《卫灵公》),君子甘于贫穷,自觉担当道义,而不是孜孜求利,不是将改变自己的物质生活状况放在首位;而与物质生活需求相对应的,是其对精神境界的追求,即"义以为质"(《卫灵公》),"义以为上"(《阳货》)。君子怀德,能主宰自己的命运,能遵道而行。"不知命,无以为君子"(《尧曰》),君子能主宰自己的命运,这并不取决于君子是否拥有权力与财富,而是看其是否具有诚敬而高尚的道德。君子遵道而行,不为世俗与困境所扰,"子曰:'君子道者三,我无能焉:仁者不忧,知者不惑,勇者不惧。'"(《宪问》)君子眼光敏锐,思维敏捷,是

---

① 程树德:《论语集释》,中华书局,1990 年,第 253 页。

谓:"君子有九思:视思明,听思聪,色思温,貌思恭,言思忠,事思敬,疑思问,忿思难,见得思义。"(《季氏》)又有"君子欲讷于言而敏于行"(《里仁》),"君子易事而难说","君子和而不同","君子泰而不骄"(《子路》),"君子不可小知,而可大受也"(《卫灵公》)等心灵的笃定与充实。

  君子怀德,强调做人言行一致、不忧不惧,将君子风范落实在自觉担当社会责任的实践中。在《论语》中,孔子与弟子直接探讨怎么样才算是"君子"的问题,有三处。其一,"子贡问君子。子曰:'先行其言,而后从之。'"(《为政》)其二,"司马牛问君子。子曰:'君子不忧不惧。'曰:'不忧不惧,斯谓之君子已乎?'子曰:'内省不疚,夫何忧何惧?'"(《颜渊》)其三,"子路问君子。子曰:'修己以敬。'曰:'如斯而已乎?'曰:'修己以安人。'曰:'如斯而已乎?'曰:'修己以安百姓。修己以安百姓,尧舜其犹病诸?'"(《宪问》)由此三处可知,孔子答子贡强调的是,君子要言行一致;答司马牛,孔子则着重说明君子需要具备内心无忧无惧的诚敬,需要时常自省,做人做事不愧疚;答子路,孔子则明确君子应首先"修己以敬",而后扩充至"修己以安人""修己以安百姓"的社会责任意识和使命感;而就"修己以安百姓"来说,孔子认为尧舜都还有做得不够的地方,这里可见其对君子赋予了高尚的道德要求和崇高的社会使命。

  孔子通过阐述君子本质的"道德意义",获得了"君子怀德"丰富而广阔的空间。"经过孔子在《论语》中的充分发挥,君子被赋予深刻丰富的内涵,以至于如晚清思想家辜鸿铭所言:'孔子全部的哲学体系和道德教诲可以归纳为一句,即君子之道。'"① 在此基础上,"儒家强调'成人',即使人成为真正意义上的社会人、道德人、文明人。而成人的重要标准就是培养君子人格,成为君子。当然,在君子之上,儒家还提倡'希圣希贤'。但对于普通

---

① 周玉清、王少安:《中华传统君子文化的历史发展及其当代价值》,《光明日报》2016年4月22日。

人而言，君子人格无疑更具普遍意义。"①

二、孟子强调"君子所以异于人者，以其存心也"

战国时代，儒家的代表人物孟子继承孔子关于"道德意义"的君子观，认同其关于"君子怀德"的观点，但是孟子在谈到君子的道德本性时，又从君子与禽兽的区别、与常人的不同以及与伪君子的不同等方面丰富了对君子内涵的认识。

首先，从人与禽兽的区别的角度看，孟子曰："人之所以异于禽兽者几希，庶民去之，君子存之。舜明于庶物，察于人伦，由仁义行，非行仁义也。"（《孟子·离娄下》，以下引《孟子》只注篇名）赵岐注曰："几希，无几也。知义与不知义之间耳。众民去义，君子存义也。"从宏观的宇宙论上讲，天地生万物，自然而有，生死都是寻常的事。大千世界，人与禽兽既皆能求生与等死，人又何异于禽兽？但是，孟子认为，作为有思想意识的人，其与禽兽的差异就在于一点儿，即人能行仁义、察人伦。这里最关键的是，其中能"行仁义、察人伦"的才是"君子"，而无道德自觉的一般人则去之，不在乎于此。正如上古贤明的君王舜那样，能够明辨人与动物的几希差别，以仁义德行约束自己，所以能够被人们当作"高山仰止"的君子来崇拜。

其次，从君子与普通人的不同看，孟子曰："君子所以异于人者，以其存心也。君子以仁存心，以礼存心。仁者爱人，有礼者敬人。爱人者，人恒爱之；敬人者，人恒敬之。有人于此，其待我以横逆，则君子必自反也，我必不仁也，必无礼也，此物奚宜至哉？其自反而仁矣，自反而有礼矣，其横逆由是也，君子必自反也，我必不忠。自反而忠矣，其横逆由是也，君子曰'此亦妄人也已矣。如此，则与禽兽奚择哉？于禽兽又何难焉？'是故君子有终身之忧，无一朝之患也。乃若所忧则有之：舜，人也；我，亦人也。舜为

---

① 徐璐：《如何养成君子人格》，《人民日报》2015年2月16日。

法于天下，可传于后世，我由未免为乡人也，是则可忧也。忧之如何？如舜而已矣。若夫君子所患则亡矣。非仁无为也，非礼无行也。如有一朝之患，则君子不患矣。"（《离娄下》）孟子在这里强调，君子与常人的区别是君子以仁存心，以礼存心，以仁礼之心来约束自己。当遭遇到不公正的对待时，君子首先反躬自问，而不是将之归结为环境所致；君子的自我追问，是人性的自觉，更是对人的社会本质属性的自觉。《孟子》中所谈的"君子有终身之忧"与孔子所谈的"君子不忧不惧"有所不同，孟子揭示了儒家君子观中的一种积极进取精神。其实，君子也并非天生就是"高大上"者，其自我的改造来自内心的道德自觉；当为自己树立一个榜样，比如树立古代贤君舜帝作为自己学习的榜样，舜帝的君子形象巍然耸立于面前，而自己却只停留于一般乡人的水平时，其内心就自然会生起"舜，人也；我，亦人也"的鲜明对照以及重重忧思；这种对比与忧虑的产生，是因为君子能够认识到自己的不足，认识到自己应该担当的社会使命，从而自觉地追求人格的升华。

第三，从君子与伪君子的比较看，主要区别在于：一是君子根于"人性善"，存仁心，孟子曰："君子莫大乎与人为善。""人皆有不忍人之心。"（《公孙丑上》）；二是君子名实相符，"声闻过情，君子耻之"（《离娄下》），真君子以沽名钓誉为耻，以欺世盗名为耻，以虚伪狡诈为耻，以自己的名声大于实际的品行和才能为耻。其实，在孔子那里也有："君子耻其言而过其行。"（《宪问》）但与之相比，孟子更强调君子及其真实精神同步存在的意义，知耻意识已超出了言行一致，属于君子人格不可缺失的自觉意识，孟子曰："耻之于人，大矣。""人不可以无耻。"（《尽心上》）人一旦丧失羞耻心，就会不知羞耻，而这种"无耻之耻"，对于不知耻的人来说，可谓"无耻也"；三是君子注重内在与外在的统一，名与实的统一，"君子疾没世而名不称焉"（《卫灵公》），"恭敬而无实，君子不可虚拘"（《尽心上》）；四是君子讲诚信，"诚者，天之道也；诚之者，人之道也。"（《离娄上》）诚实，是天道的法则；做人诚实，是人道的法则。"君子不亮，恶乎执"（《告子下》），

"亮"即"谅",指诚信,如果君子丧失本性,不讲信用,不知羞耻,怎么能够谈得上有操守呢?君子的操守靠诚信来坚守,是因为君子具有"居仁由义"(《离娄上》)、"穷则独善其身,达则兼善天下"(《尽心上》)、"富贵不能淫,贫贱不能移,威武不能屈"(《滕文公下》)的大丈夫精神,其内在的生命和气节是靠笃定的君子品格来获得实际而客观的意义。

由孟子对君子本性的揭示可知,儒家倡导的君子是具有道德自觉和责任承担意识的君子,在人的自然本性和社会属性两个层面,为君子人格的自我追求和发展明确了方向;否则,一个没有道德自觉的人,不可能成为君子;一个缺乏道德担当的人,也不可能成为君子。

三、阐释与实践:孔孟君子之教的历史影响

孔子、孟子所论"道德意义"的君子,主要强调了三点:一是"君子怀德""君子存心",其内涵是怀"仁德"、存"仁心";二是有德的君子言行一致,名实相符;三是有德的君子识大体,顾大局,以国家利益为重,胸怀家国大义。由此可知,孔子、孟子所论"道德意义"的君子,寄托了先秦儒家树立起来的理想人格,在历史上几乎成了中国传统道德的化身。

关于君子文化的起源,需要特别说明的是,从西周至孔子论君子之前,君子文化处于萌芽阶段,"君子"一词只是特指"君之子",其指向范围比较狭小,"君子,最早是指贵族,乃就社会地位而言。西周时贵族通常说来有教养有德行,凡君子必须要有德,可以说是有位而有德。随着贵族精神的衰败,春秋末期的孔子对君子涵义进行了创造性转化和诠释,突出'德行修养',主张凡有德者皆称君子,可以说是有德而有位。君子人格从此成为儒家的理想人格,君子也成为社会的精英分子和中流砥柱。"① 在孔子、孟子对君子人格的大力推崇下,春秋战国时期的君子文化论达到相对成熟阶段。这一时期,

---

① 徐璐:《如何养成君子人格》,《人民日报》2015年2月16日。

学术领域中君子文化的核心要素已经形成,思想家的君子文化意识更加浓厚,社会舆论对君子文化的价值认知进一步提升。

自汉代始,君子文化的发展贯穿于中国整个封建社会。表现为:其一,在意识形态领域,君子文化作为儒家文化的重要组成部分,自"汉武帝'罢黜百家,独尊儒术',把君子文化的精华思想提升为国家主导的意识形态和封建社会的价值体系。从此,以孔子为代表的'诸子百家'的君子文化,从民间走向官方;君子文化在中华传统文化发展的主流地位得到进一步确立和巩固。"① 这样,在思想界和文化界,学者们关于君子文化的论说和阐释绵延不绝,承接和传递着君子文化的精神血脉;其二,在实践领域,君子文化作为知行合一的文化资源,首先进入到有声望有地位的知识分子的自身修养中,"君子文化的实践,主要体现在各个历史时期的士大夫层面。士大夫是读书之人,他们所读之书当然以儒家经典为主;士大夫也往往是执政或参与执政之人,自唐代以后,他们为了通过科举考试,更要熟悉儒家经典。因此,君子文化对他们有着更深入的浸润,也更容易转化为实践行为。"② 所以,从个人来看,君子人格是构成士大夫高尚道德情操的重要组成因素;历史上,那些为祖国、为人民、为真理而忘我奋斗、杀身成仁、舍生取义的志士仁人,无一不是坚守君子操守的佼佼者,无一不是具有"浩然正气"的君子形象!

另外,从更广泛的层面上讲,"先秦形成的君子理想人格,不仅被后世诸多的士大夫所仰慕、所实践,而且由他们进一步弘扬和传播,推展到更广阔的社会层面,从而让君子文化深入人心,传之弥久。"③ 这是由于传统君子文化的魅力在于,"它最精华的东西是自强不息、尊道崇德的人生观价值观,在历史上发挥着涵养民族精神、弘扬价值观念、引领道德风尚的重大作用。人人都可以做君子、应当做君子,是君子文化环境下的价值追求和民族共识;

---

① 周玉清、王少安:《中华传统君子文化的历史发展及其当代价值》,《光明日报》2016年4月22日。

②③ 朱万曙:《浸润在历史长河中的君子文化》,《光明日报》2017年10月11日。

君子价值观念广泛深入人心,是人们道德生活历来遵循的价值标准;中华民族传统的文学艺术、民间传说所塑造颂扬的君子形象数不胜数,生动鲜活地感染人、引导人。"①

所以,从整个社会来看,君子人格形成了中华民族有别于其他民族的独特美德。中华民族在经历了几千年的文明演进和发展之后,最终形成了包含修己慎独、仁爱孝悌、克己奉公、忠诚正直、勤劳勇敢、谦虚谨慎、艰苦朴素、团结互助等诸多内容的传统美德;横渠"四句教"所表达的以"修身齐家治国平天下"为核心内容之"为天地立心,为生民立命,为往圣继绝学,为万世开太平"是儒家君子的理想写照;这些内容已经深深地凝结在中国人民的理想人格和精神血脉之中,凝聚在中华民族的高尚国格之中。

四、讲道德,崇正义:新时代的君子人格培养

君子文化延续着我们的民族血脉和精神气象,需要薪火相传,代代守护;需要与时俱进,勇于创新;需要立足新的实践,注入新的时代内涵;推动中华文明创造性转化和创新性发展,激活其新的生命力。在当前,我们探讨孔子、孟子所论道德君子观,对于重构中国传统人文精神、推动人类命运共同体建设、培育和践行社会主义核心价值观、端正做人的价值取向以及塑造高尚的君子人格等方面,都具有积极的借鉴意义。

孔子、孟子所论道德君子观,能够救治当代人的人格偏颇和人格缺陷。当代社会存在着过度追求功利、私欲膨胀、拜金主义等现象,导致一部分人的价值观和人生观迷失;导致私欲膨胀,人们沉迷于权力、地位、名誉和金钱之中而不能自拔;导致人们唯利是图,找不到生命的真精神,认不

---

① 周玉清、王少安:《中华传统君子文化的历史发展及其当代价值》,《光明日报》2016年4月22日。

清人生发展的正确方向，最终陷入人生的困局。透过现象，不难发现当代根本的道德危机来自人的"良知缺陷"和"不知耻"，使人失掉了应有的警惕，以至于将可耻的事情当作应该做的事情去做。特别危险的是，在某些领域还不只是个别现象。从社会层面看，这造成了严重的道德危机，产生违背道德的坑蒙拐骗、名不副实、欺下瞒上等社会乱象；从国家层面看，这导致国家法治难兴，治国的思想文化根基不知何从。这种情形下，倡导儒家君子之风的社会认同感，树立良好的道德风尚，营造良好的社会氛围，势在必行。

君子"清廉"，高风亮节，是纠正"人格偏颇"的道德标杆。先秦时期的儒家主要是从道德伦理层面来认识"清廉"对于儒家"修身"的重要意义。在《论语》中，孔子谈到的"行己有耻""欲而不贪"等已经包含了"廉洁"的内容。孔子、孟子的君子观，其主要追求道德至上、功利为轻的精神，追求回归合乎人性本质的道德意义。这既合乎儒家的修身要求，又合乎儒家的外王要求。"儒家学说是一种内圣外王之学。儒家倡'廉'，主要基于内圣与外王的需要。从内圣来看，'廉'是个人修身、成就完美品格的必然要求。无论是孔子心中的圣人、君子，还是孟子心中的大丈夫，都内蕴着'廉'这一基本道德操守。从外王来看，'廉'是为政之本，能'廉'则政兴。"[①]千百年来，人们对"君子"的呼唤以及对廉洁政治和清官廉吏的呼唤，几乎贯穿了整部中华文明史。新时期，我们需要主动继承并发扬中华民族廉洁君子的传统美德。

君子文化，是涵养当代官德建设的重要文化资源。在历史上的君子文化中，"官君子文化传统造就了中华民族'为政以德'的传统政治优势，是中华传统文化之精华。数千年来，传统官君子文化一直是思想家关注和论述的重点并积累了博大精深的历史资料，从而为社会主义条件下的官德建设提供了

---

① 任松峰：《儒家廉德思想》，《人民日报》2014年3月28日。

宝贵的历史经验和文化遗产。"① 当前，认识和践行君子文化的主体主要是党员和领导干部，其官君子形象是社会风气的主导者、引领者，在社会上具有重要的道德示范作用；其在思想观念、价值理念、行为实践等方面直接影响着党内作风和社会风气；在知行合一方面，需要保持思想和行动的自觉统一。涵养官德建设，重树君子形象，是我们党在新的历史时期全面从严治党、密切党群联系、提高执政水平、巩固执政基础的必然要求。

新时代的"君子"，清廉是必不可少的德性。党员干部尤其需要做廉洁"君子"，需要"为民、务实、清廉"。习近平总书记在 2013 年 6 月启动的党的群众路线教育实践活动中，就对党员干部在思想、作风方面提出要求，他说，这次教育实践活动的基本目标是"党员干部思想进一步提高、作风进一步转变、党群干群关系进一步密切、为民务实清廉形象进一步树立"②。习近平总书记指出，研究我国反腐倡廉历史，了解我国古代廉政文化，考察我国历史上反腐倡廉的成败得失，可以给人以深刻启迪，有利于我们运用历史智慧推进反腐倡廉建设。站在中华五千年文明史的高度，在历史的兴衰沉浮之中挖掘中华廉政文化的优秀遗产，展示古代廉政文化的精华，拓展其在当代社会的应用，这是时代发展的需要。

君子文化是中华优秀传统文化最显著的标识之一。"作为中华民族的优秀文化遗产，君子文化彰扬了中华优秀传统文化培育塑造的理想人格，展示了中华传统文化所崇尚的优秀道德……君子文化是涵养社会主义核心价值观的重要源泉，在培育和践行社会主义核心价值观中具有重要作用。"③中华优秀传统文化是中华民族的文化根脉，其蕴含的思想观念、人文精

---

① 周玉清、王少安：《中华传统君子文化的历史发展及其当代价值》，《光明日报》2016 年 4 月 22 日。

② 中共中央文献研究室：《习近平关于党的群众路线教育实践活动论述摘编》，中央文献出版社，2014 年，第 23 页。

③ 张述存：《君子文化的当代价值》，《光明日报》2017 年 1 月 16 日。

神、道德规范，不仅是我们中国人思想和精神的内核，对解决人类问题也有重要价值。对于君子文化，我们要坚持创造性转化、创新性发展的原则，从优秀的传统文化中汲取精神养分，使之与现代文化相融相通，成为当代中国特色社会主义先进文化的有机组成部分。

（作者系孔子研究院学术交流部研究员）

孔子教育思想中的师道传承与文化强国中的师资培养

陈观校　黄梨平　韩国林

一、孔子教育思想中"师道"传承的核心价值观

孔子教育思想的核心是"人性善"，这一观点体现在他的教育理念中，强调每个人都有与生俱来的善良本性，这是教育的基础和出发点。孔子认为，通过教育和引导，每个人都可以发展成为具有良好品德和才能的人。他的教育思想不仅关注个体的成长，也强调教育的普遍性和平等性，每个人都应该有接受教育的权利和机会。此外，孔子还强调教育的目的是培养德才兼备的人才，以服务于社会和国家。他的教育理念对后世产生了深远的影响，成为儒家教育思想的重要组成部分。

孔子的教育思想不仅限于个体成长，也涉及社会和谐与治理。他提出的"仁"和"礼"的概念，是儒家思想的核心，也是教育思想的基础。孔子认为，通过教育和培养个体的仁爱之心以及对礼的遵守，可以实现社会的和谐与稳定。

具体而言，孔子教育思想中"师道"传承的核心价值观在当代极具现实意义。

一是仁爱精神。孔子强调教育应以仁爱为核心，教师应对学生充满爱心，

关心学生的成长和发展。孔子提倡"因材施教",即根据每个学生的特点和需求进行个性化教育,这种教育方法强调了教师的责任感和对学生的深切关怀。

二是以身作则。孔子认为,教师的人格魅力和行为榜样对学生有着深远的影响。教师应当通过自己的言行来影响和教育学生,成为学生的楷模。孔子自己就是一个以身作则的典范,他的行为和言传身教对学生产生了深远的影响。

三是启发式教学。孔子提倡启发式教学,认为教育不仅仅是知识的传授,更重要的是引导学生自主思考和探索。他强调"不愤不启,不悱不发",即在学生思考和探索的过程中,教师给予适当的引导和启发,帮助学生自主发现问题、解决问题。

四是有教无类。孔子提出了"有教无类"的教育理念,认为人人都应有受教育的权利,不论贫富贵贱,都应享有平等的教育机会。这一理念体现了教育的普遍性和公平性,是孔子教育思想中的重要组成部分。

五是为政以德的政治主张。孔子的教育思想与其政治主张紧密相连,他认为教育对国家和社会的治理至关重要。通过教育培养有德行之才,是实现社会和谐与国家治理的关键。孔子强调以德治国,认为教师在这个过程中扮演着重要的角色。

综上所述,孔子教育思想中"师道"传承的核心价值在于仁爱精神、以身作则、启发式教学、有教无类以及为政以德的政治主张,这些思想不仅对古代教育产生了深远的影响,而且对现代教育仍然具有重要的指导意义。

二、孔子教育思想中"师道"传承的现实意义

教育是面向人的工作,人的健康发展始终是我们所关注和追求的。近几年,学生心理健康状况堪忧,焦虑、抑郁、网瘾等问题呈现出高发性和普遍性的特点。

根据《2022年国民抑郁症蓝皮书》统计,18岁以下的抑郁症患者占总人

数的30%，50%的抑郁症患者为在校学生。抑郁症发病群体呈年轻化趋势，社会亟须重视青少年心理健康。青少年抑郁症患病率已达15%~20%，接近于成人。有研究认为，成年期抑郁症在青少年时期已发病。

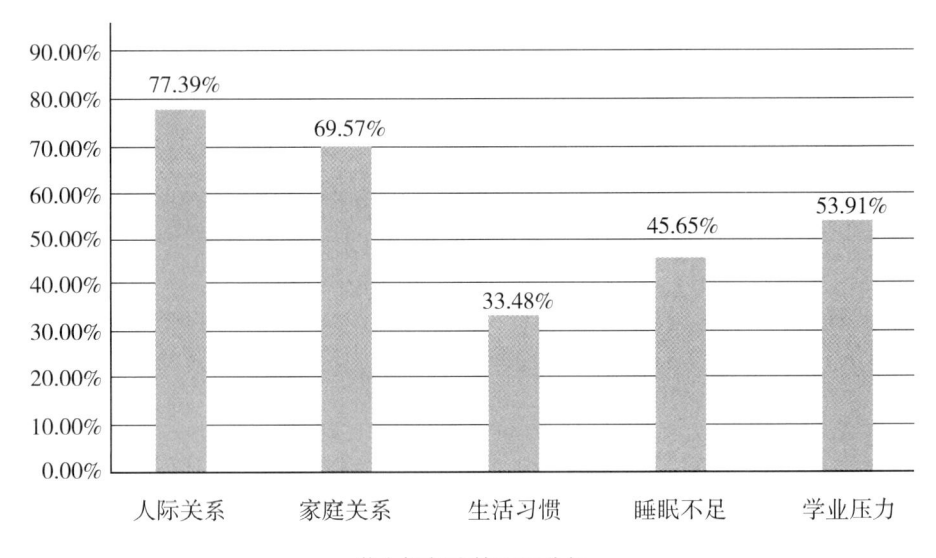

原因	比例
人际关系	77.39%
家庭关系	69.57%
生活习惯	33.48%
睡眠不足	45.65%
学业压力	53.91%

学生抑郁症的原因分析

调查发现，造成学生抑郁的主要成因是人际关系、家庭关系与情绪压力。要缓和关系、减轻压力，需要从中华优秀传统文化特别是儒家文化做人处世的哲理中汲取营养。

习近平总书记强调，我们要着力赓续中华文脉，推动中华优秀传统文化创造性转化和创新性发展。孔子的教育理念不仅在中国古代产生了深远的影响，而且对现代教育也有着重要的启示。他的教育思想强调了教育的普及、教育的目的、教育的内容、教学方法以及教师的作用。这些思想对于提升教育质量、促进教育公平有着重要的指导意义。

孔子的教育思想还强调了教师的角色和作用，他认为教师不仅是知识的传授者，更是学生道德品质的引导者。这一观点在现代教育中同样具有重要意义，教师不仅要教授学生知识，更要引导学生形成正确的价值观和人生观。

孔子的教育思想及其对教师角色的定位，对于提升教育质量、促进教育公平有着不可替代的作用。他的思想强调了教育的普及和教育的目的，即培养有道德、有知识、有责任感的人才，这对于现代社会的发展和进步具有重要的指导意义。孔子的教育思想和实践，使其成为中国古代伟大的思想家和教育家，他的教育理念和主张对后世产生了深远的影响，他被后人尊称为"圣人"，受到全世界的尊敬和推崇。联合国教科文组织将他列为世界十大历史名人之一，这充分证明了孔子教育思想的世界影响力和历史地位。

三、孔子教育思想中的"师道"在当代文化强国建设背景下具有重要的意义

孔子教育思想的核心在于，强调教育的核心目的是培养德才兼备的人才，这与当代文化强国建设中对人才的需求高度一致。在教育方法上，孔子提倡的"学而时习之"和"因材施教"等原则，强调了学习的持续性和个性化教学的重要性，这对于提高教育质量和培养创新型人才至关重要。特别是在当代，随着社会的发展和科技的进步，对人才的需求更加多元化，孔子的教育思想提供了宝贵的指导。

孔子的教育思想还强调了教师的作用和责任。他认为教师不仅是知识的传授者，更是道德的楷模和行为规范的引导者。这一观点在当代文化强国建设中同样具有重要意义。在教育强国建设的背景下，教师的素质和专业发展成为了关键因素。孔子提出的"其身正，不令而行"强调了教师自身道德修养的重要性，这对于提升教师队伍的整体素质，营造尊师重教的良好氛围有着积极的推动作用。

此外，孔子教育思想中的"有教无类"原则，强调了教育的普及和平等，这与当代文化强国建设中提倡的教育公平理念相契合。无论贫富、贵贱，每个人都应有接受教育的机会，这有助于社会的和谐发展和国家的长期稳定。

所以说，孔子教育思想中的"师道"在当代文化强国建设中具有重要的意义，它不仅为教育的发展提供了指导，也为教师的角色定位和学生的培养提供了宝贵的参考。通过弘扬孔子的教育思想，可以进一步推动教育质量的提升，培养更多符合社会发展需求的人才，为建设文化强国贡献力量。

四、当前师资培训体系存在的主要问题

教育中有许多问题需要有心人去关注、去思考。当今我们中国教育对教师的培训也非常重视，采用的手段与方法也是全方位的，但是师资培训体系中还存在着一些问题。

培训内容过于理论化，缺乏实践性。当前的师资培训往往注重理论知识的传授，而忽视了实践操作的重要性，导致培训内容与实际教学脱节，教师难以将所学应用于实际教学中。

培训时间过短，无法全面覆盖教师所需的知识和技能。由于培训时间有限，往往无法确保教师能够充分消化和吸收所学内容，从而影响了培训效果。

培训内容单一，缺乏多样性。当前的培训内容往往局限于特定的学科或年级，缺乏对不同学科和年级教学方法及策略的全面覆盖，无法满足教师的多样化需求。

培训师资力量不足，专业性欠缺。部分培训老师的专业素养和教学能力有待提高，这直接影响了培训的质量和效果。

培训没有针对性，无法满足不同教师的需求。当前的培训体系往往缺乏对教师个体差异的考虑，无法提供个性化的培训方案，使得培训效果不佳。

培训方式单一，缺乏互动性和参与性。传统的培训方式缺乏互动和参与，教师难以积极参与，影响了培训的实效性。

培训偏重于理论，没有与当下中国教育的实际有机结合；偏重于学科，没有与德行培养有机融合；对于师德师风建设的培训浮于表面，没有实现入心入脑入耳的内化的培训。

这些问题共同构成了当前师资培训体系的主要挑战，需要通过改进培训内容、方式、评估机制以及增加培训资源的投入等措施来解决。

五、探索新时代师资培养策略

师道在中国传统文化中占有重要地位，被视为一种高尚的品质和行为准则。师道不仅包括教育领域，还包括社会各个领域的引导、教诲和指导。

师道的核心是"师"，即教师或引导者，而"道"则指引导的方式和准则。师道的特点之一是爱心和耐心。教师应该对学生充满爱心，了解他们的需求和困惑，并帮助他们克服困难。师道还强调了身教重于言教的原则。教师应该以身作则，用自己的言行教给学生正确的价值观和行为准则。作为引导者，教师应该具备高尚的品质和修养，不仅仅是教书育人的知识和技能。另外，师道还强调了人际关系的建立和培养，从而营造一个和谐、积极的学习和成长环境。在这种关系中，教师应该成为学生的朋友和引路人，通过鼓励、支持和指引帮助他们克服困难、解决问题。师道是一种高尚的品质和行为准则，对于个人的成长和发展，以及社会的进步和繁荣都具有重要的意义。

基于以上的思考，萧山区儒学学会讲师团在师资培养上，不仅仅停留在理论层面，更侧重于实操。我们帮助老师树立教育者的担当与情怀，同时在培训过程中，让讲师团的老师们结合自己的属性，从心出发，开发属于自己的课题或课程，目前我们萧山儒学会讲师团17位老师总共有62个课题供全区学校、村社、企业选择。这样既让老师们有发挥自己特长的舞台，又让学校、村社、企业可以找到适合自己的文化大餐。

在师资培训上，我们采用定期与不定期相结合、线上与线下相结合、教研集体备课与个体研磨相结合等多种方式。作为儒学会讲师团，我们每个季度会定期召开会议，总结前期工作，部署下一阶段工作，对这段时间里碰到的问题或困惑进行探讨。同时，讲师团也分成若干个教研团队，将中华优秀传统文化与新时代的特点相结合，用现代人听得懂、容易接受的形式进行传播，以达到最佳效果，例如我们采用故事、视频、音频、歌曲等形式进行授课。对于讲师团老师的定期培训，我们安排有理想、信念与价值观方面的培训，也有儒学文化进校园的课程实操培训，做到理论与实践相结合。

为了让讲师团老师有更多的服务社会的机会，同时也让需要中华优秀传统文化浸润的大众能有更多的机会受到儒家文化的滋养，我们采用菜单化服务与无菜单化服务相结合的方式进行操作。对于老师们的讲课，我们采取等待邀请与主动出击相结合的模式，讲师团提供"菜单"后，在等待学校、村社、企业等邀请的同时，各位讲师也主动出击，自己寻找讲课的阵地，让儒学文化惠泽更多的受众。

在暑假，我们开设萧山儒学会孔子学堂夏令营，开设地点以各自学校孔子学堂为主，讲课内容主要由各孔子学堂选择课题，由萧山儒学会讲师团提供授课。我们在萧山儒学会部分学校的孔子学堂还开设了中华优秀传统文化课校本课程，例如在金山初中孔子学堂开设弟子规课程，每周一节排在课程表里；在北干初中孔子学堂开设生命教育校本课程，每周一节排在课程表里，分别由5位老师进行授课。这5位老师组成一个国学教研组，定期进行交流。这是一种很好的实战化的校本师资培训，课件可以相互借鉴，课程可以相互观摩，课后可以相互交流。

六、新时代呼唤有教育家精神的教师队伍

教师是立教之本、兴教之源，强国必先强教，强教必先强师。2024年8月26日发布的《中共中央 国务院关于弘扬教育家精神加强新时代高素质专业化教师队伍建设的意见》提出，经过3至5年努力，教育家精神得到大力弘扬，高素质专业化教师队伍建设取得积极成效，教师立德修身、敬业立学、教书育人呈现新风貌，尊师重教社会氛围更加浓厚。

立德树人关系党的事业后继有人，关系国家前途命运。要完善立德树人机制，健全德智体美劳全面培养体系。坚持强教必先强师，着力以教育家精

神引领高素质教师队伍建设，提升教师教书育人能力，健全师德师风建设长效机制，引导广大教师坚定理想信念、陶冶道德情操、涵养扎实学识、勤修仁爱之心。

立足当今中国，放眼世界未来，在文化强国的过程中，新时代中国教育需要由具有孔子教育思想中的师道传承精神与教育家情怀的教师来担当中华民族伟大复兴的重任。

（作者系杭州市萧山区儒学学会副秘书长、萧山区儒学学会讲师团团长；
杭州市萧山区儒学学会单位理事；杭州市萧山区儒学学会单位理事）

孔子道德教育理念的深度剖析

祝业精

一、孔子道德教育理念的核心元素

(一) 仁爱为本的道德观

在个人修养层面,仁爱体现为对他人的尊重与关爱。例如,在疫情期间,无数医护人员和志愿者以仁爱之心,不顾个人安危,奋战在抗疫一线,他们的行为正是对孔子仁爱思想的生动诠释。在国家治理层面,仁爱则体现为施政中的仁政与民本思想。一个以人民为中心的国家,必然能够赢得人民的拥护与支持,实现国家的长治久安。例如,中国政府在脱贫攻坚战中,坚持精准扶贫、精准脱贫,致力于让每一个贫困人口都能享受到改革发展的成果,这正是对孔子仁政思想的现代实践。

在孔子道德教育理念的框架下,仁爱不仅是个人修养的基石,更是人际关系和谐共处的核心。以家庭关系为例,孔子提倡的仁爱精神在亲子、夫妻及兄弟姐妹间发挥着至关重要的作用。《论语·学而》记载,"孝弟(悌)也者,其为仁之本与"。强调了孝顺父母、友爱兄弟是仁爱的根本。在现代社会中,这一理念依然具有深远影响。此外,仁爱在国际关系中也具有不可忽视的作用。孔子提出的"四海之内皆兄弟"的思想,倡导国家间应以仁爱之心相待,通过和平、合作的方式解决争端,共同促进世界的繁荣与发展。这一理念在当今全球化的背景下显得尤为重要。

(二) 礼制规范的准则观

礼,作为孔子道德教育理念中的重要组成部分,其起源可追溯至古代社会的祭祀仪式与宗法制度。在孔子看来,礼不仅是外在的行为规范,更是内在道德修养的外显,是维系社会秩序、促进人际和谐的关键。礼的重要性在于其能够引导人们的行为,塑造社会风气,促进社会的和谐稳定。孔子曾言:"不学礼,无以立。"这句话深刻阐述了礼在个人成长与社会交往中的基础性作用。在《论语》中,孔子多次提到"克己复礼",即要求人们通过自我克制来恢复和遵守礼制,以达到修身、齐家、治国、平天下的目的。

在孔子的道德教育体系中,礼与个人修养的关系密不可分,构成了儒家思想的重要基石。孔子认为,"礼之用,和为贵",礼不仅是社会行为的规范,更是个人修养的外在体现和内在要求。通过遵循礼制,个体能够培养起高尚的品德和优雅的气质,实现内外兼修。

此外,礼还具有教化功能,能够引导人们向善、向上。在古代社会,许多家庭和学校都将礼的教育作为重要内容,通过讲解礼的起源、意义以及具体实践方式,帮助孩子们从小就树立起正确的价值观和道德观。这种教育方式不仅有助于培养孩子们的良好品德和行为习惯,更能够为他们未来的成长和发展奠定坚实的基础。

(三) 德才兼备的人才观

德才兼备,作为孔子道德教育理念的核心理念之一,其标准与意义深远而广泛。在孔子的教育哲学中,德与才并非孤立存在,而是相辅相成、缺一不可的。德,即道德品质与人格修养,是为人之根本;才,则指知识才能与技能技艺,是立世之基础。孔子强调,"君子务本,本立而道生",这里的"本"便是指德性修养,只有根基稳固,方能成就一番事业。

德才兼备的意义在于,它促进了人的全面发展,使个体在追求知识才能的同时,不忘修身立德,实现了内在与外在的和谐统一。在当今社会,面对日益激烈的竞争和复杂多变的环境，德才兼备的人才更能脱颖而出，成为推动社会进步和发展的重要力量。因此，我们应当将德才兼备作为人才培养的核心理念，贯穿于教育教学的全过程，努力培养出既有高尚品德又有卓越才能的新时代接班人。

二、孔子道德教育的方法与途径

（一）因材施教的教学原则

在孔子道德教育理念的实践中，了解学生的个体差异是因材施教教学原则的核心。孔子深知，每一个学生都是独一无二的个体，他们拥有不同的性格、兴趣、天赋及学习节奏。正如《论语》所载："中人以上，可以语上也；中人以下，不可以语上也。"这句话深刻揭示了孔子对个体差异的敏锐洞察与尊重。他根据学生的不同情况，灵活调整教学内容与方法，确保每位学生都能在适合自己的节奏中成长。

在具体实践中，教师可以通过观察、测试、访谈等多种方式收集学生的个体差异信息。例如，通过标准化测试评估学生的基础知识和认知能力，通过日常观察了解学生的性格特点和兴趣爱好，通过家访或家长会了解学生的家庭背景和生活环境。这些数据和信息为制订个性化的教学计划提供了有力支持。例如，对于逻辑思维能力强的学生，可以加强数学和科学方面的训练；对于情感细腻、富有创造力的学生，则可以鼓励其参与文学、艺术等领域的活动。

在具体实施上，孔子会细致观察学生的性格特征和学习状态。对于性格内向、不善言辞的学生，孔子会采用更为温和、鼓励的方式，引导他们逐步打开心扉，勇于表达自己的见解。而对于性格外向、活泼好动的学生，孔子则会适时地给予挑战，激发他们的求知欲和探索精神。这种灵活多变的教学策略，不仅促进了学生的个性化发展，也极大地提高了教学效果。

在现代教育实践中，我们也可以借鉴孔子的这一教育理念。例如，在课程设置上，学校可以根据学生的兴趣和需求开设多样化的选修课程，让学生根据自己的兴趣选择学习方向；在教学方式上，教师可以采用分层教学、小组合作等多种教学模式，针对不同学生的学习能力和特点进行有针对性的指导。这样不仅能够激发学生的学习兴趣和积极性，还能够促进他们的全面发展。

(二) 循循善诱的引导方式

在孔子道德教育的方法与途径中，启发式教学的应用尤为显著，它不仅是孔子教育理念的核心之一，也是现代教育所倡导的重要教学方法。孔子深信"不愤不启，不悱不发"，即在学生充分思考后并在一定程度上理解了困惑时，教师才给予启发和引导。这种教学方法鼓励学生主动探索、积极思考，而非被动接受知识。

以《论语》中的一则故事为例，孔子曾问子贡："女与回也孰愈？"子贡答曰："赐也何敢望回？回也闻一以知十，赐也闻一以知二。"这里，孔子并未直接告知子贡他与颜回之间的优劣，而是通过子贡的自我反思，引导他认识到自己与颜回在学习能力上的差异，进而激发他自我提升的动力。这正是启发式教学的生动体现，它让学生在比较与反思中，自然而然地领悟到学习的真谛。

在孔子道德教育的方法与途径中，鼓励学生自我反思与成长占据了举足轻重的地位。孔子深信，教育的真谛不仅在于知识的传授，更在于引导学生学会自我审视，从而促进其内在品质的升华。

在现代教育体系中，我们可以借鉴孔子的这一教育理念，通过设立反思日志、开展小组讨论、引入项目式学习等方式，鼓励学生进行自我反思与成长。同时，教师也应扮演好引导者的角色，通过提问与引导，帮助学生发现自身的问题与不足，并找到改进的方向与途径。这样不仅能够提升学生的自主学习能力与综合素质，也能够为他们未来的成长与发展奠定更加坚实的基础。

三、孔子道德教育理念的实践案例

(一)《论语》中的道德教育实例

在《论语》中,孔子与学生的对话与互动不仅展现了其道德教育理念的精髓,也为我们提供了丰富的实践案例。例如,当子贡问曰:"有一言而可以终身行之者乎?"孔子对曰:"其恕乎!己所不欲,勿施于人。"(《论语·卫灵公》)这一对话深刻体现了孔子"仁爱为本"的道德观。孔子通过简洁而深刻的回答,向子贡传授了为人处世的黄金法则,即"恕"道。这一原则不仅要求个人在行为上遵循内心的善良与公正,还倡导了一种推己及人的社会伦理,对后世产生了深远的影响。

孔子与学生的互动还体现在其因材施教的教学原则上。如子路问:"闻斯行诸?"子曰:"有父兄在,如之何其闻斯行之?"冉有问:"闻斯行诸?"子曰:"闻斯行之。"(《论语·先进》)这一对话展示了孔子根据学生性格特点和能力差异,采取不同教育策略的智慧。孔子深知每个学生的优点与不足,因此能够给予他们最适合的指导,帮助他们实现自我成长。

(二) 古代教育制度中的道德教育实践

在古代学校的教育体系中,道德教育占据了举足轻重的地位。这些学校不仅传授儒家经典,更将道德教育融入日常教学的方方面面。以私塾为例,学生们在晨读《论语》《孟子》等儒家典籍时,不仅学习文字知识,更在潜移默化中接受着仁爱、礼制等道德观念的熏陶。私塾教师常通过讲解经典中的道德故事,如"孔融让梨"等,引导学生理解并实践谦让、孝顺等美德。

此外,古代学校还注重通过礼仪教育来规范学生的行为。在入学之初,学生需接受严格的礼仪训练,包括如何行礼、如何待人接物等。这些训练不仅帮助学生树立了良好的个人形象,更在无形中培养了他们的社会责任感和道德自律能力。据史书记载,宋代书院中设有"礼房",专门负责学生的礼仪教育和考核,其严格程度可见一斑。

综上所述，古代学校的道德教育内容丰富多彩、方法灵活多样。它们不仅注重儒家经典的学习与传承，更将道德教育融入学生的日常生活和学习之中。这种全方位、多层次的道德教育体系，为培养具有高尚道德品质和良好行为习惯的人才奠定了坚实的基础。

四、孔子道德教育理念对现代教育的启示

（一）在教育体系中的应用

在孔子道德教育理念中，灵活运用因材施教原则是其教学方法的精髓所在。这一原则不仅体现了孔子对学生个体差异的深刻洞察，也为我们现代教育提供了宝贵的启示。孔子深知，每个学生都有其独特的性格、兴趣与潜能，因此他主张在教育过程中，教师应根据学生的具体情况，采取不同的教学策略，以实现最佳的教学效果。

以《论语》中的记载为例，孔子在教授学生时，总是能够准确把握每个学生的特点，从而给予针对性的指导。如子路性格刚烈，孔子便告诫他要"三思而后行"，以培养其沉稳的性格；而冉有性格懦弱，孔子则鼓励他"闻斯行诸"，勇于实践。这种因材施教的教学方法，不仅促进了学生的个性化发展，也极大地提高了教学效果。

在现代教育中，灵活运用因材施教原则同样具有重要意义。一项针对全球教育系统的研究显示，采用个性化教学策略的学校，其学生的学业成绩普遍高于传统教学方式下的学生。这一数据充分证明了因材施教原则的有效性。此外，一些先进的学校还引入了智能教学系统，通过大数据分析学生的学习习惯、兴趣偏好和能力水平，为每位学生量身定制学习计划，实现了真正的因材施教。

（二）在构建和谐社会中的应用

道德教育在构建和谐社会中扮演着至关重要的角色，它不仅是个人品德修养的基石，更是社会和谐稳定的润滑剂。孔子所倡导的仁爱、礼制与德才

兼备的理念,为现代社会提供了宝贵的道德指引。在构建和谐社会的进程中,道德教育通过培养公民的责任感、同理心与自律精神,促进了人与人之间的和谐共处。

一项社会调查显示,接受过良好道德教育的地区,其犯罪率普遍低于平均水平,而社区凝聚力、居民满意度则显著提高。这一现象充分印证了道德教育在维护社会稳定、促进和谐发展方面的积极作用。孔子曾言:"己所不欲,勿施于人。"这一黄金法则,鼓励人们在日常生活中以仁爱之心待人接物,减少冲突与摩擦,为和谐社会的构建奠定了坚实的道德基础。

此外,道德教育还通过弘扬传统美德,促进了社会风气的净化与提升。孔子强调的礼制规范,不仅是对个人行为的约束,更是对社会秩序的维护。在现代社会,随着法治建设的不断完善,道德教育作为法治的补充与支撑,共同构成了维护社会和谐稳定的双重保障。通过加强道德教育,可以引导人们自觉遵守法律法规,树立正确的道德观念,从而有效遏制违法乱纪行为的发生,为和谐社会的构建提供有力的道德支撑。

孔子的道德教育理念在当代社会中仍具有重要的现实意义和价值,在思想方面引领着人们正确为人处世,为现代教育提供了理论指导,还为教育实践提供了方法论。结合新时代教育强国战略与现实需求,大力弘扬孔子道德教育理念,理应受到我们的重视与关注。

(作者系长春市孔子研究会名誉会长)

上编：理论阐发

对儒家"内圣外王"的追问*

柴文华

儒家哲学的核心是人，其最高的理想人格是圣人，圣人的品质又可以描述为"内圣外王"，儒学的发展演变紧紧围绕着"内圣外王"来展开，万变而不离其宗。"内圣外王"是儒家通过"道统"所传之道，总体而言，无可置疑。但仔细推敲，却有一些可追问之处："内圣外王"出自《庄子》，何以成为儒家之道？道家之圣人与儒家之圣人有何异同？"内圣"与"外王"是两张皮吗？

一、"内圣外王"何以成为儒家之道

"内圣外王"一词首见于《庄子·天下》篇："天下大乱，贤圣不明，道德不一，天下多得一察焉以自好……是故内圣外王之道，暗而不明，郁而不发，天下之人各为其所欲焉以自为方。悲夫，百家往而不反，必不合矣！后世之学者，不幸不见天地之纯，古人之大体，道术将为天下裂。"《庄子·天下》篇作为学术批评性质的论文，主要考察"古之人"的大道之学割裂为百家之学后的状况。作者虽未言明"内圣外王"具体是什么，但是指出百家之

---

* 本文系国家社会科学基金重大项目"中华民族共同体的伦理认同研究"（20&ZD037）的阶段性成果。

学只是继承古之道术的支流余裔，由此可以想见"内圣外王"应该是一种什么样的学问。它应该极宏大而致精微，无所不包又富于变化，按《庄子·天下》所说，古人拥有这种大道，乃能"配神明，醇天地，育万物，和天下，泽及百姓，明于本数，系于末度，六通四辟，小大精粗，其运无乎不在"。后世一般将"内圣外王"理解为内修圣人之德，外施王者之政。梁启超在《庄子天下篇释义》中指出："'内圣外王之道'一语，包举中国学术之全部。中国学术……其旨归在于内足以资修养而外足以经世。"① 从这个意义上来讲，中国传统学术皆以"内圣外王"为导向。冯友兰在《新原道·绪论》中也说："在中国哲学中，无论哪一派哪一家，都自以为是讲'内圣外王之道'。"② 由此看来，"内圣外王"有很强的适用性，并非专属于某一家。"内圣外王"演变为儒家之道，经历过一个长期的历史过程。

（一）经孔孟荀建构，儒家"内圣外王"理论初成规模

根据《庄子·天下》所述，原始儒家即所谓"邹鲁之士、搢绅先生"掌握着《诗》《书》《礼》《乐》《易》《春秋》等典籍。虽然，这些经典只表现"内圣外王"之道的部分内容，但反过来也恰恰证明了儒家经典与"内圣外王"之道本质相通，也为儒家学者能够通过"引经据典"的方式继承和发展"内圣外王"之道提供了合法性依据。

在先秦诸子当中，孔子率先开启中国哲学的进程。哲学源于反思，孔子通过反思夏、商、周三代文化，从而提出一个哲学性的观念——"仁"，并围绕"仁"这个核心，展开儒学思想体系之源。《论语·八佾》："人而不仁，如礼何？人而不仁，如乐何？"儒家赋予"六艺"之学以"仁"的内在价值原则，从而使已经崩坏之礼乐重新焕发生命。在学问授受上，孔子将儒家经典的传习变成提升道德学问、培养仁心善性、教育人们成为仁人君子甚至圣

---

① 梁启超：《庄子天下篇释义》，中华书局，2015年，第4页。
② 冯友兰：《三松堂全集》第5卷，河南人民出版社，2000年，第7页。

人的过程。"仁"是儒家内圣之学的核心，但是"仁"的主体价值需要通过实践来显现。"樊迟问仁。子曰：'爱人。'"（《论语·颜渊》）真正的仁者并非遗世独立、故步自封，而是要推己及人，做到"己欲立而立人，己欲达而达人"（《论语·雍也》）。通过实践将主体的仁心与他人、社会相统一，从"修己以敬"走向"修己以安人""修己以安百姓"（《论语·宪问》），也就是从内圣的境界达到外王的事功，这就是孔子的"内圣外王之道"。

孟子对孔子的思想做了深化和开拓。孔子提出"仁"，但是并未对"仁"的来源多加说明，在"性与天道"的问题上付之阙如。孟子的运思方向是以心言性，将主体的道德自觉归结为本心，所以人之本性为善。在孔子确立"为仁由己"的基础上，孟子继续追本溯源，提出人心有"恻隐""羞恶""辞让""是非"之四端，"人皆有不忍人之心"（《孟子·公孙丑上》），以此为性善的基础或依据。孟子也在"天道"的问题上进行追问，提出"尽心""知性""知天"，将本心的扩充与超越的天道结合起来，极大程度上拔高了儒家内圣之学的境界。以性善论为前提，孟子在治世理想上倡导仁政学说，"以不忍人之心，行不忍人之政，治天下可运之掌上"（《孟子·公孙丑上》）。统治者推行仁义，实施仁政，国家才能长治久安，"行仁政而王，莫之能御也"（《孟子·公孙丑上》）。孟子的性善论和仁政学说，进一步丰富了儒家的内圣外王理论。

荀子的主要思想倾向是"隆礼重法"。和孟子的思路相反，荀子对人性中善的一面的期望值极低，他认为人性受欲望支配，很容易滑向恶的一面，导致辞让忠信、礼仪法度被破坏。因此荀子主张"化性起伪"，通过后天的教育和礼法规范制约人的感性欲望，重建社会道德秩序，以此实现天下有道的美好愿景。荀子的一系列主张显然更倾向于外王的方向。

综合来看，孔子的思想奠定了"内圣外王"的基本格局，孟子和荀子就其核心思想而言，分别在"内圣"和"外王"方面做出重要开拓。以孔子为中心，融合孟、荀，儒家的"内圣外王"理论初成规模。

(二) 儒学成为意识形态中心,道家理论一直处于补充地位

秦国通过推行变法快速崛起,终结战国群雄割据格局,实现了中国历史上的大一统。很快,儒家学说在汉初兴起,成为影响中国古代社会两千年的官方意识形态。从春秋战国时代到秦汉大一统,社会结构暗中完成了一次彻底的转型,即从分封制变成郡县制,中国历史进入皇权专制时代。这也意味着孔孟的王道理想彻底失去生存土壤。原始儒家的"内圣外王"主张是圣人当为王者,但在君主专制的现实中,帝王们为自己披上了圣人的外衣,变为王者皆为圣人,儒学演变成维护君主专制的工具。实现这一转折的关键人物是董仲舒,他在儒学和各家竞争正统的过程中充当了儒学的保护伞,同时也把儒学变成君主专制的保护伞。董仲舒提出"三纲"思想,把以血脉亲情为连接的"五伦"关系转换成严苛的从属关系,强调服从和专制。儒学成为维护皇权的工具,反过来,皇权也维护了儒家的正统地位。自汉代儒学独尊以来,在汉唐时期,儒家经学成国家正统学术和中心意识形态;宋明时期,理学兴起并获得官方支持,理学独尊的局面一直持续到君主专制的结束。郡县制体系虽然使儒家向往的王道政治失去可能,但是郡县制最低一级基本维持在县级,底层社会的管理依然是家族制,因此维系家庭和家族社会的稳定依旧是确保皇权政治稳固的基础。家族式结构中血缘是决定性要素,父子、兄弟、夫妇这些人伦关系适合儒家内圣之学的发挥。培养家族成员温、良、恭、俭、孝、悌、仁、义等道德品质能够维护家族的和睦团结、繁荣兴盛,即"修身"可以"齐家"。在更高层次上,家族的稳定意味着社会的稳定,家族的繁荣意味着社会的繁荣,即"齐家"可以"治国""平天下"。儒家的"内圣外王"之道便以"齐家"为中心环节在社会上落实。在国家政治层面,政权的统一给儒家士子提供了有保障的"学而优则仕"的进阶渠道,无论是举孝廉还是科举制,"学成文武艺,货与帝王家"成为儒家在皇权时代施展理想抱负的唯一出路。读书人执掌一定权力之后,儒家外王之道自然就更容易发挥。自西汉"尊崇儒术"后的社会,实际上的治国策略是"阳儒阴法",儒、

法的结合早在荀子那里已经开其端。无论如何，最早提出"内圣外王"的道家都被边缘化了。汉初道家与法家结合形成的黄老之学曾有过短期的兴盛，用以缓解战争创伤和休养生息，但很快就被儒学取代。此后道家与神仙方术结合形成道教，隋唐时期道教和佛教勃兴，道教的心性理论也有极大发展。不过道家的核心思想是追求自然和超越，外王方面始终停留在无为而治的层面。

（三）韩愈道统说对"内圣外王"传道系统的确立

汉唐经学重传注而轻义理，一定程度上忽视了儒学心性理论的继承和阐发，导致儒、释、道三教合流之后儒家思想丧失核心竞争力。尤其是佛学传入，凭借其精深的学理和高妙的境界，对儒学的主流思想地位造成巨大挑战。中唐时期的思想家韩愈在上书宪宗皇帝攘斥佛老失败后，意识到对抗佛老、复兴儒学需要深化儒学的义理精神，他提出重建儒家"道统"之说，实际上是试图接续孔孟"内圣外王"之道。韩愈在《原道》中指出，其所谓道，是指儒家的道德仁义理论；其所谓"道统"，即从尧、舜、禹、汤、文、武、周公传承到孔子、孟轲的儒家"先王之教"的历史谱系。"先王之教"究其内容而言，是孔、孟"内圣外王"思想之综合，主要包括"为己""为人""为心""为天下国家"诸方面。儒道的传承谱系在历史中不断遭到破坏，儒家道统的传承也越来越失真，甚至连仁、义这些儒家基本概念都模糊不清："周道衰，孔子没，火于秦，黄老于汉，佛于魏、晋、梁、隋之间。其言道德仁义者，不入于杨，则归于墨；不入于老，则归于佛。"（《原道》）韩愈研究发现，只有孟子的思想是正宗的孔子后学，因此"求观圣人之道者，必自孟子始"（《送王秀才序》）。正由于韩愈的"道统"实际上延续的是儒家的"内圣外王"之道，"道统"说的出现也就确立了儒家"内圣外王"的传道系统。

（四）宋明道学对"内圣外王"的完善

韩愈的"道统"说在儒学发展史上开启宋明道学之滥觞，宋明道学的出现又将儒家的"内圣外王"推向高潮。这一时期儒家的内圣外王之道有一系列的创获。第一，宋明道学家普遍关注"性与天道"的问题，重新发掘原始儒学中道德形而上学的思想资源，在儒学内圣之道的构建上取得极大进展。他们通过阐发孟子的性善论思想，将一己之仁心、仁性与天理、天道贯通起来，提出"性即理"或"心即理"，引导道德主体实现内在而超越的精神追求，在"内圣"方面可谓极大突破。第二，宋明道学家本着"明体达用""极高明而道中庸"的思路，在本体论建设的基础上发展出具有现实指向的功夫论，以此导向儒学的"外王"。比如由"性即理"发展出居敬涵养、格物穷理，由"心即理"发展出发明本心、致良知。居敬涵养是指身心如一，专注在某种具体的事物上，保证能够以整齐严肃的态度随事应变；格物穷理是指穷尽事物的原则、原理，也就是在社会实践、道德实践中识理践理，求索和落实儒家人伦规范；发明本心是指剥落遮蔽本心的私欲和意见，使本心当下朗现并依照本心践履实行；致良知是指在道德实践中进一步扩充良知本体使其全部呈现，同时切实依照良知所呈现的去贯彻落实到人伦日用。第三，宋明道学家在儒家"五经"的基础上再添加一个"四书"组合，并且重视程度上更加偏重后者，从而凸显儒家的"内圣外王"之道。《大学》《中庸》二篇从《礼记》中独立出来，与《论语》《孟子》一起组成"四书"。《大学》这一文本虽然出自《礼记》，但是正如朱熹所说："及孟子没而其传泯焉，则其书虽存，而知者鲜矣！"《大学》自二程开始得到重视，朱熹将《大学》置于"四书"之首，使其有提纲挈领的作用。《大学》首章"格物、致知、诚意、正心、修身、齐家、治国、平天下"八条目集中体现了儒家的"内圣外王"之道。以"修身"为中心点，前面的"格、致、诚、正"是修身所需完成之条件，对应内圣之事；后面的"齐、治、平"是修身所能实现之结果，对应外王之事。通过系统、深刻的新儒学哲学体系以及新经典体系"四书"，宋明道学极大程度地完善了儒家"内圣外王"之道。

二、道家圣人与儒家圣人有何异同

道家最早提出"内圣外王"的概念并围绕它大发议论,说明道家对"内圣外王"之道是比较了解的,然而后世儒家思想几乎成为"内圣外王"的同义语,这种结果令人惊讶。从道家圣人与儒家圣人的比较中能够发现这一结果又绝不是偶然。道家与儒家的最高人格理想都是成为圣人,道家圣人具有见素抱朴、贵柔守雌、致虚守静、清静无为、与道合一等特征,儒家圣人具有道德完备、尽职尽责、经世济用、参赞化育、天人合一等特征。道家圣人与儒家圣人有一些相通之处,比如都追求极高明的境界、都保持非功利主义态度等。但由于儒、道的核心理念不同,道家圣人与儒家圣人之间存在极大差别。

(一) 自然无为与刚健有为

道家哲学以"道"为核心概念,道的本质属性是自然,那么道家圣人在本质上也就是顺遂自然、清静无为。《老子》第二十五章:"人法地,地法天,天法道,道法自然。""自然"的意思是自然而然,"法自然"成为道家对于道的本质规定,同时也是对于人的本质规定。在道"法自然"的意义上而言,道作为宇宙万物的总根源,其化生万物的过程是自然而然的,并没有特殊目的可言,道化生万物只是逻辑上的关系,并非儒家宇宙生成论上的"生生之德";天道对已经生成的宇宙万物也是同样的态度,天道无亲体现出一种无目的的目的性。在人"法自然"的意义上而言,人只需要顺遂自然,无须刻意强求,反而能够达到一种相对积极有为的健康存在状态。比如在对道的追求上,减少知识反而更容易达道;在治理国家上,以无为之道治理国家,反而更能实现国泰民安;在物质生活上,"五色""五音""五味"等物质享受把人扭曲,所以圣人"为腹不为目",保持健康的生活方式。总而言之,道家的圣人应该效法自然之道,顺遂自然、清静无为。与道家相反,儒家强调一种刚健自强、积极有为的态度和事业心。《易传》中形成了儒家充满生机活力的宇宙生成论思想，提出"天地之大德曰生"，"一阴一阳之谓道，继之者善也，成之者性也"，不仅整个宇宙阴阳交融、生生不息，而且人的善性也源于生生不息的天道，从而为善性的后天生发提供形而上的根基。宇宙中这股蓬勃的生命活力落实到人事活动中，使人充满奋发向上、自立自强、积极进取的精神，比如"天行健，君子以自强不息"，"夫《易》，圣人所以崇德而广业也"。这种进取精神在儒家其他经典中同样表现明显，比如《论语》中的"学而时习之""见贤思齐""知其不可而为之"；《大学》中的三纲领、八条目，《中庸》中的"知、仁、勇""与天地参""成己""成物"；《孟子》中的"我善养吾浩然之气""舍我其谁""舍生取义"，等等。以上刚健自强、积极有为的精神也是儒家圣人所必具的品格。

（二）批评仁义与提倡仁义

在看待仁义的立场上，道家完全站在儒家的对立面，儒家提倡仁义，道家反对仁义。道家主张"道法自然"，自然与人文相对，道家是站在道的高度看待过度的人为对生命的束缚与桎梏。《老子》第十八章说："大道废，有仁义。"在道家看来，"仁义"的出现是天下失道的象征。依照老子辩证法的观点，美与丑、善与恶都是相反相成的关系，美好品德的存在意味着和它们相对应的丑恶品行同时存在，想要单方面保留美、善去除恶、不善是治标不治本。只有超越人文，上升到道（自然）的层次，才能从根本上解决问题。因此老子主张"绝圣弃智""绝仁弃义"，将美丑善恶的矛盾对立一并取消，真正实现人的本性解放和自由。值得注意的是，道家批评仁义道德，但并非否定真正的道德，老子提出"道生之，德畜之"，"道德"意味着得之于道而尚未分化时的状态。道家所批评的仁义道德是"道德"已经分化之后的产物，也就是儒家所提倡的仁、义、礼等伦理道德。《老子》第三十八章："失道而后德，失德而后仁，失仁而后义，失义而后礼。夫礼者，忠信之薄而乱之首。"仁、义、礼的出现，恰恰说明了人类道德的堕落。道家圣人作为真正道德的化身，批评仁义也就不难理解了。与此相反，儒家圣人是仁义的化身。

道家反对过度的人文而寻求超越之道，儒家则是将刻板的人文仪则（礼乐）生命化，赋予其仁、义等价值内涵。《论语·阳货》："礼云礼云，玉帛云乎哉？乐云乐云，钟鼓云乎哉？"儒家赋予形式上的礼乐以仁、义等内在价值。孔子又说过"为仁由己"（《论语·颜渊》）、"我欲仁，斯仁至矣"（《论语·述而》），提示道德的实践活动源自人的道德自觉，从而将道德主体化。孟子所说的舜能够"由仁义行，非行仁义"（《孟子·离娄下》），即道德主体之精神的自然流露，将这一过程发挥到极致，也就达到圣人的境界了。所以孟子又说"圣人，人伦之至也"（《孟子·离娄上》）。儒家圣人提倡仁义，不仅是个人境界修养的因素，还因为仁义之道能够治国理政，恢复天下秩序。《论语·颜渊》："君子之德风，小人之德草。草上之风，必偃。"推行王政，以仁义治天下，一直是儒家圣人的治世理想。

（三）玄之又玄与中庸之德

道家圣人与儒家圣人都追求很高的精神境界，在各自的哲学系统中，圣人的精神境界是最高的。道是道家思想体系的最高范畴，深远玄妙不可言说，可谓"玄之又玄"。而道家圣人与道一体，其精神境界也可以用"玄之又玄"来表述。在老子那里，圣人可以切身体察"玄德"，既能深刻把握道的运行规律，又能完美地运用，做到"圣人抱一为天下式"（《老子》）。庄子那里对圣人玄妙的精神境界有更多描述。庄子指出真正的圣人是"无所待"，即彻彻底底的自由超脱，能够"乘天地之正，而御六气之辩，以游无穷"（《庄子·逍遥游》）。儒家圣人与之相比也会黯然失色："尧治天下之民，平海内之政，往见四子藐姑射之山、汾水之阳，窅然丧其天下焉。"（《庄子·逍遥游》）"为道日损"，想达到与道为一就需要不断做减法，忘掉所谓的知识，实现无知之知；去除事物之间的差别，实现万物浑然一体、道通为一。去知的具体方法有坐忘、心斋。坐忘即"堕肢体，黜聪明，离形去知，同于大通"（《庄子·大宗师》），也就是忘却形体、智力、知识以及仁义礼乐等一切世俗缠绕，达到精神的绝对自由。心斋即保持心智专一，排除感官对外界的感性认知，使内心保持虚静状态，以此实现对道的沟通和了悟。庄子对圣人还有"至人""神人""真人"等多种称呼，这些称呼都能体现道家圣人高蹈玄妙的境界。儒家同样追求最高的境界，但与道家不同的是，儒家圣人并非一味追求超越，而是以"中庸"为最高标准。中庸的思想在儒家道统中其来有自，朱熹《中庸章句序》中指出，"允执厥中"一语通过尧传授给舜，又通过舜传授给禹，"圣圣相承"直到孔子、曾子、子思。《论语·雍也》："中庸之为德也，其至矣乎！"孔子将中庸作为道德的最高境界。《中庸》还提出"极高明而道中庸"，一定意义上可以看作是对中庸之道的补充说明，即真正的中庸之德是高明与中庸之间的平衡和统一。冯友兰指出，儒家追求最高境界的方法是"集义"，集义的方法取自孟子养浩然之气，具体而言是"常做人在宇宙间所应该做底事"。① 儒家的格物、穷理、尽心、尽性都主张从日常生活中不断进行道德实践，一点点积累扩充而臻于极致，这即是集义的方法，同时也深契中庸之旨。儒家圣人的精神境界可以表述为"中庸之德"，在追求"浑然与物同体""以天地万物为一体"的极高境界的同时，没有入世出世、方内方外之分，能够在平凡的日常实践中实现崇高的精神境界，在崇高的精神境界中做日常的事功。

由上可知，道家圣人与儒家圣人在内圣方面由于思想的根本出发点以及运思理路不一致，其内圣之道各有其特色，难分轩轾；而在外王方面，儒家圣人更为积极主动地关注现实政治和社会民生，更贴近现实生活，脚踏实地地立足凡俗世界，其外王之道更加丰富和壮大。相比道家而言，儒家的内圣外王之道发展较为平衡，做到了内圣与外王相统一。

三、"内圣"与"外王"是否两张皮

"内圣"与"外王"首先是"二"，这种"二"明显地体现在用力的方向

---

① 冯友兰：《三松堂全集》第5卷，第21页。

上,一个向内,一个向外。但就"内圣"与"外王"的内容而言,二者虽有"二"而终究是"一",因此是"二"而"一"。从其内在逻辑来讲,"内圣"与"外王"是一体的,绝非两张皮。

(一)"内圣"之内在修为

"内圣"即通过内在的修为而成为圣人。在儒家学者当中,虽然有人认为圣人乃天之所成,但多数学者笔下的圣人对所有人都是开放的,所谓"人皆可以为尧舜"(《孟子·告子下》),"涂之人可以为禹"(《荀子·性恶》)。而要成为圣人,需要内在的修为。孔子认为"性相近也,习相远也"(《论语·阳货》),主张学而时习、博学笃志、自讼自省,提倡学习、思考、内省、行动的结合。孟子认为人性本善,但由于后天环境的影响,多数人都不同程度地丧失了善性。但善性是可以找回的,也应该找回,这就是"求其放心"(《孟子·告子上》)。而"求其放心"的过程也就是培养内在道德的过程。有多种方法或途径:如"反求诸己",在自己的行为没有达到预期目标的情境中,不要去责备他人,而是要反躬自省,看看自己的行为是否得当,是否充分;如"寡欲",克制自己的欲望,这是"养心"的根本;如"养浩然之气",培养至大至刚的大丈夫气节等,而后能够"尽心""知性""知天",实现"心""性""天"的合一,从而步入圣人之境。《大学》的"格物""致知""诚意""正心"是儒家"修身"的典型程序,对后儒影响至深。宋明道学家对之多有所发挥,如张载的变化气质、二程的"敬义夹持"、朱熹的"居敬涵养"、王阳明的"致良知"等。"内圣"的修养反映出向内的方向,与中国传统的内倾性的思维方式相关,哲学上的天人合一、艺术上的神韵合一、养生上的清心寡欲等,它的实质精神不是向外,而是向内,这构成中国传统修养方法的特色之一。

(二)"外王"之外向彰显

"外王"有广义和狭义之分,广义的"外王"泛指齐家治国平天下,狭义的"外王"特指做社会的最高首领。儒家的"外王"多是广义的,但也有在狭义的意义上使用的。儒家的"外王"理想是"内圣"与"外王"的统一，社会的最高首领应该是"圣王"，其他参与齐家治国平天下的人也应该道德高尚。在西方，柏拉图有所谓"哲学王"的构想。第一代现代新儒家的代表冯友兰提出过一种哲学功能论，认为其是无用之大用，大用的表现就是提高人们的精神境界，使人成为圣人。这种圣人能够把自己的言行与整个宇宙联系起来，真正进入到"天地境界"。他自己不必事事亲为，而是使用群臣令其自为，即无为而无不为。这种圣人也不需要做什么特别的事情，只是能够把自己所做的事情与宇宙意义关联起来，"知天""事天""乐天""同天"，"极高明而道中庸"，境界极高而又不离人伦日用。冯友兰所说的圣人在境界上显然是儒家圣人和道家圣人的一种结合，为人们构建了一种形而上的人生境界。可以看出，"外王"的用力方向是向外的，与"内圣"的用力方向相反。

（三）"内圣外王"统一于"圣人"

"内圣外王"的坐标是人的身体，"内圣"是身内的功夫，"外王"是身外的功夫。但方向上的差异不妨碍二者的统一，圣人就是"内圣"和"外王"的结合。但其中亦有先后的秩序之别，"内圣"在先，"外王"在后，"内圣"是"外王"的基础，"外王"从"内圣"出。离开"内圣"的"外王"必将导致社会的混乱，由"内圣"而"外王"才能构建和谐社会。那么，为什么说圣人是"内圣"和"外王"的统一体呢？这关涉到我们对圣人的总体把握，每个圣人都有其特殊性，但作为圣人也都有其共性，这个共性也就是圣人的标准。总体而言，圣人之为圣人的主要标准有三：一是道德的完美，"圣人，道德之宗正"（王廷相《慎言·作圣篇》）；二是建功立业，如扬雄《法言·先知》云"圣人乐陶成天下之化，使人有士君子之器者也，故不遁于世，不离于群"。王廷相《慎言·小宗篇》云"功业者，圣贤之所有事也"；三是能够与天地一体，如王守仁云"夫圣人之心，以天地万物为一体"（《传习录》）。从圣人的标准来看，已经包含有"内圣"和"外王"的所有元素，因此圣人本身就是"内圣"和"外王"的统一体。

结　语

立足当代视域可以看出，儒家的"内圣外王"产生了深远的影响，包含历史合理性和现实生命力，是对中华优秀传统文化创造性转化和创新性发展的宝贵思想资源。但是也有历史的局限性。

儒学的历史命运多舛，近现代被边缘化。20世纪80年代，尤其是21世纪以来，得益于我国综合国力的提升、党和政府的重视、广大民众的关注，以儒学为核心的中华优秀传统文化出现了"柳暗花明"的景象。我们所肩负的任务，就是对中华优秀传统文化进行创造性转化和创新性发展，儒家的"内圣外王"不容忽视。

儒家的"内圣外王"虽然属于过去的东西，但过去的东西不可能全都过去，传统不是死的，它包含有新生的根芽。儒家的"内圣外王"无疑包含有历史合理性和现实生命力。首先，它为现代新儒家的发展提供了重要的基础和核心的理念，如梁漱溟的"老根新芽"、张君劢的"新旧并存"、马一浮的"温故知新"、熊十力的"合则两美"、冯友兰的"继往开来"、贺麟的"儒学开展"、唐君毅的"返本开新"、徐复观的"两江（长江、汉江）之论"、尤其是牟宗三的"三统（道统、学统、正统）"及"良知坎陷"等，都是对儒家以"内圣外王"为核心的基本精神的肯定与发扬。其次，儒家的"内圣外王"为我们提供了做人的理想。儒家格外重视道德，认为道德是人之为人的依据之一，今天的人也应该注重道德，修身立人，向至真至善至美的理想人格靠近。最后，儒家的"内圣外王"为我们治国理政提供了重要借鉴。人是独立的，但独立不是孤立，人生活在群体中，生活在与他人和社会的交往中。因此，人不能独善，应该走向共善。用自己的智慧和能力济人济世，齐家治国平天下。儒家的"内圣外王"提示我们，在治国理政的过程中，个人的修为是济世济民的基础，道德水平决定着治理的方向。贺麟曾经专门探讨过道德和经济的关系,认为离开道德背景的经济是有害的经济,同理,离开道德背景的治理也是有害的治理。

任何理念的产生和发展都离不开具体的历史情境,儒家的"内圣外王"产生和发展于古代社会,不可避免地具有历史局限性。儒家的"内圣外王"在方向上没有问题,但其具体内容,如其所包含的"物""知""意""心""家""国""天下"等概念在今天已经有了不同的含义,我们在继承其普遍价值的同时要对其具体的含义进行转化和创新,只有这样,才能使其为现代化建设提供古代智慧,为人类命运共同体建设提供中国智慧。

(作者系黑龙江省国学学会会长、黑龙江大学哲学与公共管理学院教授)

兴于诗，立于礼，成于乐

——孔子思想中的情感化育

徐 玲

引 言

诗、礼、乐是儒家思想的重要内容，也是儒家六艺之教的重点。《史记·孔子世家》曾记载："孔子以诗书礼乐教，弟子盖三千焉，身通六艺者七十有二人。"而《论语》中也记载，孔子以诗、礼教其子，所谓鲤趋而过庭，孔子以"学诗乎""学礼乎"问之，又言"不学诗，无以言""不学礼，无以立"（《论语·季氏》）。可见诗、礼、乐是孔子教育思想的核心。而"诗教""礼教""乐教"的本质其实是"情教"，也就是情感化育。儒家非常注重人的"真情实感"[①]，孔子更是强调仁爱情感。"诗教""礼教""乐教"的核心其实正是兴发、涵养、培护、养育、充达人的真情实感。并最终使仁爱情感周流不息，通达四体，施及万物，乃至宇宙间万物无不是真情之流。孔子如何通过诗、礼、乐透显出情感化育的思想，"诗教""礼教""乐教"在情感化育上的内涵以及不同又是什么呢？这从孔子的一句"兴于诗，立于礼，成于

---

① 参见冯友兰：《中国哲学史新编》，人民出版社，1982年，第131~134页。

乐"(《论语·泰伯》),可以得出关键要旨。"兴于诗"重在情感的始兴,使情感得到充分的表达;"立于礼",重在情感的发动,发而中节;"成于乐",最终使人的情感达于和谐,使仁爱情感充盈其间。虽然"诗教""礼教""乐教"在情感化育上侧重不同,但其实都是为了涵养、充达人的仁爱情感,"诗教""礼教""乐教"的最终目的,都是成此仁爱情感,此是孔子情感化育的中心。

一、兴于诗:情感的始兴

教育就其本质而言,其实就是"人的教育",而如蒙培元所言"人是情感的存在"①,那么最本真的教育是"情感教育",尤其是"爱的教育"②,也就是"情教"。真正的诗其实是真情实感的表达,所谓"在心为志,发言为诗。情动于中而形于言"③。诗正是情感发动于心而表达于言语,那么诗即是表达情感,也是情感的表达,而"诗教"的目的即是如何兴发、安顿、和节人的情感。孔子以诗教,其实正是让人的真情实感得到充分的兴起与表达。

《论语》中可以随处发现孔子与弟子言诗,以及"诗教"的情景。比如与子夏论诗"巧笑倩兮,美目盼兮,素以为绚兮",子曰:"绘事后素。"(《论语·八佾》)又如孔子劝人学诗,子曰:"小子,何莫学夫诗?诗可以兴,可以观,可以群,可以怨。"(《论语·阳货》)黄克剑认为,"兴"是指情志的感发;"观"诚然也指旷观古今,所重则在人之心迹的察识;"群"在于诗情中的人心的感通;"怨"在于赋诗者和诵诗者的内心郁结和忧怨的排

---

① 蒙培元:《人是情感的存在——儒家哲学再阐释》,《社会科学战线》2003年第2期。
② 黄玉顺:《"生活即教育":生活儒学的教育现象学——儒家教育哲学的当代转化问题》,《东南大学学报(哲学社会科学版)》2024年第4期。
③ 《毛诗正义》:"诗者,志之所之也。在心为志,发言为诗。情动于中而形于言,言之不足,故嗟叹之,嗟叹之不足,故永歌之,永歌之不足,不知手之舞之、足之蹈之也。情发于声,声成文,谓之音。"

遣,"兴""观""群""怨"无一不趣归于人的真"性"的养润和人的善"习"的培育。① 其实"兴""观""群""怨"也可以说是情感的兴发、体察、感通与表达。"诗教"的目的其实正是让人的情感得到充分兴发、体察、感通与表达,如此实现对人真情实感的养护,保持本真的性情。再如孔子论诗,子曰:"《诗》三百,一言以蔽之,曰:'思无邪'。"(《论语·为政》)《诗经》三百篇,为什么可以用一句"思无邪"来概括呢?因为都是本真情感的真实体现与表达,是内心真挚之情的自然流露,所以说"思无邪"。郑浩言:"夫子盖言《诗》三百篇,无论孝子、忠臣、怨男、愁女皆出于至情流溢,直写衷曲,毫无伪托虚徐之意。"② 《诗》三百,都是至情的流溢,毫无虚伪,这也是"诗教"的目的,也就是"无邪",也就是"真"。

"诗教"重在真情实感,并且以保持性情之真为要,即重在人情感的真实。如陈晨所言:"诗教即是首先教人真诚不虚地面对自己的欲望和情绪。"③ 所以孔子赞叹《关雎》,所谓"《关雎》,乐而不淫,哀而不伤"(《论语·八佾》)。《关雎》其实表达的正是男女爱情这个本真情感,是真情的表达、流露。《关雎》并非如后儒所解释的后妃之德④,反而是真情实感,并且是人世间最重要的情感之一:爱情。孔子并不反对、压抑男女之情,而是对此真情予以肯定。因为男女爱情,也是儒家所言的仁爱情感。孔子以仁为本,何谓仁?子曰:"爱人"(《论语·颜渊》)。仁者爱人,特别容易体现在父母子女之爱,以及男女夫妇之情上。男女之情与仁爱之情其实是一致的。而孔子对《关雎》描述男女之情的赞叹,以为其"乐而不淫,哀而不伤"。一方面可以

---

① 黄克剑:《孔子"诗教"论略》,《哲学动态》2013年第8期。
② 程树德:《论语集释》,中华书局,1990年,第67页。
③ 陈晨:《〈论语〉情感教化的次第与儒家道德人格的生成》,《孔子研究》2023年第3期。
④ 《毛诗正义》:"《关雎》,后妃之德也。风之始也,所以风天下而正夫妇也,故用之乡人焉,用之邦国焉。"

反映出孔子对男女之间爱情的肯定，这也是"诗教"的目的，即对人真情实感的肯定。另一方面通过男女爱情中表现的哀、乐之情，表达"乐而不淫，哀而不伤"的宗旨，即哀乐之情发于中节，既不至于压抑，也不至于流荡。这也是后文孔子"礼教"的内容，即使情感发而中节。

并且《关雎》中描述的男女爱情，还有另一方面的重要意义，即情感对主体性的变化。此时的"爱情"，是前主体性的，是作为前存在者的情感而言的。它可以造成主体性的变化，并在"爱情"的情感活动中生成新的主体与客体。也就是由"爱情"到"爱人"，这是前存在者的本源之情对"爱人"这个主体性的生成。这不是我们一般意义上的"我爱你"，即主客架构下的主体对客体的爱，而是在爱的真情之中，生成新的主体与客体，也就是由"爱之情"到"爱之人"主体的诞生。这是一种前存在者的观念，也是"生活儒学"的"爱所以在"的情感观念①。一般而言，情感的发生，是基于对象的存在，也就是主体与客体的存在，然后有"我爱你"的情感表达。但是在"生活儒学"的情感观念中，主体与客体的存在其实是因为情感的发生，因为"爱"，所以有了我和你。我和你是在"爱"的情感活动中诞生，否则我们只是陌生的彼此，而不是"爱人"。正如《关雎》，如果没有爱情，那么就没有君子、淑女这对"爱人"的出现。君子、淑女从陌生人到"爱人"的新的主体性生成，其实正是源于"爱情"。这即是情感对主体性的变化，乃至对新的主体的生成。

这也是过去教育理论中很少提及的，即教育对主体性的变化。传统的教育理论，是"我教你"。但其实更本源的教育理论，应该是在"教"的存在活动中，我和你共同生成，也就是主体与客体的新的生成。在"教"的存在活动中，施教者与受教者，都获得了新的主体性变化，也就是从旧我到新我

---

① 参见黄玉顺：《爱与思——生活儒学的观念》，四川大学出版社，2006年，第20页。

的转变，这是教育的重要内容，而不是简单的"我教你"。

这体现在"诗教"中，也就是在"诗教"的情感活动中情感的始兴、对主体性的变化，以及主、客双方的变化。主、客双方都在"诗教"的情感活动中获得新的主体性生成与变化，这是"诗教"的目的之一。当然"诗教"除了可以变化主体性，还能涵养化育情性，比如《礼记·经解》所言的"温柔敦厚，诗教也"。"诗教"可以变化人的气质，使人的性情变得"温柔敦厚"，这也是"诗教"对性情的涵养与化育。

总而言之，"诗教"是"情教"，"诗教"可以涵养人性之真，让人的真情实感得到充分的表达。而且还可以涵养人的性情，变化人的气质。"诗教"的最终目的其实就是保持人本性的"真"，特别是情感之真。这是"诗教"作为"情教"的重要意义，也就是真情实感之教。当然"诗教"还可以涵养情感、化育性情，变化主体性等。

二、立于礼：情感的发而中节

当然除了诗，孔子更言礼。所谓"兴于诗，立于礼"，其实"礼教"就其根本而言也是"情教"，"礼教"的目的是使情感的发作和于中节，无过无不及。

"礼教"其实也是一种情感化育，"礼教"也重在真情实感。所以林放问礼之本①，子路闻夫子语②，孔子都以哀戚、诚敬的真情实感来表达礼的本质。而哀戚、诚敬等情感的背后其实都源于仁爱情感，所以孔子说："人而不仁，如礼何！人而不仁，如乐何！"（《论语·八佾》）仁爱情感是礼的本质，也是"礼教"的根本目的，既是对真情实感的表达，也最终以涵养、培护、

---

① 林放问礼之本。子曰："大哉问！礼，与其奢也，宁俭；丧，与其易也，宁戚。"（《论语·八佾》）

② 子路曰："吾闻诸夫子……祭礼与其敬不足而礼有余也，不若礼不足而敬有余也。"（《礼记·檀弓上》）

充达人的仁爱情感作为内涵。

"礼教"与"诗教"的不同,在于"诗教"重在真情实感的充分表达,"礼教"重在使自然情感的发动合于中节,使自然情感既不至于压抑,也不至于流荡,无过无不及,令情感发而皆中节。正如黄克剑所言:"如果说'兴于诗'主要在于以诗的感发涵养人的性情之真,那么'立于礼'便主要使这真的性情得以由'礼'而导之以正。"① 导之以正,也就是使人的情感发动无过无不及。关于此,《孔子家语·六本》中曾记载:

> 子夏三年之丧毕,见于孔子。子曰:"与之琴,使之弦。"侃侃而乐,作而曰:"先王制礼,不敢不及。"子曰:"君子也。"闵子三年之丧毕,见于孔子。孔子与之琴,使之弦。切切而悲,作而曰:"先王制礼,弗敢过也。"子曰:"君子也。"子贡曰:"闵子哀未尽,夫子曰'君子也';子夏哀已尽,又曰'君子也'。二者殊情而俱曰君子,赐也惑,敢问之。"孔子曰:"闵子哀未忘,能断之以礼。子夏哀已尽,能引之及礼。虽均之君子,不亦可乎?"

三年之丧,是儒家极其重要的"礼教"内容。孔子曾在《论语·阳货》中与宰我论三年之丧,表达三年之丧的本质在于不安的仁爱情感,表明"礼教"的本质即仁爱情感的表达。这里孔子通过论子夏与闵子的三年之丧,来表达"礼教"使情感无过无不及,使情感发而中节的意旨。

三年之丧毕,有人哀情已尽,然依旧以三年守之,不至于不及;三年之丧毕,有人哀情不已,然依旧以三年断之,勿使过哀伤身。此正是"礼教"的目的,使人情没有"无过无不及"之患。前文论《关雎》的"乐而不淫,哀而不伤"也是此意。《中庸》的"喜怒哀乐之未发,谓之中;发而皆中节,

---

① 黄克剑:《孔子"诗教"论略》,《哲学动态》2013年第8期。

谓之和",也有此意。"礼教"就是使情感无过无不及,以至于中和,即是"礼以制中"。其实"礼教"的目的就是使情感和节,所以孔子说:"礼之用,和为贵。"(《论语·学而》)王齐州说,在孔子的"礼教"中,"礼"的最佳境界是"得其宜","得其宜"即是"制中","制中"就能达到和谐有序的效果,与"乐"主"和"殊途而同归。"①"礼教"的和为贵,与后文"乐教"的主和有共通之旨,都重在情感的和中。

当然"礼教"与"诗教"一样,也可以涵养人的性情,变化人的主体性,养成君子人格,只是"礼教"涵养的情感不同,它以养"恭俭庄敬"之情为主。《礼记·经解》曰:"恭俭庄敬,《礼》教也。"礼教重在涵养人的恭俭、诚敬的情感,养成谦谦君子的道德人格。如果说"诗教"是涵养人温柔敦厚的情感,那么"礼教"则是涵养恭俭庄敬的情感。所以孔子说:"为礼不敬,临丧不哀。吾何以观之哉!"(《论语·八佾》)孔子重视"敬"的情感,这是"礼教"的基本精神。如王齐州所认为的孔子在"礼教"中注意培养弟子的主观情感,尤其是敬的情感,这是孔子"礼教"的心理依据,"礼主敬"也是孔子"礼教"的基本教义。②"敬"是"礼教"涵养的根本情感内涵,当然从其根源上而言也是仁爱情感。"礼教"的目的正是涵养人庄俭恭敬的仁爱情感,使人成为"文质彬彬"的礼义君子,这也是"礼教"对主体性的变化。

总而言之,"礼教"也是"情教",也重在人真情实感的养护,特别是对诚敬情感的涵养,究其本质而言,依旧是充达人的仁爱情感。这是"礼教"与"诗教"相同的地方。而"礼教"与"诗教"不同的是,"礼教"重在使情感发而皆中节,无过无不及,以至于中和。这是"礼教"的目的,即使情感和于中,不同于"诗教"重在情感充分地抒发。当然"礼教"也可以变化人的主体性,使人养成"恭俭庄敬""文质彬彬"的君子人格。

---

①② 王齐洲:《孔子"礼教"面面观》,《国际儒学(中英文)》2021年第3期。

三、成于乐：仁爱情感的充盈

"乐教"是"情教"的最终阶段，所以孔子说："成于乐。"但并非说"乐教"高于"诗教"或"礼教"。反而"乐教"与"诗教""礼教"一般，都是根源于仁爱情感，并注重人的真情实感，且以安顿人的情感、化育人的情感为目的。"乐教"所涵育的正是中和之情，其终极所至，是使仁爱情感充盈无间，乃至全体宇宙无非是此真情。

正如孔子所言："乐云乐云，钟鼓云乎哉？"（《论语·阳货》）乐不只是钟鼓乐器等乐的形式、器物，更重要的是和乐的情感。黄玉顺认为，乐与诗一般，也是情感的表达，乐是对礼的超越，从而复归于诗的本真情感，儒家"乐"（yuè）的情感本质乃是"乐"（lè），它的情感效应就是"和"，而最关键的是仁爱情感，这就回归到一体之仁的博爱情感。① 乐是情感的表达，《礼记·乐记》所谓"乐者，音之所由生也，其本在人心之感于物也"，乐本身也是情感发动于中，而表达于外。乐的情感本质是和乐，而根本即是仁爱情感，所以孔子说："人而不仁，如乐何？"所以"乐教"其实也是本真情感的表达，重在和乐之情，并以仁爱情感为本质。"乐教"的终极目的，其实正是令人的仁爱情感充盈无间，也就是"一体之仁"。

所以孔子在齐闻韶，三月不知肉味。曰："不图为乐之至于斯也。"（《论语·述而》）孔子闻韶乐，三月不知肉味，没能料到快乐到如此地步。这也可以说是"乐教"对人"和乐"情感的充分表达，乃至让人"乐以忘忧，不知老之将至云尔"（《论语·述而》）。"乐教"何止是令人三月不知肉味，甚至令人不知生死为何物。这是超越生死，超越物欲的乐。这种乐是一种至情之乐，心灵之乐，乃至令人入于"天地境界"②，与造化同游，达到不知死生的

---

① 黄玉顺：《仁爱正义论：情感正义论的儒家版本——儒家情感伦理学再讨论》，《东南大学学报（哲学社会科学版）》2024年第4期。

② 冯友兰：《三松堂全集》第4卷，河南人民出版社，1986年，第553页。

至情之乐。这是仁爱情感充达四体，及其宇宙，乃至与天地同流的乐。也是"乐教"之至，超越死生、危难、困厄的至情之乐。孔子曾困于匡，宋人围之，然依旧能弦歌不绝。① 亦曾陈蔡绝粮七日，从者皆病，然孔子依旧弦歌不衰。② 这正是"乐教"对人生命情感的充溢。"乐教"之至，仁爱情感充盈无间，不知死生、危难、困厄，只觉全体宇宙无不是仁爱之情周流。情同宇宙，与造化同游，与万物同体，与生民同悲，所以不知死生、危难、困厄。仁爱情感充盈无间，满心满体皆是爱，以至宇宙万物之间都是爱，这是"乐教"之至，也是"情教"的最高境界，即"一体之仁"。"乐教"涵养、充盈的正是这"一体之仁"的仁爱情感。

当然"乐教"不只是对仁爱情感的充盈，其实也是喜怒哀乐等一切自然情感的表达，并且使这些情感达于中和。这和"礼教"的宗旨是一致的，如果说"礼教"是使人的情感无过无不及，那么"乐教"则使人的情感趋于和谐，这也是"礼乐之教"的"中和"之旨。所以《礼记·乐记》曰，"乐者，天地之和也"，"大乐与天地同和"。"乐教"之至与天地同和。

当然"乐教"不只可以表达情感，充盈仁爱情感，也能感化人之情性，变化人的主体性。甚至可以说"乐教"对人之性情的感化更深，变化更速。所谓："声乐之入人也深，其化人也速。"（《荀子·乐论》）"乐教"其实是情感化育中，最无形之教，但却是化人至深之教，对人的影响更加深远。所以古之圣人，知道乐乃人情之所不能免，所以制雅、颂之声，以感动人之善心，不使放心邪气与之接。③ 这也是孔子为什么主张"放郑声"，"郑声淫"，朱子

---

① 《庄子·秋水》记载："孔子游于匡，宋人围之数匝，而弦歌不辍。"
② 《孔子家语》记载："孔子不得行，绝粮七日，外无所通，藜羹不充，从者皆病。孔子愈慷慨讲诵，弦歌不衰。"
③ 《礼记·乐记》："夫乐者乐也，人情之所不能免也……使其曲直繁瘠、廉肉节奏足以感动人之善心而已矣。不使放心邪气得接焉，是先王立乐之方也。"

注曰:"淫者,乐之过而失其正者也。"① 郑声让人的情感过于流荡,而违背中和的意旨。由于声乐对人之主体性的变化影响迅速,所以圣人慎重人之所感者,即担心郑声摇荡人心,人情流荡而不知所止,所以"放郑声",以不违背乐教"中和"之旨。"乐教"的目的即使人的情感趋于中和。《礼记·乐记》所谓"君臣上下同听之,则莫不和敬""长幼同听之,则莫不和顺""父子兄弟同听之,则莫不和亲"。而"乐教"更是涵养人"广博易良"的道德情感,养成雅乐(lè)易良的君子人格。这也是《礼记·经解》所谓的"广博易良,《乐》教也"。"乐教"感人至深,对人的主体性变化影响深远,且能涵养"广博易良"的道德情感,养成翩翩君子的道德人格。

总而言之,"乐教"是人情不可免,本质也是"情教",也是涵养人的本真情感,使人的情感以至于"中和"。"乐教"终极之至即使仁爱情感充盈无间,乃至通体宇宙无非是仁爱情感。当然"乐教"也可以变化主体性,养成"广博易良"的君子人格。

结　语

孔子的"诗教""礼教""乐教",其实都可以概括为"情教",强调真情实感是"诗教""礼教""乐教"的共同内容。"诗教""礼教""乐教"的目的是宣扬人的情感,和节人的情感,充溢人的情感,最终使仁爱情感充盈心间,达于四体,施于父母兄弟,及其民胞物与,通达天地宇宙,乃至天地万物无不是仁爱情感的周流。这也是孔子"仁"的最高境界,即"一体之仁",也是儒家君子人格养成的最终形态,即圣人境界。"诗教""礼教""乐教"的根源其实都是仁爱情感,而终极所至亦是仁爱情感。当然"诗教""礼教""乐教"还可以涵养性情,变化主体性,使人养成"温柔敦厚""恭俭庄敬""广博易良"的君子人格。这种君子人格的养成,不是简单的主体对客体化育

---

① 朱熹:《四书章句集注》,中华书局,1983年,第66页。

的结果，而是在"教"的存在活动中，主体、客体共同生成。其实孔子"温、良、恭、俭、让"的道德人格，也是"诗教""礼教""乐教"的结果。这是在与弟子"教"的活动过程中共同化育的，也就是在"教"的存在活动中，主体、客体共同变化，即"教"的存在活动，对主客双方新的主体性的生成。这是"诗教""礼教""乐教"在"情教"之外的另一层意义，即超越主客架构下的教育理念，而是前存在者，前主体的存在之教。

（作者系山东大学儒学高等研究院博士研究生）

传承孔子素质教育思想的现代价值

康泽宇　陈虹羽

一、总述

素质教育是与中国教育实践紧密结合的独特培养模式，强调个体在思想、文化、专业、审美及身体和心理健康等多个方面的全面发展。随着社会的快速变革和全球化的推进，传统的教育模式已无法满足时代对人才的需求。因此，素质教育应运而生，成为提升学生综合素质的核心理念。

在多元文化交织的全球背景之下，各国的教育政策与教育方法在潜移默化地进行着交流与互相渗透，我国的教育体系如果仅仅依靠单一文化体系中有效的领导方式和沟通方法很容易在国际教育竞争中失语，因此要推动中国素质教育领域的发展，就需要重视"文化价值"这一重要的资源宝库①，使我国新一代青少年在全球化时代真正成为中国文化的传播者和国际事务的引领者。中华优秀传统文化当中的精华部分可以为现代中国素质教育的发展提供有效借鉴，特别是在青少年教育领域，必须遵循习近平总书记在文化传承发展座谈会中"把马克思主义基本原理同中国具体实际、同中华优秀传统文

---

① 参见应慧、张国巍、解辉：《跨文化领导力培养视角下的大学英语课程思政改革探究》，《英语教师》2020年第15期，第169页。另见邹军：《教师变革型领导与青少年领导力的关系》，湖南师范大学2019年硕士学位论文。

化相结合"的重要指示精神和实践方向。中华优秀传统文化当中蕴含着深厚的民族智慧，涵养着中国人的精神家园，以"耕读传家"为理念，以中华优秀传统文化经典为蓝本的传统古典教育仍然对立德树人、为国育才、为党育才的目标发挥着积极的作用。① 而孔子作为中国古代伟大的教育思想家，提出了一系列与素质教育密切相关的教育观念和方法。早在两千多年前的春秋时期，孔子创办私学，坚持有教无类的办学宗旨，提出了"君子不器"的理念，强调了整体素质和全面发展。儒家思想也是构建蕴含中华优秀传统文化特色的中国式领导力理论的重要资源，其创造性转化与创新性发展还须融合中国当代素质教育的核心价值及其实践，以适应本土化的教育模式。②

具体而言，儒家思想中政府对教育项目的推进和强力执行、人民对政治和文化的规谏与重视、教化民众道德和社会风尚先于刑罚的主张以及佛、道、儒三种文化的和谐统一，都彰显了儒家具备普世思想的特征以及其极大的包容性和活力；③ 并且，儒家思想领导力的文化价值已经得到了论证，陈素芬立足于东亚地区儒家文化圈的本土视域下，比较了杜威的实用主义政治哲学，儒家式的权威是建立在善政、贤能政治之上的，并没有强制性。她探讨了儒家当中"老师"的规范表率作用，并阐明了儒家的教化所带来的领导力是出自共同体对权威行动的反应的限制，其合法性依靠的是其他人自发地接受、模仿和自我修身的热情④。

---

① 夏星：《国际学校校长跨文化领导力实证研究》，华东师范大学 2017 年博士学位论文。另见吴佳妮、滑子颖：《东亚儒家文化圈学业负担问题的两面性、治理困境与未来路向》，《比较教育研究》2022 年第 12 期，第 72 页。
② 成中英、晁罡、熊吟竹、王婧、岳磊：《从历史与哲学理解儒家全球领导力：古典模型与现代模型》，《管理学报》2014 年第 5 期。
③ [美] 郝大维、[美] 安乐哲著，何刚强译，刘东校：《先贤的民主：杜威、孔子与中国民主之希望》，江苏人民出版社，2004 年。
④ [新加坡] 陈素芬著，吴万伟译：《儒家民主：杜威式重建》，中国人民大学出版社，2014 年。

《论语》作为儒家经典篇目，详细记录了孔子对弟子的教导，其教育思想蕴含着与现代素质教育要求相符的精华内容。这些内容包括以德行为先的道德品质培养、理性客观的内心情感塑造，以及志在天下的处世格局等，构成了现代素质教育概念框架的重要依据。孔子强调，教育的核心在于德行的培养，认为德行是做人的根本，这与现代社会对个体道德和责任感的重视高度契合。本文通过分析官方政策文件对青少年教育发展的要求，对儒家经典《论语》中体现的孔子素质教育思想进行解读和分析，借鉴孔子思想当中与素质教育关联的精华内容以提升中国青少年的跨文化领导力。首先，孔子推崇的"德育"一直是教育的核心，这与现代社会对个体道德、诚信和责任感的要求高度契合。其次，推崇在与人的交际当中用"实用理性"培养学生的批判性思维也是现代教育追求的目标。孔子秉承严谨为学和尊重学术的理念，注重知识积累和实际应用，这对培养学生的批判思维和创新能力具有积极意义。此外，孔子强调个人的社会责任感，激发学生勇于担当的积极出仕志向。被称作"万世师表"的孔夫子作为中国人民族特性、精神世界的文化标志，他的个人思想与魅力更在华人世界有着极强的感召力、影响力。

　　在目标导向和价值培养的维度上，孔子的素质教育思想在促进青少年的文化认同方面产生了积极作用，有助于塑造青少年正确的人生观、价值观，培养青少年的民族自豪感，涵养其群体的文化领导力。孔子所倡导的秩序意识和责任意识，对现代青少年的成长尤为重要。孔子提出的"仁、义、礼、智"四德，不仅是个人修身的标准，也是构建和谐社会的基石。这些理念有助于青少年增强中华民族共同体意识，从而为他们的跨文化能力提升打下坚实基础。

　　此外，孔子的素质教育思想发源于本土，是中华优秀传统文化建设的重要部分，适用于中国的教育土壤和青少年教育，得到了国家政策层面的支持与指导，纳入了国家长期教育战略。本文通过阐述儒家经典《论语》中孔子在德行、情感与志向方面对其学生的培养，融入中国素质教育的概念框架，探究孔子的素质教育思想对铸牢青少年中华民族共同体意识的积极作用，以及国家在政策落实层面对于传承孔子素质教育思想的指导。

二、孔子的素质教育思想的概念框架

自1997年国家教委颁发《关于当前积极推进中小学实施素质教育的若干意见》（下文简称"《意见》"）开始，中国提倡青少年素质教育已有二十余年，《意见》中明确要求，要实施素质教育，就要将道德、智力、体育、美感等方面有机地融合在教育活动的各个环节中。《意见》强调："在中小学全面贯彻国家的教育方针，积极推进素质教育，已经是摆在我们面前的刻不容缓的重大任务。"由此，掀起了素质教育实践的区域性高潮，中国的素质教育实践开始了正规化、区域化和制度化的概念框架。而在中国香港、中国台湾，学界很少使用"素质教育"的称呼，而是用"全人教育"（The whole person）这个概念。素质教育在于一个人潜能和品格的培养，包括四个方面：知本教育（知己）、品德教育（处己）、艺能教育（修己）以及酬应教育（待人）。中国教育决策者对素质教育的认识，在西方文献中常常被译为"SuZhi Education"，一些西方学者倾向于将"素质"这个词用拼音表示出来，也就是主张从中国的教学实际出发去认识、去研究。与西方当代通识教育对学生文化知识的一般需求不同，"素质教育"汲取了其长处成为一种富有中国文化底蕴的理念，它是为应对当前"考试过度化"、专业教育过于狭窄、教育中忽略了全面文化素养等当代教育的缺陷而被提出来并加以发展的，这个理念涵盖了思想、文化、政治、专业、审美、身体和心理健康等涉及全人格发展的全方位维度。[①] 根据教育部的规定，《论语》中孔子教育思想，其涉及道德教育、情感教育以及立志教育的内容符合素质教育的概念框架，可以被现代素质教育

---

① 汪明义：《发展素质教育 贡献中国智慧》，《光明日报》2017年12月19日。

培养模式广泛借鉴。

（一）重视以道德、德行为先导

孔子的教育思想被视为素质教育的典范，其中关于素质的普遍性是一个重要的方面。他强调个体素质的培养与提升，认为每个人都应具备并发展自身的素质。这一思想的核心在于，孔子认为素质不仅仅是与生俱来的天赋，且可以通过持续的学习和日常习惯的养成来获得。在他的观点中，素质培养的模式普遍适用于所有人，而个体在道德、知识、技能等领域都应有所专长。这种素质的特殊性需要通过个体主动学习、努力实践和不断反思来实现。孔子的教育思想还特别强调因材施教，即根据学生的特点和需求制定适合的教育方法，以确保每个学生都能在其特长上获得发展。

孔子对学习过程中态度和行为的培养同样给予高度重视，他主张教育的全面性，认为学生的德行、智力和品格应当并重。这些思想为现代素质教育的发展提供了重要的启示和借鉴意义，特别是在当前教育环境中，如何培养学生的综合素质成为教育工作者面临的重要挑战之一。为了促进普遍性的素质教育，孔子提出了一系列教育方法，特别强调重视道德，认为道德的培养是素质提升的首要任务。他明确提出了"德行"教育的概念，通过培养学生的道德品质和行为习惯，来提升他们的综合素质。这不仅仅是对学术知识的传授，更是对个人品德的塑造。

孔子认为，每个人都有自己的天赋和潜力，只有通过不断地学习和实践，才能将这些天赋和潜力转化为真正的素质。他在《论语》中指出："性相近也，习相远也。"这句话表明了孔子对于素质的普遍性的理解。孔子认为，每个人的性格和天性可能是相似的，但是通过个体不同的学习和习惯，会形成不同的素质特点。因此，他强调了个体素质培养的关键所在。孔子还注重言语教育、政事教育和文学教育等，以全面提升学生的素质。教育工作者首先要引导学生正确认识孔子从"立德树人"方面进行君子人格培育的特质。

首先，孔子总结"三代"文化传统，结合当时的社会现实，提出了以仁为本的品德教育宗旨。特别是对于学生的德行修养，他提出了诸多的要求。譬如孔子在回答其弟子子游问孝时，认为"今之孝者，是谓能养，至于犬马，皆能有养，不敬，何以别乎？"（《论语·为政》），可见孔子所谓的立德树人的要求是蕴含着深厚的情感基础的，子女对父母应孝顺这件事情，已经从行为要求升华到了情感的层次①。如"子以四教：文行忠信"（《论语·述而》）。又如："孔子曰：'能行五者于天下为仁矣。''请问之。'曰：'恭、宽、信、敏、惠。'"（《论语·阳货》）这两句话体现了孔子要求学生关注自身德行的进步，除了研习专业文化，孔子对弟子还提出了诸多的行为准则以达到"仁"的标准，从而成为一名品德高尚的君子。在现代社会，孔子的德行教育思想仍然具有重要的现实意义。在德行教育中，孔子强调的核心是以仁爱为核心，培养学生的人道主义精神和担当精神。随着社会的发展和进步，人们更加关注道德伦理和社会责任问题。②通过培养青少年的德行，可以提高他们的道德素养和道德意识，使他们更加关注社会公益和社会公平，并能够承担起自己的社会责任。对于个人的发展和社会的长远进步，德行教育是非常重要的。

孔子的"德行为先"原则也强调了德行在跨文化交往和领导力培养中的重要性。德行的培养不仅仅是为了个人修身养性，更重要的是为了建立一个和谐而有序的社会。程强指出，孔子认为通过德行的培养可以实现个人的内在提升和社会的和谐。他强调要注重培养人的道德品格，如仁、义、礼、智、信等品质。这些品质不仅是个人发展的基础，也是实现社会理想的基石。③ 王

---

① 朱伊革：《〈教务杂志〉英译〈孔子家语〉及其孔子形象的建构与传播》，《外国语文研究》2020年第4期。

② 顾艳丽：《〈论语〉教育思想及其当代教育价值刍议》，《白城师范学院学报》2018年第3期。

③ 程强：《一以贯之的中庸人性观——孔子人性说浅析》，《新余学院学报》2024年第1期。

春华、于联凯在《论孔子对'天命'的知与未知》一文中进一步阐述了孔子对德行的重视。他们指出，孔子认为德行的培养对于个人及社会而言都具有重要意义。德行不仅关乎个人的修身养性，更关系到社会的和谐稳定。只有通过培养德行，个人才能达到自律、自信和自立，从而在跨文化交往中发挥领导力的作用。①

(二) 注重客观理性的情感培育

孔夫子在实际社会行为当中一直推崇一种"实用理性"，学者李泽厚在其著作《论语今读》中表明："所谓'实践（用）理性'，首先指的是一种理性精神或理性态度。不是用某种神秘的狂热而是用冷静、现实、合理的态度来解说和对待事物和传统。"② 这反映在孔子的素质教育思想上，表现出一种积极的自我反思精神，这样的精神指导孔门弟子们不狂热、不偏执，理性地去对待各类具体事务。③ 譬如，《论语·公冶长》一节中记载宰予昼寝一节，孔子批评宰予的行为之后，还进行了自我反省，"子曰：'始吾于人也，听其言而信其行；今吾于人也，听其言而观其行。于予与改是。'"要判断一个人的品行，不仅要听他说的话，还要观察他的行为。与之类似的反思精神也出现在《史记·仲尼弟子列传》的记载中："孔子闻之，曰：'吾以言取人，失之宰予；以貌取人，失之子羽。'"当听闻诸弟子在诸侯之间的才名与功绩时，孔子也对自己看人的片面之处进行了反省。他的弟子曾参更是把这样的理性当作了自己的人生信条。"曾子曰：'吾日三省吾身：为人谋而不忠乎？与朋友交而不信乎？传不习乎？'"（《论语·学而》）这正印证了孔子在教育中非常重视言语的培养。他认为，言语是表达思想、传递信息的重要方式，因此

---

① 王春华、于联凯：《论孔子对"天命"的知与未知》，《临沂大学学报》2024 年第 1 期。
② 李泽厚：《论语今读》，中华书局，2015 年，第 31 页。
③ 余树苹：《创新与唤起式教化——评〈通过孔子而思〉中的孔子形象及安乐哲的儒学研究》，《现代哲学》2018 年第 4 期。

在言语教育中，不应该只看重言辞的华丽与否，还更应该注重言辞是否真实、慎重。"不以言举人，不以人废言"（《论语·卫灵公》），意谓在评价一个人的能力和品性时，不能单纯通过他所说的话来判断。言语是人们内心思想的外显，一方面应当鼓励人们真实地表达自己的想法和看法，另一方面也需要人们在交际中谨慎地选择言辞，避免以言辞之美而掩盖真实的意图①，这样的言语教育可以培养学生辨别是非的能力，使他们能够真正获得有效的沟通和交流。

孔子还强调了言语与德行的关联。他认为，一个人的言辞应该符合道德的要求，以言辞反映出的德行来评判一个人的品性和人格，而不是以个人的言语技巧或能力来衡量，言辞中的真实和慎重，体现出了一个人的道德修养和品质。因此，在言语教育中，不仅需要培养学生正确表达的能力，也应培养他们的道德素养，使他们在言谈之间能够树立正确的价值观和道德观念。

此外，孔子所谓的言语教育还与学生的自我认识和价值观培养密切相关。通过言辞表达，学生可以更加清晰地认识自己的想法和需求，并通过与他人交流来获取更多的反馈和认同。② 在这个过程中，他们逐渐形成自己的价值观和信念，并为人们所认可和接受。这有助于学生树立正确的世界观和人生观，增强自信心和社会适应能力，同样，孔子通过对学生们的启发教育来替代一味说教也是一种教育的创新方法，所谓"因材施教"，不外如是。③ 其中，最具代表性的就是孔子使用"愤悱启发"的日常教学方法，根据《论语·述而》中的描述："不愤不启，不悱不发。举一隅不以三隅反，则不复也。"孔

---

① 郭瑞香：《孔子道德教育思想及其当代价值》，郑州轻工业学院 2014 年硕士学位论文。
② 陈博：《〈庄子〉中的孔子形象研究》，吉林大学 2020 年硕士学位论文。
③ 梁秋英、孙刚成：《孔子因材施教的理论基础及启示》，《教育研究》2009 年第 11 期。

子善于"循循善诱",重视学生自身的主体性,鼓励学生发挥创造力,充分利用了学生强烈的求知欲,并进行科学地点拨。①

"不学《诗》,无以言……不学《礼》,无以立",孔子在言行上的教育思想对于培养青少年的跨文化领导力具有重要意义。通过言语教育,让学生掌握语言艺术,能够提高学生的思维能力、交流能力和辨别能力,提高他们的批判性思维,为其判断错综复杂的国际局势、全球问题打下坚实基础。

(三) 激励勇于担当的宏大志向

孔子之所以被称作"万世师表",这也源于他对整个天下,整个人类命运的关切,其形象之巍峨高大,源于他的广阔心胸与格局。孔子数次要求他的弟子去"言志",表达自己的志向,树立远大的抱负。这也与儒家一向主张积极出仕的观念一致。值得注意的是,在《论语·先进》"子路、曾皙、冉有、公西华侍坐"一节,孔夫子对其学生曾皙勾勒的太平盛景极为赞赏,这正映射了孔子内心当中想要克己复礼的宏大愿景;与其他三位学生提到的具体的国家治理手段与愿望不同,孔子的志向显然更加宏伟。在实际的生活与实践中,孔子鼓励学生通过刻苦读书而出仕来实现其志向与理想抱负,构建了儒家积极的处世哲学。譬如,子夏曰"仕而优则学,学而优则仕"(《论语·子张》)。在《中庸》中,孔子也用一句话点出了实现志向、取得成功的关键所在,那就是"道不远人,人之为道而远人,不可以为道"。可见,在孔子的素质教育当中,一直是"以人为本",并让学生所学之识、所行之道、所立之志,都要以现实的社会情况、民生状况、天下局势为中心,积极去应用所知所学。据统计,整部《论语》中,有关孔夫子评价诸位学生的话语共有16处褒奖之言,而对学生的批评仅有6处,譬如孔子对他的得意门生子贡,便有"赐也,贤乎哉?夫我则不暇"类似相对严厉的批评,但是孔夫子的批评是出

---

① 张玉霞:《从〈论语〉探析孔子素质教育思想的现代理论价值》,《管子学刊》2007年第1期。

于善意的，孔夫子对弟子一视同仁，他希望子贡可以在经商活动之中不"倦于学"，不断地进步。① 在远大理想的激励下，很多弟子拥有了君子的志趣、人格和人生目标。② 比较有代表性的就是在《论语·泰伯》中，孔子弟子曾子在谈论"士"时的表述："士不可以不弘毅，任重而道远。仁以为己任，不亦重乎？死而后已，不亦远乎？"表述了大丈夫身兼历史使命的远大理想。

同时，在实践层面，孔子强调诸弟子要通过学习和实践培养自己从事"政事"的能力，这样的能力应用于日常诸多事务当中，并与执政者个人的德行素质有必然联系。《论语·为政》中提到："子曰：《书》云：'孝乎惟孝，友于兄弟，施于有政。'是亦为政，奚其为为政？"这就将君子具备的"孝"的品质，同伦理、礼制、政治联系在了一起；在与国交往、为君王处理国事的相关事宜上，孔子的"礼制"教育特征则更为明显，孔子对学生关于"礼制"的教育，并不囿于言行的范畴，具体表现为教育学生们遵守"礼"的秩序来待人接物，为人行事，以此来体现道德价值和人文精神，这也是孔子素质教育思想的外化。在《论语·雍也》中，孔子直接表述了学文与学礼之间的密切关系："君子博学于文，约之以礼，亦可以弗畔矣夫。"就是说君子要博闻强识，大量学习文献经典，再遵守"礼"的秩序，用以自我约束，就会避免"离经叛道"了。博文始能会通，然后知其真义，约礼方可归之于己，然后付诸实践。

在《论语·子路》一章中，孔子也提出了对从政者之"士"的要求，子贡问曰："何如斯可谓之士矣？"子曰："行己有耻，使于四方，不辱君命，可谓士矣。"就是说受到国君派遣到各地的官员都要励精图治，不辱使命，钱穆在《论语新解》中对这句话做了评述："其志有所不为，而其才足以有为者；

---

① 杨朝明：《子贡在孔门弟子中的特殊地位》，载《出土文献与儒家学术研究》，台湾古籍出版有限公司，2007年。

② 田燕飞：《儒家教育思想对素质教育的启示与借鉴意义》，《中国科教创新导刊》2010年第26期。

'使于四方，不辱君命'，即其足以有为。"此为一名执政者为政的最高境界——君子有为，同时有所不为，而其遵循的原则便是"至礼不让"：按照孔子的理念，政治活动必须遵循礼仪，即遵循规矩，讲究秩序和尊重。他认为，只有通过尊重礼仪规范，才能够在政治活动中达到和谐稳定的效果。

孔夫子注重言传身教，除了教导学文、学礼、学诗，艺能教育即"六艺"的传承与教导亦是极为重要的。《周礼》记载："养国子以道，乃教之六艺：一曰五礼，二曰六乐，三曰五射，四曰五驭，五曰六书，六曰九数。"周王官学要求学生掌握六种基本技能：礼、乐、射、御、书、数。《论语》中也多次强调了学习六艺的重要性，譬如，在《述而》篇中，"志于道，据于德，依于仁，游于艺"，便是孔子要求君子或者他的学生学习六艺以行走于诸侯之间。这个艺包括一个人的能力及其一切的技艺，乃至他的举止行为。①《八佾》篇中更是直接指出了六艺当中射艺的内涵，孔子曰："君子无所争，必也，射乎！揖让而升，下而饮。其争也君子。"这暗喻了一种良性的君子之争，其中体现的竞争精神与现代体育精神息息相关，除了激励运动员们更高、更快、更强，君子之间彼此欣赏、彼此成就也要借助这样的体育竞技形式。孔子也强调体育活动应当平衡和调和，在锻炼身体的同时也要注重心理的平衡和调节。孔子提倡适度运动，不偏废于一种运动方式。这样的观念使得他反对过度竞争和过度训练，强调体育活动要符合人体生理和心理的规律，在锻炼身体的同时不损害身体健康和精神状态。

三、孔子素质教育思想的现代价值导向

在全球交流日益密切的大背景下，孔子的素质教育思想被重新解读与转化，对塑造青少年的文化认同产生积极作用，成为培养青少年凝聚中华民族共同体意识和社会责任感的重要基础。

---

① 符得团：《儒学"六艺"的育人旨归》，《光明日报》2015年6月21日。

2024年,习近平总书记在《求是》杂志发表《铸牢中华民族共同体意识 推进新时代党的民族工作高质量发展》,文章指出:"实施中华优秀传统文化传承发展工程,研究和挖掘中华传统文化的优秀基因和时代价值,推动中华优秀传统文化创造性转化、创新性发展,繁荣发展社会主义先进文化,构建和运用中华文化特征、中华民族精神、中国国家形象的表达体系,不断增强各族群众的中华文化认同。"在孔子素质教育思想的浸润下,以教导青少年遵守社会秩序,增强其担当作为的积极意识为导向,能够强化他们的文化认同感,有助于铸牢中华民族共同体意识。

孔子教育学生重视普遍利益,认为民族和国家的利益是人民的最高追求,是个人利益得以实现的根本保障,是一种集体责任、共同命运的体现。当公私发生冲突时,儒家主张舍弃私利,维护国家大义,形成了"公而忘私""大公无私"的崇高品德。① 这种公私观念和处理方式深刻影响了国人的思想,成为中国社会以公为本的核心价值观之一,也是中国文化独特的政治信念和普遍追求。

据统计,《论语》中"公"字出现了26次,而"私"字仅出现2次,充分说明了孔子推崇公利、摒弃私欲的态度。孔子认为,能够无私地为百姓谋利的人,必定是仁爱的大贤者,正如《论语·雍也》中所言"博施于民而能济众"。而践行仁者爱人,就能够争取到社会和人民的认同和爱戴,孔子关于"仁"的社群观核心在于"爱人",他从"爱亲"延伸到"爱人",最终达到"泛爱众"的境界。孔子曾说:"弟子入则孝,出则悌,谨而信,泛爱众,而亲仁。"(《论语·学而》)他将"仁"分为爱亲、爱人和泛爱众三个层次,强调人的主观能动性,希望通过仁爱的德性在每个人之间建立爱的意识,从而使社群行为更具道德性,避免因个人利益而产生的

---

① 马慧、梁向明:《家国同构:儒学中"中华民族共同体"的文化基因与话语体系》,《广西民族研究》2021年第5期。

弱点，构建和谐的社会秩序。如孔子所言："一日克己复礼，天下归仁焉。"（《论语·颜渊》）这揭示了"仁"的德性在促进友善与社会和谐方面的重要性。孔子的仁爱观实际上涉及个体与他人之间的关系，旨在处理义与利的社会关系。他指出："夫仁者，己欲立而立人，己欲达而达人。"（《论语·雍也》）显然，孔子所提的仁是为他人考虑的大义，是推己及人的公义之心，是视社会成员为一个共同体的社群观，是对他人美好情感的认可。在孔子"仁"的引导下，社会群体将成为一个息息相关的共同体，这也是中华民族共同体意识的源头。

文化认同作为个体与其文化环境之间相互作用的结果，是一个多层次、多维度的概念。文化认同是对人所处精神世界的价值进行积极肯定，它的表现形式分为民族本身的特性、习俗以及生活方式等，以"集体无意识"的方式流传至今，融合了人们各种共同的价值认同，从而阻止了不同的认同之间因部分认同的差异或异质性而可能发生的文化冲突。① 文化认同涉及个人对其文化遗产的认知与情感归属，个人在社会文化环境中的定位和角色也是其重要组成部分，《论语》中体现的孔子教育思想超越了个体之间的善意，更强调对不同文化和观点的尊重和理解。这一思想启发着青少年要放下成见，审慎对待不同文化背景下的人和价值观，注重共识与共融，以建构积极的跨文化关系。② 可以说，孔子的素质教育思想具备了让青少年能够正确客观认识本民族优秀文化，并产生文化认同的基础。汉学家安乐哲认为，在《论语·子罕》篇中"子绝四：毋意，毋必，毋固，毋我"一句，揭示了孔子积极客观的人生信条，包括"务实的参与、开放包容的态度、灵活的意愿、对他人之需求的敏锐与尊重"③。从儒家伦理学的角度来讲，孔子善于自我反思，将为人处世的

---

① 高英祺、梁玉：《文化认同与跨文化交际》，《光明日报》2014 年 9 月 7 日。
② 鲍震：《从圣王到圣人——从孔子作〈春秋〉看孔孟的人格建构》，《复旦学报》（社会科学版）2024 年第 2 期。
③ 郭晓娟：《安乐哲：让儒家哲学说自己的话》，《走向世界》2023 年第 35 期。

方式设定于开放、变化的人际关系当中,是随着情境而变化的,是基于在广泛的交际中的角色定位与身份认同。

文化认同亦是一个动态过程,需要个人持续理解和适应,涉及个体对自身文化与其他文化的关系和差异的思考。譬如,孔子教育弟子,强调"己所不欲,勿施于人",这一原则既体现了孔子倡导的道德伦理观,也与跨文化交际活动中的文化理解力紧密关联,它提倡不同文化背景之间要互相尊重和理解,是一种以高度的同理心和理性来待人的宽容和包容之道。① 通过遵循这一原则,青少年可以学会尊重不同文化背景下的价值观和行为准则,避免将个人的价值观和标准强加于他人。

四、传承孔子素质教育思想的实践方向

2017年,中共中央办公厅、国务院办公厅印发了《关于实施中华优秀传统文化传承发展工程的意见》,意见中明确规定了把中华优秀传统文化全方位融入思想道德教育、文化知识教育、艺术体育教育、社会实践教育各环节,贯穿于国民教育始终。可见,各个阶段的素质教育亟待融入中华优秀传统文化的精华。如果仅以成绩去论素质教育的结果,甚至去论立德树人教育、诵读经典教育的结果,这还无法脱离我国传统应试教育的内核。

首先,孔夫子的形象以及儒家经典的思想价值在千百年来不断变化,经历"五四"、新文化运动时期,至2006年孔子标准像出台,孔夫子教育家的形象日益清晰,并且更贴近大众。同时,孔子被搬上荧幕,对其形象进行艺术化、影视化创作,产生了诸多作品,这让国人对孔夫子有了更全面的认识。毫无疑问,孔子已经成为世界华人心中的文化偶像。

其次,儒家的精神会培育出优秀的青少年,他们具备良好的修养和社

---

① 闻莉莉:《基于提高学生素质的中国传统文化教育探析》,《文化创新比较研究》2019年第8期。

会责任感。儒家的代表人物孔子所倡导的诸如立德树人、自我反思、弘毅致远、身体力行等教育理念正是完美契合了知本、品德、艺能以及酬应教育这四个方面。沿着这样的路径去对青少年进行素质教育，会涵养他们的君子人格。具体到国际竞争与合作当中，中国的青少年会用"和合""中庸"之处世哲学促使各方合作共赢，而非西方社会提倡的"零和博弈"。在国际交往与商业活动当中，儒家经典《论语》中所提倡的立人达人、举一反三、弘毅致远等品格也会鼓励青少年开阔视野、勇于进取、开拓创新，并非停步不前甚至甘于人后。久而久之，中国青少年就会形成独特的青年领袖气质。

再者，推崇孔夫子的形象也会有助于挖掘中华优秀传统文化的内涵，让中国的文化产业、各类"国潮"品牌更好地走向世界，其中，青少年的生力军作用不可或缺，譬如著名的好莱坞电影《功夫熊猫》，其制作团队创作了以中国功夫文化为背景的故事内容，受到了全球青年的一致喜爱。近年来中国的"国潮"品牌也将中国的传统文化作为一个商业"IP"进行运作，但是年轻的运营团队因为对中华优秀传统文化的内涵挖掘不够，产生了很多粗制滥造、一味堆叠文化概念的产品，唯有将孔子的教育思想融入青少年的日常学习和生活之中，例如，将仁爱、礼义等核心价值观作为教育的重要内容，才有助于青少年深刻地理解和认同自身文化。这种持续的教育培养使得青少年能够形成对自身文化的深刻理解和认同感，从而建立起坚实的文化自信。

最后，《关于实施中华优秀传统文化传承发展工程的意见》肯定了中华优秀传统文化在教育领域的价值，有利于中华经典诵读工程、中华文化公开课、"传统文化进校园"等活动的开展与实施。孔子素质教育思想在青少年国民教育当中生根发芽是一项长期的任务，教育工作者们要抓住这个契机，注重孔子素质教育思想的现代性价值建设，从日常教学实践当中发掘其本土化的系统教育模式。让孔子的古典素质教育思想真正为实现"立德树人"的教育目标、铸牢青少年中华民族共同体意识、培育合格的公民贡献智慧和力量。

(作者系中共济南市委党校科研部讲师、国际儒学联合会会员;
山东师范大学音乐学院音乐教育专业本科生)

孔子道德教育理念与现代化文化强国中的公民道德建设

黄建明　孙海尧　葛文光

作为教育家、思想家、政治家的孔子,"礼"与"仁"是其一生的主张,也是其一生为之奋斗的理想。中国传统的治国方略中将"德""行""礼"施之于民的主张,实际上也是打破了传统礼不下庶民的思想,打破了原本的贵庶之间的边界感。孔子的"仁者之言",体现了人之常情;孔子的"礼说",体现的是礼制精神,也就是现代意义上的秩序与制度。孔子道德教育理念对个人道法修齐、党风廉政建设、现代社会治理都有重要的价值。为此,我们有必要对孔子的道德教育思想进行一次重新梳理,并在此基础上,对现代公民道德建设所提供的当代启示进行再次阐明。

一、孔子道德教育理念体系

孔子的道德教育理念体系,穿过两千多年的时空,在现代化文化强国中起着不可或缺的重要作用。道德教育理念是孔子思想和教育实践的核心理念之一,不仅引领着人们的思想,更重要的是体现了道德在社会和实践中的重要性,其作用是不言而喻的。

(一)仁爱

"仁爱"是孔子道德教育理念的核心内容。孔子是"仁学"的开创者,我们现在所提倡的"尊人""精神文明"等道德理念，与孔子所提倡的"仁学"恰恰是相通的。孔子的仁学思想认为，至高无上的道德准则是"仁"。"仁爱"实质上是指道德修养，由于其他美德都是围绕"仁爱"而展开的，所以它是道德的最高境界，也是道德的精神追求。孔子与鲁哀公交谈，认为"为政在人，取人以身，修身以道，修道以仁"。仁爱之人也，至亲为大；大义之人，宜也；尊贤之人，大也。"以道修身，以仁修身"，说的是人有立身之本，只有在修为和道义上精益求精，才能达到最高境界。子贡问曰："如有博施于民而能济众，何如？可谓仁乎？"一般人理解为"博施于民而能济众"只是针对爱民这一个方面，那就是境界小了。前面说的广施恩惠于民叫仁民，而能济众于患难这叫爱物，孟子所谓的"亲亲而仁民，仁民而爱物"，应该就是这个道理。孔子很注重人品和修养的提升，也就是对人的品德教育，认为人品的塑造主要是靠品德的自律，而品德的高洁，则需要不断积累，不断修炼，不断教化，如此，才能达到"仁爱"的境界。孔子认为"仁爱"是至善的道义，道德修养和思想修养的高低，是君子和小人之间的差别。君子的形象应该是这样的：富有仁爱之心，堂堂正正做人，问心无愧。

(二) 礼义

儒家有"礼"之说。《国语·周语上》："成礼义，德之则也。"在孔子的道德教育思想中，"礼"是其道德教育的修身准则，是人与人相处的具体方式，也是为人处世的行为规范。道德教育就是通过"礼"来规范人的行为，使道德、法律、家庭规范起到引领、规范人的作用，使"礼"成为人们自觉遵守的道德规范。孔子主张以"礼"作为社会道德规范基础，要求人们集中精力遵循"礼"规定的诸多封建等级秩序，以平天下，其中包括政治等级制度、伦理道德规范、一切交往礼节等。子曰："质胜文则野，文胜质则史。"孔子在此指的是合乎礼仪的外在表现，"质"，蕴含着仁德仁爱之心。只有具备了内在的"仁"的品格，同时又能在"礼"之外将"礼"外化，才能使自己成为与"礼"相称的人。"礼"在孔子的修身思想中包含着两个特点，一是行为上要有所约束,对自己要严格要求,以"礼"约束自己;二是以"礼"待人,以"礼"来规范人与人的关系,使社会和谐发展。

(三) 忠恕

"忠"和"恕"是孔子提出的能让人做到仁的具体且简单的方法。冯友兰在《中国哲学简史》中谈到忠恕,认为孔子始终如一的道是仁,实行"忠恕",就是"仁"。那么"忠"与"恕"又该如何理解与解释呢?"忠""恕",乃仁爱之大者也。"忠恕"主要是以"忠"为思想的核心,指的是做人必须对国家忠诚,对事业忠诚,对朋友忠诚等。在孔子看来,在处理人与人的关系上,要做到己所不欲,勿施于人,不把自己的意志强加于他人,这是忠恕的一层意思;同时,"己欲立而立人,己欲达而达人"也是对仁者的最高要求,是要用一生的时间去修炼的。"忠恕"与"仁义"构成了一个完整的社会思想体系。"忠"就是下级要根据上级的指示来处理事情,尤其是臣子在侍奉君主的过程中,必须以"忠恕"为埋念来处埋事情。当然,孔子所提出的"忠恕"原则,也不是指完全服从,盲目服从,无原则地服从,主要是指人与人之间的相处方法,教导为人处世的方法。

(四) 明智

老子说:"知人者智,自知者明。"聪明之于个人,也就是有自知之明,能正确认识自己,了解自己的深刻与浅薄。睿智是一种品德,是一种分析事物的能力,所谓"知(智)者乐水,仁者乐山",所谓知者超然于智,仁者贵于德,体现的是知己知彼,知生知命,知性明理,知人善任。在孔子的思想里,智重在人事,重在对社会现象的认识和辨析,是知世事、描绘世事的过程。儒家从人文科学的角度出发,提出了儒家学说"修身齐家治国平天下"的基本原则,虽然有局限性,但其济世的"举直错诸枉,则民服"思想,社会意义却很大,同时反映了孔子的政治主张、道德观念、伦理思想、教育原则。

(五) 诚信

孔子认为，人要言而有信。子曰："先行其言而后从之。"这是孔子的言行观，也是孔子的诚信观：不能只说不做，而应先做后说。先干后说，才能取信于人。《论语·学而》中类似的观点还有"君子耻其言而过其行"，所阐述的仍是他的诚信观：言多行少，乃君子之耻也。所以要言而有信，要兑现承诺，不能夸夸其谈，做不到的就不说，说话不要超出自己的能力范围。孔子对诚信的关注、对言而有信的重视，对当代人的行为方式、当今公民素质的提升也有着不容低估的启迪意义。他提出的言行观，在当代社会生活中、在当代生活的人际交往中，都是弥足珍贵的格言警句，时时提醒、约束、规范人们不以讹人、欺人、欺世、盗名为业。要说真话，办实事，做老实人。

二、孔子道德教育思想的现代转化和公民道德建设

中华优秀传统文化作为解决当代道德问题的重要理论源泉、文化基础和思想资源，是建设现代化文化强国的内在需求，对新时期公民道德建设具有积极作用。社会文明程度的提高，人民素质的提高，一定要借助中华优秀传统文化的力量。

(一) 孔子的德育理念，为公民道德建设提供了重要的借鉴意义

中国传统文化历来强调以德育人，以德修身，不断追求君子人格，以实现内圣外王的理想，因而形成了以德育人、以德修人的诸多途径和方法。"德教为先"在中国实践经验丰富，有着悠久的历史传统。主张"以德为先""有教无类"的孔子，明确了教育的最终目的是培养君子型理想人格。在当代，儒家所提倡的"君子人格"，也是公民道德养成的基本目标之一，可通过修身来实现。"修身齐家治国平天下"的信念，是古代士人、君子追求圆满人生的价值信念。儒家对君子为人之道的重视，孔子对君子处世之道的要求，对当今公民素质的提升亦有着不容低估的启迪意义。他所言的"周而不比"以及"矜而不争""群而不党"等，对于当代公民和谐地处理好人与人的关

系有着十分现实的指导意义。能不能与周围的人和谐相处,与上下级和谐相处,与观点、情趣、志向相左的人和谐相处,不拉山头,不搞小团体,不你争我夺,是智商,更是情商,是一个人能否成为谦谦君子,能否取得成功的关键。如前所言,汉语中的"君子"更多表现为一种融汇了中华优秀传统文化的道德。而道德中的"德"则是一种通过修身、律己积累而成的一种素养、品行。儒家十分注重修身、律己,注重"德"的养成,《论语》中谈及君子时,这方面的内容占了很大的比重。如"君子怀德",讲的是君子的心智,君子所思之事,仁德而已;如"君子以文会友,以友辅仁",说的是君子的交友观:通过文才交友,交友的目的落在了"德"上——辅佐仁德。如"君子泰而不骄",说的就是君子的人格观念:君子不可刚愎自用,不能自以为是,而要谦让。如"君子固穷",说的是君子的困境观,面对人生道路上的种种不如意,君子既能安贫乐道,也能保持自己的风度,既来之,则安之。如"君子病无能焉,不病人之不己知也",说的就是君子之心,不为不受重视而苦恼,而是唯恐没有被重视的资格。如"君子疾没世而名不称焉",说的是君子的名利观,既然以"君子"为人生的终极目标,那么最大的忧患就是自己的"君子"称号不符合"君子"的标准。《论语·学而》中修身、律己、养德的思想,篇幅较长,所占比重较大,正因为"君子求诸己,小人求诸人"。借鉴传统的道德修养方法,不断锤炼道德意志、提高道德素养,把道德规范、道德要求贯彻到每个人的内心深处,从而转化为人们的情感认同、行为习惯,涵化于日常生活的方方面面,正是推进公民道德建设的应有之义。

(二) 从孔子的德育理念中挖掘公民道德建设的要素

《周易》曰:"天行健,君子以自强不息。""自强不息"锻造了中华儿女不畏艰难、奋发图强、讲仁义、重气节的民族精神,成为中华民族生生不息、繁衍生息、发展壮大的不竭动力。"敬业乐群"一词出自《礼记·学记》:"一年视离经辨志,三年视敬业乐群,五年视博习亲师,七年视论学取友。"目前,"敬业乐群"仍是当代公民道德建设中应当积极倡导的美德,尤其是在职业道德建设方面更为重要。中华优秀传统文化历来崇尚道义，提倡"扶正扬善""扶危济困"，以互帮互助、友爱、众志成城的精神凝聚人心，最终成就有道之世。"老吾老以及人之老，幼吾幼以及人之幼""孝老爱亲"永远是中华民族的传统美德。当代人更要努力做到老有所养，老有所依，老有所乐，老有所安。把尊老爱亲的传统美德大力弘扬到全社会，让家庭道德建设凝聚起强大合力。目前，笔者所在的杭州市萧山区已有助餐养老服务机构176家，其中老年食堂129家、助餐服务点37家、老年餐桌10家，实现了22个镇街全覆盖。其中义桥镇的"中央厨房模式"，覆盖辖区14个村社，覆盖率达70%以上，这种可复制的养老模式，深受老年人的喜爱。

深入挖掘传统道德资源，寻找传统美德与当代公民道德建设的契合点，把两者有机融合，积极推动中华传统美德在新时期创造性转化、创新性发展，使公民道德建设在更加牢固的基础上发挥更大作用，新时期的公民道德建设就是在继承和弘扬传统美德的基础上展开的。

(三) 孔子道德教育思想是实现公民道德建设的重要思想资源和文化资源

几千年传承下来的中华文化，浸润在每一位中华儿女的心灵深处，构成了一个独特的中华儿女精神天地。在当代，中华传统优秀文化已成为根植于国人内心的中华民族优秀基因，潜移默化地影响着国人的思想和行为方式。党的十八大以来，中华优秀传统文化被广泛弘扬，深入人心，文化自信彰显，人民群众精神面貌发生前所未有的变化，国家文化软实力和中华文化影响力大幅提升，各领域、各层面都在积极开展宣传教育实践活动。从中华优秀传统文化中汲取营养，推动"社会主义核心价值观"深入人心。

以中华优秀传统文化涵养社会主义核心价值观，推动社会主义核心价值观在中国历史和现实的时空条件下深入人心。"涵养"是"积而养之"的意思，强调从根本上、源头上给予事物绵延不绝的润泽与抚育。要坚定文化自信，以崇敬自豪的心态看待中华优秀传统文化，充分挖掘文化典籍、遗迹遗存等所承载的文化道德资源，弘扬道德先贤、民族英雄和仁人志士的精神，弘扬以爱国主义为核心的民族精神和时代精神，弘扬中华优秀传统文化精神，使其成为人们精神生活的鲜明标识，成为推进公民道德建设的重要源泉。

三、抓好《新时期公民道德建设实施纲要》的贯彻落实

2019年10月，中共中央、国务院联合印发《新时代公民道德建设实施纲要》，为公民道德建设提供了指引。按照《新时期公民道德建设实施纲要》的要求，我们要借助中华优秀传统文化的力量，不断推进公民道德建设。

2013年5月，中共杭州市萧山区委下发《萧山区公民道德建设纲要》（以下简称《纲要》）的通知。《纲要》共分七个部分，涵盖社会公德、职业道德、家庭美德、个人品德的方方面面，倡导爱国、敬业、诚信、友善等道德规范，培养有理想、有道德、有文化、有纪律的社会主义守法公民，营造公民行为更加文明、人民群众心情更加舒畅、人际关系更加密切的良好环境，为文明幸福新萧山建设提供坚强道德后盾。

重点贯彻落实《纲要》，深化道德教育的引导，培育社会主义核心价值观，加强组织领导，发挥制度保障，标本兼治，综合施策，形成全社会共识，提高人民群众的道德素质与社会整体文明程度。自从2010年首届萧山区"美德标兵"表彰以来，14年来，萧山区美德档案记录15816件，数据系统入档1053件。1人获浙江省级道德模范称号（含提名奖）、11人获杭州市级道德模范称号；全国级别见义勇为人员有2人、浙江省级别有15人、杭州市级别有55人；"最美杭州人"8人；萧山区级"美德标兵"和"最美萧山人"61人；服务G20峰会闪光人物10名。这些数字承载着许多爱、温暖和坚毅，还有无私的奉献。"己所不欲，勿施于人""己欲立而立人，己欲达而达人""勿以恶小而为之，勿以善小而不为"……积极践行传统道德教育和修身之道，不断增强主动意识，不断增强修身成效，不断创新各种载体和形式，用

崇高的理想信念鼓舞人，用先进的事迹激励人，用朴实的道理感动人，构建和谐社会，推动全社会形成良好道德风尚。

（作者系杭州市萧山区儒学学会副秘书长兼儒学研究室主任；杭州市萧山区儒学学会副会长；杭州市萧山区儒学学会单位理事）

"立德树人"教育背景下的经典阅读问题刍议

常 樯

新时代的中国,已实现从"站起来"到"富起来"的历史性跨越,正走在从"富起来"到"强起来"的大道上。"富起来",多就物质层面、经济层面而言;而"强起来",则是全方位、多角度的,特别不能缺少文化层面、精神层面的考量。由"富"到"强",以何升级?对此我们一直在进行理论探讨,但有一个问题必须要直面以对,那就是如何建构"地球村"时代中国人共有的精神家园。这是一个重要的文化问题,也是一个重要的教育问题。其出现与时代大背景有关。"文化问题是随着科技发展、物质丰富、道德失落、精神失衡而逐渐占据重要地位的。"① 经典阅读,便是在此背景之下,为回答这一问题而进行的有益尝试。当下,随着国人文化自觉、文化自信的不断增强,经典阅读得到越来越多有识之士的大力倡导。经典阅读与民族文化传承密切关联,如朱永新所言:"从传承的角度,文化不是在经典中传承,而是在阅读过程中发扬光大。……文化传承的基础是读经典。在某种意义上说,内容比方法更重要。"② 经典阅读也与增强民族文化自信、历史自信密切有关,如朱自清在推出他的《经典常谈》时所言:"做一个有相当教育的国民,至少

---

① 陈先达:《哲学与社会:老年沉思录》,商务印书馆,2023年,第181页。
② 朱永新:《阅读与文化传承》,《新阅读》2022年第6期,第8~9页。

对于本国的经典,也有接触的义务。"① 亦如葛兆光所言:"多读一下经典,多看一下传统,心中有几千年的底气,肚里有若干册的书本,或者就能够让人变得自信一些,而自信则能使人从容一些。"② 以上言论,道出了一众学人的心声。现在来看,大力推动经典阅读对落实"立德树人"这一新时代中国教育的根本任务具有重要意义,不失为"立德树人"的重要举措和有力抓手。关于经典阅读话题,时贤已多有高论,但仍有一些问题有待探讨和澄清。本文拟就新时代中国儿童、青少年经典阅读之关键目标、关键读本、关键典范、关键理念,发表一点浅见。

一、关键目标

首先要说,我们是人,但我们同样也是动物。就广义而言,动物是包括人的。但我们总爱把人与动物对立起来,仿佛动物是动物,人是人,以此来刻意强化人在大自然中的与众不同。这当然有其价值,突出了人的主体性、社会性和道德性。人与动物的根本区别便是,人有道德,能够把"立德树人"当作一项自觉的道德行动,而动物则不会。早在两千多年前,孟子就提醒我们,人和禽兽其实是差不多的,一不小心,人就会变成禽兽。孟子曰:"人之所以异于禽兽者几希,庶民去之,君子存之。"(《孟子·离娄下》)此外,孟子强调人有恻隐之心、羞恶之心、辞让之心、是非之心,还倡导"性善论",他说:"人性之善也,犹水之就下也。人无有不善,水无有不下。"(《孟子·告子上》)在傅佩荣等学者看来,"人性善"即"人性向善"。这是一种道德的自觉、人文的觉醒。我们是人,这没有问题,但我们一出生便只是"自然人",还需要通过后天的教育,把自己变成一个"社会人""道德人"。如何

---

① 朱自清:《经典常谈》,安徽师范大学出版社,2020年,第1页。
② 葛兆光:《卷前小引》,载朱杰人解读:《朱子一百句》,复旦大学出版社,2007年,第3页。

立德树人　化民成俗
——第十一届全国儒学社团联席会议文集

教育？谁来教育？靠什么教育？这些问题，我们的祖先早就做过深入系统的思考，他们对"道德人"的设想和培养，构成传统文化的思维内核和行为主旨，也构成几千年中国文明兴盛不衰的基本依据。

"在中国文化中，人是一个自足的存在。"① 这是古今哲人的一大共识，这个共识的重要源头之一是儒学、儒家思想，故而徐复观提出"儒家思想，是以人类自身之力来解决人类自身问题为其起点的"② 之说法。儒学作为一种如李泽厚所言的乐感文化，鼓励人们相信人本身便具有传习道德、张扬道德的潜力潜能，只是这种潜力潜能需要得到正确的培养和激发。就是说，我们生而为"自然人"，却有追求真善美的意念和精神，所以要通过接受教育来学习做人，以变成一个合格的"社会人""道德人"。梁启超在一次演讲中，对学生讲过一番话："问诸君'为什么进学校？'我想人人都会众口一词地答道：'为的是求学问。'再问：'你为什么要求学问？''你想学些什么？'恐怕各人的答案就很不相同，或者竟自答不出来了。诸君啊！我请替你们总答一句罢：'为的是学做人。'"③ 在"学以成人"方面，儒学独具优势。儒家历来强调道德学习和价值实践的重要性，杜维明曾说："在儒家看来，学就是学做人。……学做人意味着审美上的精致化、道德上的完善化……"④ 姜广辉也建议把"儒学"界定为"一种'学做人'的学问"⑤。儒学与"做人"之间的密切关联，由此可见。

梁漱溟通过中西文化比较，认为中国是"伦理本位"的社会，所走的是

---

① 李中华：《中国文化通义》，世界图书出版有限公司，2020年，第215页。
② 徐复观：《学术与政治之间》，九州出版社，2014年，第46页。
③ 梁启超：《为学与做人》，《老子、孔子、墨子及其学派》，北京出版社，2014年，第1页。
④ ［美］杜维明著，曹幼华、单丁译：《儒家思想：以创造转化为自我认同》，生活·读书·新知三联书店，2013年，第45页。
⑤ 姜广辉主讲，肖永贵、唐陈鹏录音整理：《新经学讲演录》，中国社会科学出版社，2020年，第163~164页。

一条"以道德代宗教"的道路。① 新时代中国教育,首重道德教育、价值观教育。换言之,我们是人,却仍要学习如何做人、如何实现人的价值。儒学在价值观教育上,独具理论和实践优势。应当认识到,"儒家教育的内核是成德之教""儒家教育的特点是安身立命"。② 钱穆在谈及"中国历史上的教育"时,说道:"中国文化,是一向看重'人文精神'的。世界上任何一民族,没有把教育看得比中国更重。中国任何一派学术思想,莫不以教育哲学为其最高的核心。中国任何一学者,几乎全是个教育家。尤其是儒家,尤其是孔子。……孔子和儒家,是最看重'道德教育''人格教育',和'文化教育'的。他们创造了中国社会里'士君子'的教育。"③ 牟宗三也曾在演讲时反复强调一句话:"开辟价值之源,挺立道德主体,莫过于儒。"④ 张岱年也认为:"儒家的贡献是提倡道德的自觉性,启发人们的道德觉悟。"⑤ 具体来讲,君子即儒者,而"儒者就是品学兼优的人"⑥。今天中国社会仍然需要"士君子"的教育,需要越来越多的君子。我们坚定地认为,唯有向上向善之正人君子,才堪为民族的典范、人格的标杆。但社会只有少数人做君子或君子们"各行其是"是万万不够的。"要形成良好的社会秩序,就需要有一个士君子共同体。"⑦

当下学者普遍认同"君子之学"——儒学的"教化"作用,就此,有一个问题需要澄清。一提到道德教育、道德教化,就有人认为这是一种说教,

---

① 梁漱溟:《中国文化要义》,安徽师范大学出版社,2014年,第79、108页。
② 郭齐家:《文化自信自强与中国传统教育》,载靳诺主编:《中华优秀传统文化新论——尼山中华优秀传统文化联合研究生院共同课2023》,中国人民大学出版社,2024年,第26页。
③ 钱穆:《中国历史精神》,九州出版社,2016年,第99页。
④ 牟宗三:《中国哲学十九讲》,贵州人民出版社,2020年,第54页。
⑤ 张岱年:《中国人的人文精神》,贵州人民出版社,2018年,第35页。
⑥ 贺麟:《文化与人生》,商务印书馆,2016年,第12页。
⑦ 姚中秋:《论学统复建》,上海三联书店,2020年,第146页。

是一种对人的束缚。首先声明，把道德教育说成"说教"，有一定合理性。人，特别是有一定教育基础的成年人，大多不乐意被说教，他们认为那些"教条"枯燥无趣，不需要接受"小儿科"的东西。对此，我们不该单纯抱怨"抵触者"的言行，更应思考自己该如何成为一个寓教于乐、教学相长的合格的教育工作者。但若把道德教化一味说成是"束缚"，也不恰当。这涉及对道德本身的理解问题。对于此，还是引用牟宗三的高论来回应："其实，道德并不是用来拘束人的，道德是用来开放人、成全人的。你如果了解这个意思就不用怕。如果人心胸不开阔、不开放，那么人怎么能从私人的气质、习气、罪过之中解放出来呢？人天天讲理想就是要从现实中解放出来，要解放出来，只有靠道德。"① 可见道德教化并不是用来束缚人、禁锢思想的。开阔心胸，开放思想，开启未来，全赖做一个"道德人"，而欲做"道德人"，便要走进经典的世界。

二、关键读本

黄克剑曾说："教育的话题沉重而充满希望，我们从这里祈想明日。"② 此言不虚。换言之，"立德树人"的话题，"沉重而充满希望"。"立德树人"离不开对经典的尊重、礼敬与亲近。"经"即"经典"，"经典"的范围很广，这里特指书籍中的经典。经典当然不是普通的书。"凡是被称为经典的东西，起码应当具有历史的积淀性、广泛的认同感和文化的影响力。"③ 经典可谓对其产生时代所存在问题的最有智慧的解答，尽管当时的阅读对象仅限于少数阶层，但经过千百年的社会沿革，经典早已"飞入寻常百姓

---

① 牟宗三：《中国哲学十九讲》，第69页。
② 黄克剑：《黄克剑论教育·学术·人生》，华东师范大学出版社，2013年，第3页。
③ 任剑涛：《当经成为经典：现代儒学的型变》，社会科学文献出版社，2018年，第56页。

家"。这从一个侧面反映出社会责任、道德原则、生活智慧的下移趋势。笔者也曾这样概括经典:"凡为经典,必为高度凝练的精华、群策群力的结晶,也必为跨越时空的传奇、版权公有的瑰宝。"① 经典历久弥新,活在当下,并将以崭新的姿态走向未来。立足当下,我们既要承认经典的普适性,也要认同其权威性。如颜炳罡所言:"只有读经之'人病',而没有经典文本之'法病'。"②

本文所谈及的经典,当然主要是指中华传统经典。它们多由古代圣贤创作或选编,如刘知幾所言:"自圣贤述作,是曰经典。"(《史通·叙事》)历史上,作为传统中国文化主干的儒释道三家,都曾为中华民族贡献了自己的经典之作,共同构成中华文明、中国精神的源头活水。那么,中华传统经典具体包括什么呢?这个问题原本见仁见智,但历代贤达硕儒也都为我们列出了大同小异的书单。如楼宇烈就把"中国传统文化中的根源性典籍"概括为"三玄四书五经"——《周易》《老子》《庄子》("三玄"),《论语》《孟子》《大学》《中庸》("四书"),《诗》《书》《易》《礼》《春秋》("五经")。③ 但从落实"立德树人"教育任务的角度出发,经典阅读对象则主要为儒家经典,具体来说当首推"四书"。

陈来曾专门把儒家经典体系划分为三个系统:第一个系统是"五经",经孔子编辑修订,到汉代正式确立"经典"的地位;第二个系统是"四书";第三个系统是"道学"著作,"其内容更为广泛,包含了从本体论到知识论的新建构"④。"四书"由宋儒朱熹编订并被抬高至经典的位置,它们以"五经"

---

① 常樯:《握好飞向远方的风筝之线——以中国传统家风家教助力少儿德育》,《国文天地》2020年8月,第84页。
② 颜炳罡:《人伦日用即道:颜炳罡说儒》,孔学堂书局,2016年,第170页。
③ 楼宇烈:《体悟力:楼宇烈的北大哲学课》,中华书局,2020年,第92~93页。
④ 陈来著,翟奎凤选编:《陈来儒学思想录:时代的回应和思考》,华东师范大学出版社,2014年,第129~130页。

为基础，是对"五经"在价值理念上的浓缩提炼，用朱熹的话讲，"五经"是粗禾，"四书"则为精米。朱熹以后，作为儒家经典的"四书五经"便成为传统中国人心目中最核心的经典之作。清代官修《四库全书》，分经、史、子、集四部分，经即为儒家经典，这部分书籍在诸书中占据最重要的位置。有一例可见经书之重要。据曹聚仁回忆，民国时，他曾在杭州孤山文澜阁西湖图书馆工作，住在保存《四库全书》的文澜阁。他发现，托起经部木箱的脚架高出一大截，前人以此表示尊经之意。①

虽然"五经"最早由儒家提出，却并不仅仅是一家一派之选。如姚中秋所言，这些经典"非止儒家之经，而为华夏—中国之经"②。既然"五经"为"华夏—中国之经"，那么从其所出的"四书"当然亦为"华夏—中国之经"了。换言之，"四书"与"五经"，既是儒家的，也是代表整个中国传统文化的。今天，我们依然要回到作为传统中国主流意识形态之源头的儒学那里，从中选择与"立德树人"有着最为紧密关系的经典，将其融入国民教育，特别是儿童、青少年教育。

"四书"中，最受人推崇的一部经典，当属《论语》。梁启超说："《论语》为二千年来国人思想之总源泉。"③ 这是一种"价值判断"，从"事实判断"上看，《汉书·艺文志》引《七略》，对《论语》这样表述："《论语》者，孔子应答弟子、时人及弟子相与言而接闻于夫子之语也。当时弟子各有所记，夫子既卒，门人相与辑而论纂，故谓之《论语》。"由此出发，可引出一种"价值判断"：《论语》乃孔子访谈录，是最接近真实的孔子的一本书，是研究孔子思想最权威的资料。翻读此书还可见，其明显具有四个突出特点：

---

① 曹聚仁：《中国学术思想史随笔》，生活·读书·新知三联书店，2003年，第9页。
② 姚中秋：《论学统复建》，第120页。
③ 梁启超：《读书指南》，中华书局，2010年，第3页。除《论语》，梁氏还极为推崇《孟子》，认为"此二书可谓国人内的外的生活之支配者，故吾希望学者熟读成诵；即不能，亦须翻阅多次"。

一、场景性；二、互动性；三、凝练性；四、系统性。今人把《论语》视作"东方圣经"，不无道理。就孔门师徒主观态度而言，后人当主要从《论语》中，明晰人生的价值与方向，坚定思想信念，强大精神力量，一言以蔽之——"立德树人"。正如朱熹在《朱子语类》中所言："圣贤千言万语，只是教人做人而已。"

有的师友把中华传统家训列入经典阅读范围，笔者对此表示赞同。回看传统中国大家族内流传至今的家训家规家书可见，其内容基本上是对《论语》等根源性经典中核心要意的个性化表达，本质上跳不出"立德树人"的主旨。每一部较为系统的传统家训，都可谓是一套君子培养办法，也可谓是一家之语而共之天下。清代学者王钺在《读书蕞残》中评价《颜氏家训》道："篇篇药石，言言龟鉴，凡为人子弟者，可家置一册，奉为明训，不独颜氏。"跨越血脉延续的窠臼，缔造文脉传承的共识，将家庭教育扩大为社会教育，先读出自豪感和归属感，再读出使命感和责任心，当是今人在阅读以儒学为底色的中华家训时应秉持的一个重要观念。从这个意义上讲，经典不失为万家的家书，不失为最具实用价值的收藏品。

还有人曾言，世界各民族、各文明体系几乎都有自己的经典文本，中国人不一定非得阅读本民族的经典，读其他宗教经典，同样可以劝人向善、培养好人。对此，我们的回应是，并不否认外国经典的价值所在，更认为一切伟大经典间都是人道同源、殊途同归的，但我们仍把中国人（特别是中国儿童、青少年）的经典阅读对象界定在《论语》等中华传统经典上，因为我们坚信一方"水土"养一方人，坚信中国儿童、青少年当优先在母语语境中接受民族经典教育，唯有如此，他们在长大后才能更爱中国和中国文化。笔者到曲阜采访骆承烈时，他一直强调"经亦求精"，认为对经典要进行筛选，经典学习不宜过多过滥；此外，他还把孔子尊为"万邦师表"，此说也较有新意，这便是下面要进一步讨论的内容。

三、关键典范

开门见山，孔子乃优秀传统文化"立德树人"教育中之最大榜样和关键典范。有学者说："孔子开启了中国文化传统中以修身进德为起点，进而成圣成贤的生命存在形态。"① 韦政通曾言："每一个伟大的典范，都有其丰富的精神世界，人的一生中，不要多，只要有一二位典范常活在心中，将其精神世界的意义或内容逐渐消化，从'与我同在'，到最后化为己有，必可增加见识，提高品位，扩大生活的精神空间。"② 对于传统中国人，特别是承载着中国人文精神的士人而言，这个"伟大的典范"无疑当为孔子。夏曾佑把孔子、秦始皇、汉武帝三人并称为"中国之所以为中国"的最关键人物，认为孔子的贡献在思想文化上。关于孔子，以下两个定位应准确把握。

其一，就世界而言，孔子是全世界最伟大的教育家。孔子作为"专家"，头衔很多，有思想家、教育家、政治家等，但倘若从差异化、独特性的角度来看，只有"教育家"才易得到举世公认，才能凸显出孔子独一无二的国际地位。如果我们说孔子是世界上最伟大的思想家，那么西方人便会站出来说苏格拉底、柏拉图、亚里士多德最伟大，佛教徒也会站出来说释迦牟尼最伟大；如果我们说孔子是世界上最伟大的政治家，几乎各国都能抬出他们自己的"秦皇汉武、唐宗宋祖"式的政治元勋来与之匹敌；莫衷一是。但若论及教育思想、教育实践的先进性、科学性、系统性、人文性，孔子则首屈一指。在笔者看来，孔子教育思想可概括为"五全"——"有教无类"的"全类"教育、因材施教的"全方"教育、"君子不器"的"全科"教育、"三人行，必有我师"的"全师"教育、"诲人不倦"的"全心"教育。这样的"五全"教育思想在世界上是独一无二的。孔子作为世界级伟人，多面发光，却

---

① 李翔海：《内圣外王：儒家的境界》，江苏人民出版社，2017年，第8页。
② 韦政通：《人文主义的力量》，中华书局，2011年，第223页。

在教育上独树一帜、冠绝群芳，堪为"万邦师表"。

其二，就中国而言，孔子是中华民族共有的精神先师和共学的道德榜样。与"万世师表""帝王师""文官祖"等称号相比，我们更乐意称孔子为精神先师。之所以这样讲，当然可以列出多个理由，但这里试着以孔子的历代封号为切入点来给出佐证。纵观中国史可见，孔子不仅受到汉族政权的尊崇，更是得到少数民族政权的膜拜。如鲜卑族的北魏孝文帝尊其为"文圣尼父"，党项族的西夏仁宗尊其为"文宣帝"。可见，中国这块土地上的权力群体，不论其最初代表哪个部族、哪个群体的利益，一旦获取御宇九州、君临天下的权力和地位，便要到孔子那里去汲取安邦定国的大谋略、大智慧。① 此外，就道德人格而言，孔子又是全体中华儿女共同效法的道德榜样。梁启超曾言："孔子的人格，在平淡无奇中现出他的伟大，其不可及处在此，其可学处亦在此。""孔子的人格，无论在何时何地，都可以做人类的模范。我们和他同国，做他后学，若不能受他这点精神的感化，真是自己辜负自己了。"② 孔子一生经历太多坎坷和磨难，无论是在政治理想上，还是在家庭生活、师徒情谊上，都曾遭受过重大的打击，但他不堕其志，始终以乐观豁达的精神坚强面对，真正做到了仁者、智者、勇者的"三位一体"，《孟子》一书中两次提到的"志士不忘在沟壑，勇士不忘丧其元"（《孟子·滕文公下》），用在孔子身上完全合适。

牟钟鉴曾这样界定由孔子所开创的儒学："孔子儒家不是普通的一个学派，也不是西方式的宗教团体，它没有严密的组织制度，不重视自身有形力量的拓展，没有特殊的利益诉求，它是基于普遍人性的一种公共性的社会德教，致力于向社会和各领域提供基本道德规范和公共生活准则，使社会人生

---

① 牟钟鉴就把孔子定性为"中华民族的精神导师"，称"孔子的贡献是建立核心价值和意义系统"。（牟钟鉴：《中国文化的当下精神》，中华书局，2016年，第2~3页。）
② 梁启超：《老子、孔子、墨子及其学派》，第139、145页。

沿着向上、向善、有序的文明方向前行。"① 韦政通亦言："孔子学说的基本特征是一种成德之学。"②

在工作和研习中，笔者曾结合个人思考，提出一个观点：儒学是仰视世人而俯视人世的学问。这就是说，儒学具有两大显著特点：一方面，仰视世人——儒学在其根本价值立场上是以人为本、以民为贵、以德为要的，儒学之"爱"（"仁"）由"亲亲"出发，最终要落实到"天下为公"意义上的"世人"身上；另一方面，俯视人世——儒学回望几千年历史，汲取三代元典之智慧，对含有人与物的"人世"形成一种透彻的、总体性的理性观察和科学认识，这些观察和认识似乎可汇聚成一个"知"字，借给了后人一双"观乎人文，以化成天下"的慧眼。孔子说过一段由实到虚、由直观到抽象的妙语："知者乐水，仁者乐山。知者动，仁者静。知者乐，仁者寿。"（《论语·雍也》）兼为仁者与知者，方为一个标准的儒者。如冯契所说："孔子的目标是要培养仁知统一的理想人格。"③ 网络上也流传一句话："善良没有敌人，智慧不生烦恼。"这些话其实都是在强调仁与知之重要性。④ 而"礼""信""义"等观念则全都贯穿在以上两种立场之中。

四、关键理念

舒大刚曾提出"经典儒学"与"大众儒学"并行发展的构想⑤，笔者认为经典阅读便是推动新时代"大众儒学"发展的不可或缺的一个项目。另一

---

① 牟钟鉴：《中国文化的当下精神》，中华书局，2016年，第259页。
② 韦政通：《人文主义的力量》，第28页。
③ 冯契著，陈卫平缩编：《中国哲学通史简编》，生活·读书·新知三联书店，2019年，第24页。
④ 尽管儒家经典《中庸》推崇由"仁""知""勇"构成的"三达德"，但"勇"可划归到"仁"之中，如《论语·宪问》记载孔子所言："仁者必有勇。"
⑤ 舒大刚：《〈大众儒学书系〉总序》，载吴龙灿：《淑世济人：大众儒学纲要》，孔学堂书局，2014年，总序第8页。

方面,"儒学的根本在经典,但出发点和落脚点却是人们生活中的实际问题"①。这其实就涉及了儒学及儒家经典的生活化、大众化的问题。现在来看,服务于"立德树人"之根本任务的经典阅读,是一个大的系统性工程,与家庭教育、社会教育、学校教育都有着密切关联,在经典阅读问题上,我们应带有一种强烈的紧迫感和使命感。但在一些关键问题的认识上,我们仍然存在着很多模糊认识和意见分歧,有必要统一思想,加快推动中华经典走向生活,走向大众。而其前提,则是首先要在观念上做到对经典的"三去"——去神秘化、去贵族化、去暴利化。聚焦于"推动经典走向生活和大众",立足当下,包含但不限于以下几点具体理念,有待进一步明确。

第一,经典不是万能的。毫不否认,经典,特别是儒家经典,是人成长、成才、成功的基础性条件,但绝不是唯一条件,引用《墨子》之语可谓"有之不必然,无之必不然"。经典阅读是每一个中国人的"规定动作",却不是"唯一动作",我们不能指望着依靠经典阅读来解决一切具体的人生问题和社会问题,经典阅读所解决的是底色问题。如牟宗三所言,儒家"它决定一个基本方向,尽管孔子在当时不得志,孟子也不得志,可是它一直在中国文化里边天天起作用"。②尽管我们认同阅读儒家经典是非常值得赞赏的一件事,但对于那些崇尚娱乐至上、科技至上的"新新人类"而言,这么做却可能显得太过平淡,甚至太过无趣。牟宗三也意识到了这一点,他说:"这个时代最不适宜讲儒家了!因为儒家的道理太平正,无奇特相,而现在的人在趣味上则喜欢偏邪,在学术上则专重科技,所以无法相应那平正的家常便饭。"③对于那些颇为浮躁之人而言,儒家经典阅读也算是磨炼心性、完善心智的一大功夫。

---

① 姚新中:《应用儒学的兴起——儒学创新发展的趋势与愿景》,载陈来、刘爱军主编:《中华智慧的当代启示》,山东人民出版社,2019年,第55页。
②③ 牟宗三:《中国哲学十九讲》,第61页。

第二，经典阅读与知识学习相得益彰。换言之，道德教育、价值观教育与知识教育相辅相成，互相助益。在孔子那里，精神贵族同时也应当是学问大家。历代儒者讲学论道，无不兼顾涵养德性与穷理致知。一方面，道德教育为知识教育提供目标方向。"立德"为"树人"之前提和基础，故而我们强调"蒙以养正"。无"德"，知识学习便可能误入歧途，招致"知识越多越反动"的悲剧。鲍鹏山便强调，要在"知识就是力量"后面加上一句"良知才是方向"。① 历代圣贤都不反对知识学习，但更重视对人生大方向的准确把握。熊十力把经典阅读视作凌驾于"知识之学"之上的"超知之学"，指出："人生一方固然须从事知识之学，以通万变。一方尤须从事超知之学，经学不限于知识之域，而给人以参造化，究天人之广大智慧，故是超知的学问。"② 另一方面，知识教育为道德教育提供学理依据。孔子是知识学习的榜样，在年少时便开始学习包括劳动技能在内的一切学问，他"入太庙，每事问"（《论语·八佾》），发扬"不耻多问"的精神，这些都为孔子确立君子人格奠定了知识基础。此外，孔子还赞同并接受兼学道德教育和知识教育的做法。《论语·阳货》记录下他对待《诗经》的态度，他认为这部经典兼备道德教育和知识教育的双重功能："《诗》，可以兴，可以观，可以群，可以怨。迩之事父，远之事君，多识于鸟兽草木之名。"

第三，经典阅读不可厚古薄今。自古以来，人们长期存在一种厚古薄今、颂古非今的心态。东汉王充便提及过这种现象，他说："古有无义之人，今有建节之士，善恶杂厕，何世无有？述事者好高古而下今，贵所闻而贱所见。辨士则谈其久者，文人则著其远者。近有奇而辨不称，今有异而笔不记。……世

---

① 鲍鹏山：《知识就是力量，良知才是方向》，《陕西教育（综合版）》2015年第4期。

② 熊十力：《读经示要》，中国人民大学出版社，2006年，第98页。熊氏把该书第一讲命名为"经为常道不可不读"，可见他对经典阅读之重视程度。但与"四书"相比，他更推崇儒家经典中的《易》《春秋》。

俗之性，好褒古而毁今，少所见而多所闻。"（《论衡·齐世》）经典阅读的高级境界是传承、传播并活用其中的智慧。经典阅读是向前人汲取智慧，切不可一味兴发思古之幽情，不可把传统的东西一律视作宝贵财富，甚至因此而陷入复古主义的窠臼无法自拔。经典本身是传统思想观念的高度凝练，跨越时空，但我们也不能因此而忽视与经典同时代产生、受经典影响（包括消极影响）而衍生出的那些传统器物、制度、民俗中所存有的一些糟粕性的东西。对待经典，需要坚持与时俱进、古为今用、批判继承的态度；对待由经典而生、因经典而传的一切传统的东西，同样需要坚持这样一种态度。

第四，经典阅读不一定要有仪式感。先说集体"读经"活动。由于工作原因，笔者曾参加过一些国学普及活动，有的活动就加入了集体"读经"环节。这种安排，对于营造气氛、提振精神不无裨益。但有必要明确，经典阅读并非单单团体性表演！如果这种"表演"可以带动更多人走进经典、阅读经典，当然是一桩美事，如果仅仅将其当作一场文化秀，不做也罢。我们不反对在经典阅读中加入带有较强仪式感的特殊安排，但这只是手段、措施，而不是目的、结果，经典阅读的目的和结果应是从中汲取精神养分和思想精华。韦政通曾就开展大众精神活动提出自己的见解，他说："社会性的人文讲习，如有一天能蔚为风潮，对改变全社会的风气，必有助益。至于讲学的场地，不必有固定的房舍，文化中心的一角、学校的一间教室、办公大楼中的一个小会议室、咖啡屋、书屋，都可以作为自由讲学的场所。"[①] 可见，经典阅读的仪式感并非那么重要。再论个人经典阅读。我们同样鼓励每个人都能把经典阅读当作自身生活的一部分，即使他们不参加集体性活动，也不会影响他们在经典学习上的效果和质量，如果内心倾慕经典，纵是"躺平"来读，也未尝不可。当然，这并非说个人经典阅读仅是一种消遣或娱乐，我们反对的只是一味过度追求外在的仪式感，内心的正心诚意还是要有的。

[①] 韦政通：《人文主义的力量》，第44页。

话又说回来，如果一个人的自制力太差，"躺平"阅读无法生发出内在的仪式感，那还是要诉诸外在形式的，此时我们建议他不妨去学习朱熹的读书法①。

第五，经典阅读要掌握方法技巧。对于此问题，可回到朱熹那里，去汲取他的智慧。朱熹曾提出学习"四书"的顺序："某要人先读《大学》，以定其规模；次读《论语》，以立其根本；次读《孟子》，以观其发越；次读《中庸》，以求古人之微妙处。"（《朱子语类》卷十四）他还谈到阅读量的问题："《论语》难读。日只可看一二段，不可只道理会文义得了便了。"（《朱子语类》卷十九）此外，他还提出过许多具体的学习方法和态度，散布在他的著作中，他的"读书法六条"便属于读书方法论的范畴。冯友兰曾把自己的读书经验归纳为四点：精其选、解其言、知其意、明其理。② 面对浩如烟海的典籍，我们不妨也参照一下冯先生的经验，但"精其选"的结果，切不能漏掉"四书"。有学者指出，针对不同年龄阶段的孩子，应采用不同方法，少儿可以诵读和背诵为主，中学生及大学生宜以理解、解读为主。③

第六，推动经典阅读有赖群策群力。首先，今人对经典的重视程度已大大减弱，尽管我们承认经典是一座宝库，但从国家制度上讲，经典阅读已不再是决定人一生命运的最关键路径。如任剑涛所言，在社会变迁之际，首先需要描述清楚，人们不再诵读儒家经典的原因，主要不是因为人们任由自己

---

① 元初学者程端礼在《程氏家塾读书分年日程》中记载，朱熹死后，其门人和拥趸把朱熹有关读书的言论归纳为"读书法六条"，内容为：居敬持志、循序渐进、熟读精思、虚心涵泳、切己体察、着紧用力。这被人称作"朱子读书法"。郭齐家认为，六条之间有一个内在的逻辑，是一个完整的读书、求学、进业的步骤——居敬持志对应读书的"目的性"原则，循序渐进对应读书的"量力性"原则，熟读精思对应读书的"巩固性"原则，虚心涵泳对应读书的"客观性"原则，切己体察对应读书的"结合实际"原则，着紧用力对应读书的"积极性"原则。见郭齐家：《文化自信自强与中国传统教育》，第 20 页。

② 冯友兰：《我的读书经验》，载季羡林主编：《百年美文·读书卷》，百花文艺出版社，2008 年，第 132 页。

③ 刘良华：《关于读经教育的建议》，《上海教育科研》2016 年第 10 期。

道德堕落，而拒绝从儒家经籍中寻找升华人生的精神动力，而是因为国家不再以儒家经籍作为诠选官员的依据。① 历史上，儒家经典与政治权力的关系实在太过密切，没有朝廷的大力倡导与推崇，儒家典籍很难在百姓社会生活中变成"经典"，"必须承认，儒家处在中国古代历史阶段的文化霸权，来源于它支配性地作用于中国古代的社会政治与文化生活，成为人们不经意之中践行的人生理念、政治意念和生活哲学。其中，国家权力的全力支持，是决定性的因素"②。今天，经典阅读依旧需要各级党委政府的大力倡导和推动。其次，经典阅读还有赖于介于政府和民众之间的社会组织的积极倡导和全力推动。笔者一直认为，遍布于中国各地的儒学社团在新时代的社会教育中大有可为，不应在"立德树人"过程中缺位。对儒学社团本身而言，倡导、规范、推动大众化的儒家经典阅读，不仅是一种情分，更是一种本分。

[作者系尼山世界儒学中心（中国孔子基金会秘书处）
文献期刊部副部长、副研究员]

---

① 任剑涛：《当经成为经典：现代儒学的型变》，社会科学文献出版社，2018年，第14~15页。
② 任剑涛：《当经成为经典：现代儒学的型变》，第15页。

下编：实践案例

薪火永续，共筑未来

——写在中国孔子基金会成立 40 周年之际

解　放

在历史的长河中，每一个重要的时刻都孕育着未来的希望和梦想。四十年前，一颗承载着中华民族文化自信的种子——中国孔子基金会，在孔子故里山东曲阜悄然萌芽。

四十年风雨兼程，四十年砥砺奋进。如今，这颗种子已长成参天大树，根深叶茂，硕果累累，成为推动中华优秀传统文化传承创新的重要力量。

深耕细作，儒学之花绚丽绽放

创刊于 1986 年的《孔子研究》杂志，是新中国成立后在孔子、儒学和中国传统思想文化等研究领域的第一本中文学术期刊。国务院原副总理、时任中国孔子基金会名誉会长的谷牧在《孔子研究》发刊词中写道："为了把中国传统文化思想遗产的总结传承工作，在更广阔的视野之内展开和深入进行下去，必须提倡'百家争鸣'的方针。"

40 年来，《孔子研究》始终坚守学术品质，精益求精，成为国内外儒学研究者的必读之物。期刊上发表的每一篇文章，都是对儒学思想的深入挖掘和阐发，每一期期刊的出版，都是对儒家文化传承与创新的有力推动。《孔子研究》连续多年入选北京大学图书馆中文核心期刊目录、南京大学中文社会科学引文索引来源期刊目录等,以其高质量、高水准、高品位在学界享有盛誉。

《孔子研究》编委会副主任、主编王学典深情回忆:"《孔子研究》创办之初的十余年中,在学界的作用几乎是独一无二的。没有任何一份杂志能像《孔子研究》一样,在推动中华优秀传统文化的复兴方面发挥如此巨大的作用,它给研究儒学、弘扬传统文化的人们提供了一个可以公开汇集研究成果的园地,这是史无前例的。"

进入新时代,中国孔子基金会扎实推进学术本色建设,着力做好研究阐释和成果转化,以时代精神激活中华优秀传统文化的生命力。

——设立中华优秀传统文化 A 类专项课题,立项 122 项,推动中华优秀传统文化现代化阐释。

——支持普及刊物《走进孔子》复刊并推出中英双语版,入选"中国学术期刊网络出版总库""中国学术期刊综合评价数据库"。

——资助出版《儒典》《儒藏》《儒学百科全书》《尼山丛书》《尼山文库》《儒学学者口述史》等编纂出版工程,推动各领域儒学思想研究阐发。《尼山文库》入选国家新闻出版署"十四五"国家重点出版物出版规划。

——举办纪念孔子诞辰国际学术研讨会、全国儒学社团联席会议、中韩儒学交流大会、社会科学视野下的儒家思想学术研讨会等,始终把学术研究作为立身之本,推出一系列研究成果。

学术之树茂,人才之基固。英才聚则成果丰,成果硕复育群英。近年来,中国孔子基金会实施"儒学大家""尼山学者"计划,招引 26 名权威专家学者。支持尼山中华优秀传统文化联合研究生院建设,与国内 16 所一流院校共建,联合培养 1836 名专项研究生。成功获批博士后科研工作站,招收 3 名博士后,努力培养文化"两创"人才后备军。

在学术研究的沃土上,中国孔子基金会坚持践行"两个结合",不断挖掘儒家文化的时代价值，为学术界提供丰富的研究资源，为中华民族伟大复兴提供了强大的精神支撑和文化力量。

播撒种子，让儒家文化生根发芽

每到周末，络绎不绝的人流就会从四面八方赶到云南曲靖文庙孔子学堂，参加各种传统文化学习活动。截至目前，曲靖文庙孔子学堂已开展5000余堂公益课，影响了成千上万的曲靖人。

孔子学堂是2014年由中国孔子基金会创办的大型公益文化品牌，以"写好字、读好书、做好人"为堂训，积极推动中华优秀传统文化在社会各界落地生根。十年树木，绿叶成荫。于斯堂中，孩童们得以倾听儒学故事，沐浴中华智慧之光。成年人则可以研习传统典籍，涵养文化底蕴。孔子学堂不仅是一处汲取智慧源泉的课堂，更是传承与弘扬中华文化的精神家园。

2020年10月，中国孔子基金会和尼山世界儒学中心合署办公后，孔子学堂公益品牌提质增量，目前已批复设立3600余家，覆盖全国31个省市区、澳门特别行政区、台湾地区，以及海外20个国家。孔子学堂经验做法被中央政研室《学习与研究》杂志刊发。孔子学堂通过实施进机关、进学校、进企业、进社区、进乡村、进网络"六进"工程，开展"孔子学堂万里行""齐鲁民族行""黄河文化行"等活动，积极探索文化服务，努力让老百姓听得懂、看得明、学得会、悟得透、用得好，将优秀传统文化融入血脉、化成基因，打通服务群众的"最后一公里"。

40年来，为适应不同文化层次群体的需求，中国孔子基金会成功探索出一条传统文化普及推广的新路径，让孔子及其思想以更加多样的形式走进了不同行业、不同地区、不同群体，将儒家文化播撒到世界的各个角落。

——2004年，启动《论语》译介工程。2017年，策划开展"一带一路"国家《论语》译介工程。截至目前，已完成英语、法语、德语、俄语、日语、韩语、阿拉伯语、蒙古语、西班牙语、捷克语、葡萄牙语、波斯语、泰语共

13 种语言的中外文对照本《论语》，为广大海外读者学习儒家经典提供了有力帮助。

——2007 年，开通中国孔子网。2016 年，中国孔子网融媒体平台正式上线，2017 年荣膺"十大国学网站"之首，构建"两微一端"全媒体传播矩阵，年点击量达 6 亿次。

——2009—2019 年，"孔子文化世界行"先后走访欧洲、美洲、大洋洲和非洲，涵盖美国、英国、法国、加拿大、澳大利亚等 30 余个国家和地区。每一次展览，都是一次儒家文化的盛宴；每一次活动，都是一次儒学智慧的远播。

——2022 年，策划推出公益公开课"尼山讲堂"，聚焦"研习中华经典·弘扬中华美德"主题，打造大众化、生活化、国际化的传播普及文化阵地，通过构建线上线下传播体系，实现小课堂大传播。至今已播出 120 余期。

——2022 年，推出"尼山杏坛"，以思想观点辩论为特色，围绕时代关切，统筹设置辩论话题，打造国内外知名的思想交流平台。先后推出《寻找先贤的智慧》《行思天地间》系列，以外景行进式访谈形式，全面展现中华优秀传统文化魅力。获评国家广电总局"省级地面频道年度优秀节目"。

随时代而行，与时代同频共振。中国孔子基金会始终以文化"两创"方针为引领，不断探索中华文化与现代社会融合的新路径，让优秀传统文化以更加便捷、多元的方式，触达每一位中华文化爱好者。

架起桥梁，让世界听见儒学声音

交流与对话是推动世界文明进步的重要动力。中国孔子基金会作为中华文化的传承者与传播者，积极搭建国际交流平台，让世界各地的朋友有机会近距离感受中华文化的魅力，推动了中华文化在国际舞台上的精彩绽放。

在 2024 年 7 月举行的第十届尼山世界文明论坛上，联合国可持续发展解决方案网络主席、哥伦比亚大学教授杰弗里·萨克斯表示，"尼山论坛把来自世界各地的人们聚集在一起，学习孔子，学习其他传统，学习其他古代圣人，通过这种学习，我们可以共同帮助今天的世界和谐相处。让我们相互学习，相互尊重彼此的文化和智慧传统，构建和谐世界的共同价值观"。

40年来，中国孔子基金会广纳全球智慧，诚邀四海学者，举办了一系列全国性及国际性的学术研讨会、学术论坛，开创了世界各国人文交流、文化交融、民心相通的新局面。

——9次国际儒学研讨会（纪念孔子诞辰国际学术研讨会）的交流对话，8次世界儒学大会的智慧碰撞，10次全国儒学社团联席会议的协作共赢，10届尼山世界文明论坛的交流互鉴……一组组闪耀的数字，见证了文化交往的"双向奔赴"，绘就了一幅美美与共、和谐共生的时代画卷。

——参与承办多届国际孔子文化节，成功举办9届全球"云祭孔"、3届儒家经典跨语言诵读大会（中华经典国际诵读接力活动）、2届海峡两岸孔子文化春会……一系列具有影响力的活动，促进了儒家文化的创新创造与传播推广，全面立体地展示了中华文化的深厚底蕴，搭建起不同文化间对话与理解的桥梁，凝聚更广泛的共识。

汇聚力量，为儒学传承提供坚实保障

2024年金秋时节，尼山世界儒学中心（中国孔子基金会秘书处）党委书记、副主任，中国孔子基金会副理事长、秘书长国承彦一行来到青海省海北藏族自治州海晏县三角城镇走访慰问。在中国孔子基金会"孝心工程·光荣小屋"公益项目的资助下，西岔村退役军人魏忠家的小院旧貌换新颜。同样在"孝心工程·幸福食堂"公益项目的资助下，三联村对幸福食堂进行了升级，为村里的老人提供了一处温馨的用餐场所。

"孝心工程"是中国孔子基金会、尼山世界儒学中心于2021年策划运营的品牌化公益慈善项目，其子项目"光荣小屋""幸福食堂"成功试点。2022年9月，"孝心工程·幸福食堂"公益项目上线腾讯公益平台参加"99

公益日"活动,是中国孔子基金会成立近 40 年来首次进行大型网络公开募捐,促进全社会形成尊老敬老、崇德向善的良好风气。

基金运营工作是中国孔子基金会得以持续发展的重要支撑。40 年来,基金会不断创新募捐方式、扩展募捐渠道,构建多元募捐模式,在支持学术研究、普及应用、交流合作、多元传播等方面持续发力。

——支持文献编纂出版,组织开展关于孔子思想、儒家学说与中国传统文化的研究。策划推出一大批学术文献出版项目,包括《孔子研究》《走进孔子》《走进孟子》《儒藏》《儒典》《儒学百科全书》《中国儒学年鉴》《孔子思想与历代中国》《乾隆御定石经》《孔子博物馆藏珍贵古籍图鉴》《孔子圣迹图汇编》以及曲阜儒家碑刻文献集成整理出版项目等,夯实学术根基,引领学术方向,塑造学术优势。

——资助儒学研究和学术交流工作。设立中华优秀传统文化 A 类专项课题,开展《论语》译介工程,举办全国儒学社团联席会议、儒家经典跨语言诵读大会、孔子文化创意设计大赛等,为推动儒学创新发展、服务社会提供坚实的基础。

——开展中华优秀传统文化传播普及推广活动,不断满足人民群众对文化产品的新需求。创办孔子学堂,制作动漫《孔子》,推出孔子龙卡,支持复原"箫韶雅乐"展演、《诗经》主题展、话剧《孔子》演出项目,举办沿黄九省(区)青少年中华优秀传统文化经典诵读大赛(会),让中华优秀传统文化在新时代"活起来"。

——发挥文化品牌引领作用,策划实施中华学子朝圣行、孔子书包仁爱行、孝心工程、孔子书房、关爱儿童成长援疆万里行、尼山中华优秀传统文化联合研究生院专项研究生研修活动等,探索公益项目实施与传承弘扬中华优秀传统文化有机结合的新路径。

多年来,基金会先后设立了 18 支专项基金,募集资金实现历史性突破。

兰陵文化专项基金、世界文明发展专项基金、孔子学堂发展专项基金、体育文化专项基金……覆盖了教育助学、体育金融、文化传承、扶贫济困等多个领域，通过精准投放资源，让基金赋能文化传承，促进社会和谐，提升民众福祉，服务于中国式现代化建设。

光阴荏苒，岁月不居。中国孔子基金会在儒学传承与创新的道路上走过了40年不平凡的历程，以学术研究为根基，以交流合作为桥梁，以普及传播为纽带，以基金募集为保障，与全社会一道，凝心聚力推动以儒家文化为代表的中华优秀传统文化的传承与发展。

2023年，中国孔子基金会获评国家4A级基金会。中国孔子基金会理事长于晓明说："从一个时间概念来说，40年是一个漫长的时期，但是放在历史的长河当中，放在传承弘扬中华优秀传统文化这么一个浩大的历史性的工程当中，它也只是一瞬间，今后路还很远，责任也很大。我们不会停止，这是我们的职责，也是我们的使命。"

四秩春秋绽芳华，砥砺奋进谱新篇。站在新的历史起点上，中国孔子基金会将深入学习贯彻习近平文化思想，自觉扛牢新的文化使命，向着新目标，奋楫再出发，为推动中华优秀传统文化的创造性转化、创新性发展，为建设中华民族现代文明、促进世界文明交流互鉴做出新的更大贡献。

(作者系中国孔子网采编部主任)

孔子教育思想在中小学义务教育阶段的影响和启示

——以杭州市萧山区城郊地区学校德育教育为例

孔江波　沈锦木

2017年，中共中央办公厅、国务院办公厅印发《关于实施中华优秀传统文化传承发展工程的意见》，要求将中华优秀传统文化贯穿国民教育始终，以幼儿、小学、中学教材为重点，构建中华文化课程和教材体系。2021年，教育部印发《中华优秀传统文化进中小学课程教材指南》，这是新中国成立以来，教育部首次对中小学课程教材如何有效落实中华优秀传统文化教育进行顶层设计。近年来，孔子热、传统文化热持续，杭州市萧山区许多中小学都在各学科教学或地方课程、校本教材中不断强化中华优秀传统文化内容，并且取得了显著进展和成效，但也存在不少的问题，亟待各学校结合实际，分级、分类、分阶段吸收孔子优秀教育思想予以统筹推进，逐步解决。

一、中小学义务教育阶段传承孔子优秀教育思想之困境

（一）部分学校和教师对孔子优秀教育思想把握不到位、理解不深刻

由于缺乏对深刻内涵与价值的挖掘，大部分学校和教师在德育教学上，很多时候仅停留在表面知识的传授上，未能将抽象的东西转化为学生可理解

的、感兴趣的内容，例如大部分德育课程变成了孝道课程，使得学校中的德育教育成了一种"表演"，流于表面化，功利且浮躁，并未对学生的思想精神有较大的触动。

（二）学校德育教育内容分散，缺乏规划

笔者经过对杭州市萧山区180余所中小学调查了解，目前萧山地区小学在融合中华优秀传统文化进入德育课程中普遍存在内容分散、缺乏系统规划的问题，主观性和随意性太强。具体而言，一方面，学校本身对德育课程中的中华优秀传统文化教育内容缺少完整的计划，尤其是学校主要负责人变更后，原本已经开展的特色德育课程便会被调整乃至弃用，特色德育课程难以长久推进；另一方面，缺乏专业的、具有深厚传统文化底蕴的专职教师，相关教师在进行教学课程主题确定、内容选择组织的过程中，主要凭借的是自身理解或者"照本宣科"，切入点过于随意、零散，没有以某种方式把这些碎片化的文化内容整合在一起，整体的传递效果不理想。

（三）本土文化融合程度不足，相关地域资源得不到有效开发

当前中小学的德育课程以及中华优秀传统文化传承教育主要是以校内教育活动为主，对于外部的本土文化利用率不是很高，文化交流互动机会比较少。首先，出于安全等因素考虑，校外的社会实践活动不多，更多的时候是局限于校内，学校的德育课程和文化活动没能够"走出去"；其次，学校的德育教学基本处于独立的状态，与其他学科的联系比较少，无法形成学校教学整体联动，无法走出"在里面"的怪圈；最后是学校德育教育工作缺少外部资源的合力支持，很多学校在推进德育教学和传承中华优秀传统文化方面也没有做到"请进来"。

综合以上原因，长此以往，被束缚在校园内的德育教学和文化活动无法调动学生深层次的兴趣，学生的关注度和参与度逐年降低。对于教师和学校来说，在得不到足够支持和重视的情况下，德育工作逐步被当作是一项工作任务，完成上级布置的相关数据指标即可。

二、简述孔子优秀教育思想的内涵阐释

孔子是中国古代著名的思想家、教育家和政治家，被尊称为"至圣先师"，他创立了儒家思想和儒家私学，并倡导"仁爱""礼治""中庸"等核心理念。孔子教育思想是中华优秀传统文化之精髓，在其开创私学之风后，孔子的教育思想以教育为传播载体，以文化为源流融入 2000 多年中华民族思想之中。"天不生仲尼，万古长如夜"，这不仅表达了对孔子伟大贡献的无限敬仰，更是因为孔子的思想和实践，对中华文明绵延传承起到了重要作用。笔者在学习领会中央、教育部以及省市区相关文件精神，亲身参与自 2017 年起至今的儒学文化进学校的工作，以及结合自身的工作经历、文化实践和教育理念的基础上，浅显地阐述孔子优秀教育思想。

（一）教育目的

《大学》开篇就叙述了教育的首要之道："大学之道，在明明德，在亲民，在止于至善。"这里表明教育在于修行自身的德行，在于教化引导民风，在于达到至善至美的最高境界。通俗地讲，就是通过教育来培养一批儒学"士大夫"和"君子"，完善自身人格，以身作则，树立榜样，教化万民。

（二）教育对象

孔子提出"性相近也，习相远也"，强调了后天教育的重要性。他践行了"有教无类"的理念，兴办私学、广收平民，使教育对象由当时的贵族逐步扩大到了平民阶层，使更多的人接受了文化教育，使社会人才来源逐渐扩大，造就了一批在历史上引领推动社会进步的人才。

（三）教学原则

孔子对教学方法阐述较多，对后世教育方法论产生了重要影响。如立德为先、为己而学、寓教于乐、举一反三、因材施教、诲人不倦、温故知新、循循善诱等行之有效的方法，至今仍在各类教学中发挥作用，重点强调了教育必须把道德教育放在首要位置。

（四）学习方法

在培养良好学习态度的基础上，孔子特别强调学习方法，"工欲善其事，必先利其器""学而时习之""温故而知新"。提出"学而不思则罔，思而不学则殆"。《中庸》总结为："博学之，审问之，慎思之，明辨之，笃行之。"只有教导学生摆正学习态度，善于使用正确恰当的学习方法，教育才能达到比较好的效果，儒家教育思想对当前中小学教学具有重要的思考借鉴和价值指向作用。

（五）孔子教育思想在杭州市萧山区城郊地区学校的有效应用

孔子教育思想是中华优秀传统文化之精髓，2000多年来以教育为传播载体、以文化为源流融入中华民族思想之中，对中华文明源远流长起到了重要作用。当前中小学义务教育阶段也要深入挖掘孔子优秀教育思想蕴含的思想观念、人文精神、道德规范，结合时代要求继承创新，让学生启思想之志、引美学之思、修品德之功、立创新之智。笔者选择城郊地区的中小学为主要研究对象，这里不仅具备城市学校的一部分先进教学理念和设施设备，也具有农村学校相关的乡土文化和价值观可塑性强等特征，在城区和农村学校均有一定的推广意义，比较适合作为范例研究。

案例一：**萧山区渔浦小学**。该学校位于杭州市萧山区义桥镇，学校以"习惯奠基幸福，包容共营和谐"为办学理念，以"好习惯争章"为主题开展德育活动，校园文化紧紧围绕渔浦文化精髓"一包四崇"布置（一包是指包容的文化——义桥三江口南来北往水域宽广，商户云集，形成了义桥人宽阔胸怀、包容一切的性格；四崇是指崇学业、崇节孝、崇商道、崇诚义的文化），将书法教育作为办学特色，力争把学校打造成为萧山区的品牌学校，相继获得了浙江省标准化学校、浙江省书法教育研究会实验基地、杭州市文明校园、杭州市平安校园、杭州市护学岗先进集体等荣誉。

（1）校风校训，彰显儒学文化

学校以"习惯奠基幸福，包容共营和谐"为办学理念，以"创品牌学校、办满意教育"为办学目标，以"以人为本、面向全体、全面发展"为办学宗旨，秉承"诚信尚礼，厚德励志"的校训，逐步形成"仁、义、孝、礼"的校风和"勤学、好学、巧学、乐学"的学风，并提出了"古韵渔浦，墨香校园"的对外宣传口号。

（2）校园文化，体现儒学思想

校园景观文化紧紧围绕渔浦文化精髓——"一包四崇"，布局了"一雕三园四崇"建筑景观，行政楼一楼大厅立有"包容"文化浮雕，三幢教学楼之间的景观园分别以学业园、孝义园和诚信园命名，行政楼二楼设计有以四崇文化（学、孝、义、商）为中心的牌匾。学校三幢教学楼的走廊天花板分别悬挂书法、古诗以及渔浦文化等内容。东面围墙采用墙体彩绘孝义文化，内容是我国古代二十四位孝子的孝行故事。在教学楼与综合楼一楼连廊，打造以儒学文化为主体的文化长廊。

（3）儒学日常活动，推进德育教育

一是经典诵读。学校积极开展全校学生经典诵读活动，每天早上7：50到8：20这半个小时为学校规定的经典诵读时间，诵读的内容主要为：《三字经》《弟子规》《论语》以及古诗词。根据不同年级确定不同的内容。诵读的形式也是多样化，分班干部领读、分小组读、学生个别诵读、集体诵读。举行班级诵读比赛，对优秀学生、班主任进行表彰奖励。

二是礼仪教育。礼仪教育是学校儒学活动的必要课程。学校德育处要求每周二下午第三节课（少先队活动课）最后十分钟为礼仪教育时间，我们称之为"一句话礼仪教育"，如"见到老师或长辈要行礼、问好"，老师事先做好准备，并做好记录。

三是争章活动。学校少先队大队部组织学生争章活动，每位学生必修章5枚：诚信章、礼仪章、自理章、家务章、健体章。中队辅导员主要负责班级学生考章活动，达到具体要求的学生由学校大队部颁发奖章，这些必修章也是学生评优评先的必备条件，如果学生没有达到5枚必修章要求，就无法被评为三好学生、优秀学生干部等。

四是图书漂流。学校图书室整理出儒学文化图书10箱，每箱大约有图书80册，这10箱儒学图书在全校各班进行图书漂流，轮到班级这一箱图书就在班内停留一个月，由班级图书管理员负责学生借阅，同时，学校也规定每周五的中午12：15至12：55这段时间，为儒学文化图书阅读时间，由各班语文老师管理。一个学期下来，全校40个班级完成图书漂流，下一个学期漂流图书进行交换，继续漂流。

五是书法测试。学校每学年安排一次全校学生书法等级测试，书写内容一二年级为《三字经》内容、三四年级为《弟子规》有关内容、五六年级为《论语》内容，书法测试主要是硬笔书法，由书法老师评定书法等级（高级、中级、初级），未达到初级水平的学生，按规定不能参评各类先进活动。

（4）儒学特色活动，丰富师生课余生活

一是新生点朱砂、赠铅笔、走红毯活动。

每学年开学初，学校德育处都精心准备，除了营造校园氛围（设置彩球拱门、插彩旗、红地毯等），还安排了四项活动：

8月31日新生报名第一天，一年级新生举行进教室门点朱砂活动。由班主任手拿毛笔蘸朱砂，给每位走入教室的新生的眉心处点上一点朱砂，预示着孩子的启蒙教育开始，求知的大门、智慧的心灵之门从此打开。

上学第一天，每位一年级新生赠送儒学文化盒装铅笔一盒。铅笔盒上印有孔子圣人像，弟子规、论语的经典语句等，让一年级新生到校第一天就能闻到儒学文化的气息（孩子会问，铅笔上这个老人是谁呀？他在干什么呀？老师和家长分别给予回答）。

学校德育处组织几个小组，对每一位新生进行访谈活动。访谈内容主要有两个方面：礼仪文化访谈和日常生活访谈。如问同学之间应该如何相处、见到长辈该如何行礼等，了解新生关于礼仪及日常生活的第一手资料，为以后的教育奠定基础。

开学第一天，一年级新生走红毯活动。举行全校集会，一年级新生以班级为单位，在班主任老师的带领下，从铺好红地毯的主席台前走过。让每一位新生都能精彩亮相，体会到自己的价值，成为学校的一份子。

二是邀请专家对全体老师进行礼仪培训。

新学期教师报到第二天，学校邀请国家级礼仪培训讲师来学校对全体老师作《教师礼仪培训》的讲座，只有老师的礼仪做到位，学生的礼仪才能更加完善。在现实教学中，学校发现有部分老师对教师的礼仪常识还有所缺乏，比如如何跟家长交流，如何和同事、领导沟通，如何与学生交流等，还缺乏系统的途径和方法，通过讲座让老师们明白教师礼仪的基本作法，明白礼仪的重要性。

三是举行一至三年级《三字经》或《弟子规》诵读比赛、四至六年级《论语》演讲比赛。

时间一般在每学年的第二个学期，学校举行诵读比赛和演讲比赛，内容主要是以《三字经》《弟子规》和《论语》为主，诵读、演讲比赛时间控制在五分钟左右。各班精心准备，在比赛中亮相，获奖学生在全校集会中隆重颁奖，从而推动儒学文化在学生中的进一步深化。

四是举办"渔浦杯"书法大赛。

现已举办了三届"渔浦杯"萧山区中小学书法大赛，大赛书写内容固定为以义桥渔浦文化或儒学文化为主的古代诗词，比赛分初赛和决赛两个阶段。初赛为邮寄作品，决赛是现场比赛。决赛后获奖作品汇编成册，并且将作品在江寺公园、区文化中心大厅展出。这项活动还将持续开展下去，明年将举行第四届"渔浦杯"全区中小学生书法大赛。

五是儒学小故事宣讲比赛。

学校每学年举行一次儒学文化小故事宣讲比赛，每班推荐1名学生参加，先通过年级比赛，获得年级前两名的学生将参加全校儒学文化小故事宣讲比赛。在比赛当天，全校师生参与，悬挂横幅彩旗，气氛浓厚，比赛中评委现场亮分公布，比赛结束当场颁奖，学生参与氛围热烈。

六是送春联活动。

每年年底，学校有一个传统项目——送春联活动。活动的主体是学校耘墨社团的学生们，学生书写的内容是以儒学文化为主体的新春春联，在公共场所由学生们书写对联，免费送给老百姓。

案例二：萧山区育苗学校。该学校位于杭州市萧山区临浦镇，建校于2005年，是一所普普通通的外来务工人员子弟学校。学校一直致力于"雅"文化的打造，探索了"六会四雅"发展方针，以"博雅"为目标，打造"和雅"校园、"儒雅"教师以及"文雅"学生，在做好各项行为规范的基础上，让学生学会做人、学会求知、学会生活、学会审美、学会交际、学会创新。荣获了浙江省标准化学校、省级4A级平安校园、市级花园式单位、萧山区绿色学校、萧山区行为规范达标学校等荣誉。

一是以育人环境为平台，做到儒文化的"形进"。

"形进"指的是儒文化的外在表现，即校园环境。在育苗学校的校园里，教学楼的外墙和教学楼走廊，都印有学校自编的三百多字的学生行为规范三字歌，"升国旗，要敬礼；唱国歌，要肃立；尊长辈，爱幼小；孝父母，遵教导；会使用，文明语；遇长辈，要知礼；帮残疾，乐助人；不打架，不骂人……"要求每位学生背出来，并把它落实到行动上。围墙上还立着56个民族的墙绘，代表着这些农民工子弟来自不同的民族，师生们称之为"民族墙"，目的是让孩子们了解自己的"根"在哪里，从而增强他们的民族自尊心。依托校园设施，植入文化元素，发挥环境育人的功能，让学生的心灵在儒雅的环境中得到滋润，从而精心培养孩子儒雅的气质和文雅的风度。

二是以相关活动为载体，做到儒文化的"意进"。

"意进"就是借助活动，让儒文化在师生的头脑中形成自己的思想。学校的儒文化推进离不开活动的支撑，除了校园环境"润物细无声"的熏陶，还必须依托相关的活动，使儒文化入脑入心。育苗学校始终牵住让学生"变粗野为文雅"的牛鼻子，开展了"六会四雅"活动，使这一活动成为聚焦道德品行、建设儒学文化的浸润场所。每年"六一"节，学校都会开展以"弘扬儒雅文化"为主题的文艺演出，学生们穿着汉服登上舞台，沐浴在儒学文化的情景中表演节目，收到了良好的效果。在打造书香校园活动中，孩子们通过故事会、诗朗诵等活动，学得了大量的国学知识，在书香中感化心灵，培养情操，每年都有学生被评为区"书香少年"。

三是以课程改革为抓手，做到儒文化的"神进"。

"神进"就是要求通过外部环境的熏陶和内心世界的体悟，从而转化为师生内在的精神力量。青少年心智能力欠缺，要将儒学理念变为精神力量，有一个潜移默化的漫长过程，这就得借助儒学进学校这一契机，以儒学教育的需要设置几个拓展课程，通过丰富多彩的校本课程，渗透国学知识，在课程中进行儒学知识的教育。

有一个现象值得关注，从育苗学校毕业的学生不但学业有很大进步，综合素质和各方面能力也得到了很好的锻炼。如育苗毕业生赵家驹，读大学时他是唯一代表中国参加斯巴达勇士亚洲锦标赛的优秀选手。试想，一个民办学校毕业的孩子为什么这么出类拔萃？学校的培养目标准确，无疑是其中的一个原因。而明确并落实培养目标，课程的拓展与设置功不可没。学校从前几年开始，开设了"育苗课程"，小小国学社、香樟文学社、主持与朗诵、少数民族文化等拓展课程，学生们都很喜欢。因此，每周星期三最后一节课——拓展课成了孩子们最快乐的时光。

（六）孔子教育思想在杭州市萧山区城郊地区学校实践的重要启示

"最是文化能致远。"2019年，在国家"为党育人、为国育才"教育方针的指引下，杭州市萧山区儒学学会联合区教育局、萧山经济技术开发区召开区儒学文化进校园深化工作现场会，发布《关于深入开展萧山区儒学文化进校园活动的指导意见》，结合当前萧山区儒学"三进三寻"工作，通过儒学思想与校本文化结合，实现儒家传统思想和现代教育理念的对接。进一步提升师生的人文素质和道德修养，把优秀的儒家文化思想应用到教育教学工作中，充分发挥文化作为教育资源应用的作用，打造一校一品校园文化，实现儒家思想成风化人。

一是推进儒学外化于形。

"外化"，就是做好"面子"文章，从外在形式上做好校园文化的宣传、发动工作。在孔子优秀教育思想的统领下，结合本区域文化、各学校特点等，更新提炼学校办学理念、校训、校风、教风、学风、师生价值观以及校徽、校歌、教学楼名称等。着力营造儒家文化进校园的良好氛围，科学布局有关孔子教育思想和儒学文化的板报、墙报、标语、橱窗、校刊、绘画、雕塑等，通过"让每一面墙壁都会说话"的校园文化的打造，让校园儒学文化"外化于形"。

二是引导文化内化于心。

"内化"，就是做好"里子"成果，让文化深入人心，让孔子教育思想和儒学文化深入人心，从而成为全体师生"骨子里的东西"。一是规范自身行为。儒学文化教育与中小学生日常行为规范相结合，指导学生养成良好的行为习惯，做到言行规范、修身养性、知行合一，使学生既有深厚的文化底蕴，又养成儒雅的君子之风。二是提高师德修养。通过儒学培训、活动、比赛、交流、学习等多种途径，引领广大教师学习感悟儒学文化，进一步增强个人德行修养，陶冶情操。亲其师，才能信其道。用高尚的人格感染学生，以深厚的理论功底打动学生，做为学为人的表率。三是营造工作氛围。结合实际，推进校园特色文化建设，把深化儒学文化教育活动纳入文明班级、文明学生和师德标兵的考评体系，开发特色校本教材，创新课内外教学方式以及设计相关主题教育活动，全力营造积极向上的、有正能量的儒学文化教育氛围。

三是协助构建和谐社会。

在中小学内推进儒学文化进校园活动，形式主要为"四个结合"，即与学生行为规范相结合、与学校特色创建相结合、与校园文化建设相结合以及与学生家庭教育相结合，倡导积极向上的、有正能量的人生观、价值观，要求广大师生对于自身都能以"君子"的德行标准去衡量、去践行。同时通过学生分享、家校互通、专题活动等形式，渐渐地让家长们认同，让孔子优秀教育思想和儒学文化"入乎耳，存乎心，蕴之为德行，行之为事业"，助力和谐社会建设。

山西静升文庙有一副楹联："道冠古今山河海岳生情义，德侔天地日月星辰更熙和。"上联是赞颂孔子遵循天理法则而创行的思想学说，因居古今之首，致山川河海都会产生情义；下联是赞颂孔子与天地等同的高尚道德，使日月星辰的光辉都显得更加祥和温暖。二千五百多年过去了，新时代我们依然在孜孜不倦地吸收孔子优秀教育思想，围绕"为党育人、为国育才"的发展方向，落实立德树人根本任务，深入推进儒学文化进学校工作，积极培育和践行社会主义核心价值观，为文化强国和新时代美好教育贡献一份力量。

(作者系杭州市萧山区儒学学会副秘书长；

杭州市萧山区儒学学会秘书长)

办好书院,做儒学"两创"的忠诚践行者

李忠厚

临清海山集团、临清京杭书院地处山东省西北部的"千年古县,运河名城"——临清市。临清,是京杭大运河上一颗璀璨的明珠,历史悠久,人文荟萃,底蕴深厚。大运河给临清带来了繁荣的商业文明,也孕育了博大精深、丰富多彩的地方文化。临清现有大运河世界文化遗产点段 2 处,全国重点文物保护单位 11 处,国家级非物质文化遗产代表性项目 3 项;是"千古奇丐"武训兴学之地、中国古代皇家贡砖烧造地、山东快书诞生地、"四大奇书"之一《金瓶梅》故事背景地。临清历史上涌现出了众多成就卓著、影响深远的历史文化名人——唐代音乐家吕才、宋代连中"三甲"的王岩叟、明代诗坛"后七子"之一谢榛、清代"帝师"徐坊、近代学者吴秋辉、抗日名将张自忠、国学大师季羡林,等等。深厚博大的地方文化,崇文重教的优秀传统,淳厚朴实的民俗民风,成为临清人重要的精神内核。临清人对地方历史文化情有独钟,传承发展经久不衰,这不仅为京杭书院的创办与文化传承提供了丰厚的土壤,也激励着我们在当今文化复兴的新时代砥砺前行。

传承中华优秀传统文化是京杭书院的办院宗旨,研究、传承和发展儒学文化是我们工作的重要内容。习近平总书记在党的十九大报告中指出:"发展中国特色社会主义文化……要坚持为人民服务、为社会主义服务,坚持百花齐放、百家争鸣,坚持创造性转化、创新性发展,不断铸就中华文化新辉

煌。"习近平总书记关于中华优秀传统文化"两创"的重要论述是我们京杭书院开展工作的根本遵循。我们坚持立足临清这片文化沃土，深入挖掘儒学思想的精髓，在传承中创新，在创新中发展，服务于时代，服务于人民，服务于社会主义核心价值观的建设，助力中华民族伟大复兴中国梦的实现。

下面，我从四个方面汇报临清京杭书院在儒学传承发展过程中的主要工作和心得体会，不当之处敬请批评指正。

一、走进儒学神圣殿堂的三个重要阶段

儒学文化，对我本人和我所从事的民企行业来说，看起来并没有多少直接联系，但是，传播和践行它的思想理念是我在个人创业历程中——从读书感悟，到创建多元化产业集团，再到从事公益文化事业而带来的必然结果。

（一）个人学习实践阶段：酷爱读书学习，爱上传统儒学

孔子曾说过："吾少也贱，故多能鄙事。"我出生于20世纪60年代，农民出身，迫于生计，高中尚未毕业，便开始打工。谋生、创业虽然吃了很多苦，但是也在社会这所"大学"中得到了历练。

在繁忙和辛苦的工作之余，我养成了读书学习的习惯，从最初的有空就学、见书就读，到后来固定时间和有选择地阅读，只要不出差，我每天早晨上班前坚持读书一小时，十几年来雷打不动。随着时间的推移，我渐渐喜欢上了儒学著作，从蒙学读物——《三字经》《弟子规》《千字文》，到儒学经典——《论语》《孟子》《中庸》《大学》《周易》等，或是《孔子家语》以及儒学研究方面的书刊，我都爱不释手，百读不厌。

读书让我感悟到，儒学著作中蕴含的人生哲理、处世之道、礼仪规矩、理想信念，与往日父母的谆谆教导以及日常接触的一些民间道理是相融相通的；在经商生涯中，我尤其感到言行一致、诚信经营的重要性。这更坚定了我学习钻研儒学的信心，坚定了我要做一名"儒商"的精神追求。

（二）企业培训实践阶段：创立海山国学堂，打造企业特色文化

得益于党的十一届三中全会精神的鼓舞，以及国家发展市场经济的好政策，我带领家人下海经商，从摆地摊赚小钱到开办五金商店搞零售批发生意，再到兴办企业，开展公益文化事业，创立了临清海山建设集团有限责任公司，已经走过了四十年的风雨历程。公司现拥有商砼制造、置业开发、现代物流、劳务输出、进出口贸易、电子科技、幼儿教育、物业服务、酒店管理、生物科技、文化传媒等多元化业务，下辖15个子公司（单位），为当地解决了几百人的固定就业和几千人的灵活就业，上缴利税年年递增，列入临清市规模以上重点企业。

为使企业提质增效，做大做强，实现永续发展，我开始尝试将儒学文化引入企业管理，用儒学文化统一团队思想，凝心聚力，争创一流，进而打造独具特色的企业文化品牌。在2014年，集团创立了临清海山国学堂，开设了春天幼儿园和新都物业分学堂。国学堂面向海山集团干部职工和社区开展国学研读培训活动，坚持公益性办学堂，以弘扬中华优秀传统文化为己任，倡导德善孝爱诚，自编教材，自任讲师，形成"培训—研学—交流—考核—奖惩"一整套运行机制。国学堂每年举办集中学习培训班，现已连续举办了七届，接受培训人员累计近万人。

通过国学培训，干部职工的文化和思想水平显著提高，人际关系更加和谐，家庭亲情更加和睦，集团管理能力不断增强，企业品牌和文化软实力不断扩大。

（三）设立公益文化机构阶段：创办京杭书院，形成以弘扬儒学为主的文化传播新格局

新时期开新局面，顺应时代大发展。2020年9月21日，海山集团独资筹建临清京杭书院，11月21日揭牌成立。书院的成立，得到了市委、市政府和部分高校专家学者的大力支持，从此海山国学文化传播步入独立开设、系统谋划、快速高效发展新阶段，形成了研究、讲学、传播、实践一体化新格局。

2021年8月，尼山世界儒学中心、中国孔子基金会为全国首家县级党委宣传部"孔子学堂"——中共临清市委宣传部"孔子学堂"授牌。临清市委宣传部将此荣誉项目安排在京杭书院，由我院负责开展儒学研究和传播工作，凸显了儒学文化在我院研究传播中的分量，大大增加了我院的文化含金量。

同年9月，海山集团投资1000余万元开办临清京杭书院图书馆暨临清市图书馆分馆，开展绿色阅读"城市书房"，实施文化惠民工程。图书馆藏书一万余册，面向市民全天开放，提供免费阅读和图书借阅；馆内还设立了运河文化图书专区，现已搜集并接受捐赠个人著作以及有关记述临清历史人物的图书资料2000余册，为妥善保管传承当地文化著述成果贡献了我们的一份力量。

京杭书院成立不久，我们经过考察咨询和多次研究讨论确立了办院宗旨和发展理念，以确保书院工作有条不紊，扎实推进，确保书院发展行稳致远，成果可期。

书院的办院宗旨为：传承以儒学思想为代表的中华优秀传统文化、运河历史文化、临清地方特色文化，建立集教学、研究、传播、藏书和大众阅读为一体的公益文化平台，打造"乡村儒学"新样板，接续临清清源书院文脉，净化大众心灵，醇化社会风气，用优秀文化浸润社会主义核心价值观。

书院的发展理念具体体现在三个方面：

1. 坚持党建引领，在地方党委政府领导下，在中国孔子基金会指导下开展工作。积极落实临清市委宣传部批复的《京杭书院关于开展践行社会主义核心价值观，弘扬中华优秀传统文化"五进"活动方案》精神，组织专家讲师到基层宣讲中华优秀传统文化；承办了"中国作家协会大运河采风行"接待工作，推介临清、宣传临清；在隆重庆祝建党一百周年前夕，开展了为期三个月的"红色颂歌"朗读公益活动并网络推送。

2. 坚持"走出去、请进来"工作方针，加强对外交流，提高办院水平。在京杭书院揭牌仪式上，我院聘请国内知名专家学者作为业务指导，现场发放聘书：聘任中国孔子基金会原副理事长、山东财经大学儒商文化研究院院长牛廷涛，临清市政协原主席、临清诗词楹联学会会长蒋保江为京杭书院名誉院长；曲阜师范大学特聘教授、博士生导师颜炳罡，北京师范大学中国易学文化研究院院长、教授、博士生导师张涛，聊城大学政治与公共管理学院院长、教授唐明贵为学术顾问。为开阔视野，丰富经验，提高办院水平，我们组织院委会成员及公益讲师先后参观学习了汶源书院、嵩阳书院和尼山书院，到曲阜"三孔"和邹城的"三孟"追寻文脉并同孔子研究院和孟子研究院进行学术交流，开展了"2021走读齐鲁文化　拜访孔子学堂"之旅等活动。

3. 坚持服务地方，推动地方文化创造性转化、创新性发展。京杭书院通过开展形式多样的活动，广泛宣传老同志的先进事迹，弘扬"五老"精神，发挥老同志的特长和优势，支持更多老同志加入、关心下一代工作，为"五老"工作提供活动和交流的平台，临清市委组织部联合临清市关心下一代工作委员会把京杭书院图书馆设立为临清市"五老"工作站并授牌；与临清市委统战部联合创办了同心大讲堂及党外知识分子活动基地，组织开展了"儿童教育""同心学党史"等一系列活动，为加强统一战线思想提供了良好的平台；为促进"学习强国"学习平台线上线下同频共振，临清市委宣传部在京杭书院建立了"学习强国"线下课堂，激发了市民群众的学习热情，促进了党史学习教育，实现了实体书店与"学习强国"学习平台融合对接；漫漫百年征程，铸就辉煌历史，在建党百年之际，与临清市文化和旅游局联合举办了"建党百年红色电影展映"系列活动，广大市民"爱国爱党"热情空前高涨；与临清市诗词楹联学会共同创立了诗词研究基地，为传承、弘扬中华优秀传统文化做出贡献；与临清市图书馆共同创办了全民阅读"城市书房"，利用京杭书院图书馆自身特点，设置了"运河临清"文化专区，传承、弘扬了中华优秀传统文化、运河历史文化、临清地方特色文化，提高了广大市民的知识储备，提升了文化建设水平；聊城大学在京杭书院设立文化教育实践基地，开启了大学和书院合作的新模式，使传统和地方文化研究传播公益活动更具特色。

为发掘临清历史文化和旅游资源，京杭书院大力支持书院院委会成员刘英顺老师举办的"胡同游"活动，提供车辆、宣传、媒体支持等，面对"胡同游"讲解员后继乏人的现实，为该活动承担了招募和培训公益讲解员工作。

二、以开展"乡村儒学"为统领，带动地方文化研究走深走实

（一）面向基层，宣讲中华传统美德，让乡村儒学落地走心

何为乡村儒学？著名儒学研究专家颜炳罡教授认为，它是民间儒学、大众儒学、草根儒学、生活儒学的具体形态；现代乡村儒学，起源于山东省泗水县的尼山圣源书院，是由书院学者率先在书院周边村庄宣讲儒家的孝悌仁爱之道而形成的一种儒学实践形态，其目标是实现儒学由伦理道德规范向民众信仰的转化。通俗来讲，乡村儒学就是面向乡镇农村、基层社区的普通民众讲授儒学文化、培养仁爱孝悌品德、规范言行举止礼仪，实现乡村文明振兴，助力社会主义核心价值观形成的传播形式。

颜炳罡教授是曲阜师范大学特聘教授、博士生导师，是乡村儒学研究专家和践行者。我和颜教授私交甚好，是十几年的老朋友、好朋友，他也是我学习、研究儒学，特别是传播"乡村儒学"的引路人。在颜教授的指导和影响下，我已经从事"乡村儒学"活动十几年，在临清李庄、先锋办事处和新华办事处社区、集团公司所属的物业小区开展"乡村儒学"普及传播活动，均取得了良好效果。

在此分享一个典型的案例。我公司管理的一个物业小区——临清桑树园大顺花园，是一个城中村改造后的居住小区，人员复杂，管理难度很大，我便决定选择在此进行"乡村儒学"宣讲培训活动。我开设讲座，向业主们普及儒学知识，讲解"仁义礼智信，温良恭俭让"的做人道理，讲解建立和谐小区、文明小区的重要性。开始来的人很少，我就准备了免费晚餐、提供学

习资料及生活用品等，凡是参加听课的人回去都可以领取一份物品作为鼓励，渐渐地听课的人越来越多，容纳120人的会议室座无虚席，领取礼品的人由开始抢着要，到最后不好意思要，甚至都不要了。原因是授课让他们认识到我是为大家好，为小区建设好，免费听课再领人家的礼品自己心里反而过意不去。一轮授课下来，大家的思想和行为都发生了显著变化，物业公司和业主的认识统一了，关系理顺了，工作也好做了。

之后，我把这种方式推广到物业公司管辖的其他小区，并在管理过程中主动开展人文关怀和温暖服务，物业管理效果和水平大幅提升。现在小区的业主，拖欠物业费的少了，主动按时缴费的多了；与物业敌对吵架的少了，找物业帮忙的多了；打市长热线的少了，给物业送锦旗的多了。乡村儒学传播的好处，首先在我的企业管理中得到验证，又被临清市城乡建设局作为经验推广，海山集团执行副总经理兼物业公司经理李新岩被推举为临清市物业协会会长，物业公司被聊城市城乡建设局授予"红色物业"荣誉称号；在老旧小区改造过程中，一些情况复杂、散乱难管的小区，市领导常常点名由我集团所属的物业公司接手，这让我们倍感荣幸和欣慰。

除此以外，受"乡村儒学"践行者精神的感召，我还应邀外出或在书院开展儒学讲座。2021年，我受临清市委宣传部和文旅局的邀请，在临清市图书馆开设《中华优秀传统文化滋养社会主义核心价值观之——〈弟子规〉与公民个人道德准则》讲座，面向市民宣讲儒学理念和核心价值观养成的必要性，受到与会者的热烈欢迎；2022年初，我在京杭书院图书馆多功能厅开讲《探寻中华优秀传统文化》，讲述孔门的理财之道，以此拉开书院儒学和传统文化系列讲座的序幕，也收到良好的宣讲效果。

京杭书院有一项重要内容就是开展乡村儒学基地建设，我们争取在条件具备的乡村、社区建立儒学传播基地，使儒学传播常态化、规范化、深入化，在乡村儒学传播上见实效。乡村儒学传播是京杭书院确立的中华优秀传统文化传播品牌，我们将坚定不移地做下去，做出成绩，擦亮品牌，做成样板。

(二) 多措并举，上溯下传，深入挖掘、研究临清历史名人

京杭书院在做好儒学研究与传播、打造"乡村儒学"样板工程的同时，还开展了临清文化名人的发掘和研究工作。

历史文化名人深受中国传统文化特别是儒家思想的影响，他们崇德向善，严谨治学，心怀家国，成就非凡，为历史做出了贡献，为后人做出了榜样。2021 年，经过院委会和专家组研究，书院决定首批研究目标人选为：东方学大师季羡林和"学界大家"吴秋辉。

2021 年 12 月，京杭书院召开了季羡林学术研究委员会和吴秋辉学术研究委员会成立大会。两个委员会的主任均由院长担任，副主任分别由临清党史和地方史研究专家吕守贤和临清运河文化研究专家、著名"胡同游"创始人刘英顺担任，同时，还宣布了研究人员组成。会上，确定了两个委员会的研究目标为：一是争取在一到三年内，建成一支学识渊博、热心研究、参与面广、相对稳定的研究队伍，形成一定的学术研究成果；二是争取在四到六年内，形成浓厚的学术研究氛围，深化研究课题内容，形成有较高水平的研究成果；三是争取在七到十年内，使研究不断向纵深发展，研究的影响力逐渐扩大，形成有特色、有深度、高水平且与临清社会文化建设相结合、推动文化教育工作发展的研究成果，成为京杭书院的一大亮点。

(三) 汇聚英才，开展运河文化研究，彰显地方特色和民俗文化底蕴

大运河千年流淌，为临清沉淀了深厚的文化资源，留下了丰富多彩的文化形态，如商业文化、民俗文化、曲艺文化、武术文化、饮食文化、京剧文化、方言文化、名人文化和民间工艺文化，等等。开展地方特色文化和民俗文化挖掘研究，是京杭书院又一特色。

2021 年 9 月 29 日，京杭书院邀请山东梨花大鼓传人左玉华女士莅临考察梨花大鼓发源地遗迹，为观众举办了有关梨花大鼓发展演变的讲座，并现场表演了梨花大鼓精彩唱段，引起与会者的共鸣，大家为家乡有过如此优美绝伦的民间艺术而感到无比骄傲。

在地方特色和民俗研究方面，我们根据自身实力和条件，目前开展的研究主要有京剧文化、武术文化、胡同文化、民俗文化、收藏文化等项目，并取得了一定的成果。原临清市京剧团团长徐雪涛、临清市武术协会主席魏庆新、运河文化保护协会副主席刘英顺、临清市钱币收藏协会会长刘超等人，先后在京杭书院开设讲座，将自己的研究成果与大家分享。

三、以创立京杭书院图书馆为契机，探索多维度、深合作的文化传播运行模式

（一）汇聚民间艺术人才，传承发扬地方特色艺术文化

京杭书院图书馆内开辟有藏书室、阅览室和多功能厅，为发挥图书馆的综合效益，在多功能厅经常举办各种文化艺术研讨、宣讲和交流活动。

（二）临清市委组织部联合临清市关心下一代工作委员会把京杭书院图书馆设立为临清市"五老"工作站

京杭书院为切实加强"五老"队伍建设，推进关心下一代事业健康发展，不断优化队伍，吸收了不同行业、不同学科和不同专业的"五老"加入，并组织"孩子压岁钱的管理与支配"等丰富多彩的活动，充分发挥"五老"的优势和作用，引导广大青少年以实现中华民族伟大复兴为己任，努力学习，健康成长，艰苦奋斗，让更多老同志在关心下一代的广阔舞台上老有所为，发光发热。

（三）临清市委统战部联合创办了党外知识分子活动基地和同心大讲堂

京杭书院在临清市委统战部的引领下邀请一批党外知识分子，开展丰富多彩的主题活动、课题研究，广大党外知识分子树立"终身学习""知行合一"的理念，不断提高学术水平和专业造诣，成为业务精湛的专业人才；"同心大讲堂"团结引领广大青少年大力弘扬新时代中国精神，赓续红色血脉，传承红色基因。

(四) 临清市政协在京杭书院举办"书香政协·读书驿站"活动

最是一年春好处，正是读书好时节。京杭书院与市政协共同开展了委员读书活动，引导大家形成多读书、读好书、善读书的浓厚氛围，让阅读成为习惯，让书香浸润政协，以"书香政协"推动"书香社会"建设。

(五) 与市委宣传部积极推进"精神文明建设五进工程"

为扎实推进精神文明建设五进工程，京杭书院利用自身优势，因地制宜开展了各种文明实践活动，并以志愿者作为主体力量，以志愿服务作为基本形式，构建了服务优质、运转高效的新时代文明实践"五进"工作模式。

(六) 与诗词楹联协会共同把临清市创建成省级诗词之乡

创建"诗词之乡"对于弘扬优秀传统文化，扩大一个地方的知名度、美誉度具有十分重要的意义。京杭书院成立临清诗词楹联学会海山分会，多次举办优秀诗词征集活动，通过大力发展会员，加强诗词专业知识培训和辅导，鼓励会员积极开展诗词创作，并对优秀的作品进行网络推送，提高创建工作的实效和社会影响力。

(七) 京杭书院作为创作基地，与临清作家协会共同开展了中国作家走进运河活动

临清凭借着大运河的漕运兴盛而崛起，有着"富庶甲齐郡""繁华压两京""南有苏杭，北有临张"的美誉。京杭书院带领广大作者，走进运河，领略临清安静之美、历史之美，探索临清当前快速发展和辉煌未来之间的关系，深入了解临清风土人情，把临清的过去和未来串联起来，精心打磨、用心创作，再造临清文学新辉煌。

(八) 对接开展"学习强国"线下课堂

2022年3月，我们利用开办图书馆的有利条件申请了"学习强国"线下学习平台，以实现"学习强国"平台线上线下的同频共振，更加深入地学习党的创新理论，激发市民群众的学习热情，促进党史学习教育，深化全民阅读，实现"实体书店"和学习平台融合对接。为切实做好线下平台的正常运

行，书院制定了线下体验空间建设管理方案，成立强化线下空间管理领导小组，并制定了管理细则和突发事件应急预案；落实了所需经费和线下学习空间布置，开设了"学习强国"阅读区、"党史问答"区、"平语近人"教育课堂等。同时，我们还和市委党校、市委老干部局结成协作单位，适时邀请党校教师和知名离退休干部前来为学员们讲解党建党史知识和新时代党的重大方针政策，确保线下学习效果。

（九）开设"孔子学堂"，举办"周末好时光，相聚在京杭"公益讲座

2021年以来，我们在图书馆多功能厅开设了"孔子学堂"。书院先后举办了多次大型学术交流活动：一是"国庆七天乐"中华优秀传统文化和地方特色文化专题讲座；二是重温中央电视台大型文化类节目——《典籍里的中国》专题片，由我市知名文化学者和教育专家对古代典籍做个性化解读，帮助观众深入了解古典著作蕴含的深厚内容和深刻道理；三是举办了多场研讨和交流活动，主要有季羡林、吴秋辉学术研讨会，纪念中国图书馆事业先驱徐坊座谈会，中国作家协会和聊城市作家协会临清采风活动。活动的开展，让图书馆在发挥藏书和阅读功能的同时，提供了一个学术交流平台，让书籍承载的知识活起来，让和书籍建立联系的人流动起来，让书籍的现实作用发挥出来。

（十）与文化社团、高校、科研机构和政府职能部门合作办馆

书院图书馆建立后，其藏书优势、运作方式、服务大众的公益属性、多样化的研讨交流活动等，引起了各级文化社团和政府有关部门的重视，纷纷洽谈合作，实现共赢共享。目前已有临清市诗词楹联学会、临清市作家协会、临清市社科联、临清市关工委、临清市老干部局、临清市党外知识分子联谊会、聊城大学、山东省儒商研究会等单位将这里定为普及基地、教育基地、实习基地和学习基地等。

四、坚持公益、生意"两手抓"，推动事业、产业"双丰收"

京杭书院成立以来，海山集团公司迈入了"以企兴文，以文助企，文企

互辅，义利双隆"的企业和文化双发展、共促进的新征程，实现了"两手抓""共促进"和"双丰收"。一年多的实践历练，产生的经济效益和社会效果，令我们倍感欣慰和鼓舞。

（一）对集团公司来说，以德治企，文化引领，优化管理，凝聚人心，企业效益稳步攀升，集团规模不断壮大

前几年，面对来势汹汹的新冠疫情带来的不利影响，集团公司上下一心，共克时艰，通过内挖潜力，外拓市场，内抓管理，外树形象，实现了集团公司所属各个子公司（单位）的经营效益不减反增。这来之不易的成绩，这沉甸甸的硕果，当得益于儒学文化对企业的润泽和引领，得益于集团每一位成员的稳健奋勇、担当作为。

（二）对京杭书院来说，坚持公益属性，坚持文化惠民，坚持服务地方经济社会发展，坚持造福一方百姓，社会效益不断提升

京杭书院开展文化研究传播推广活动，经费全由海山集团承担，这是企业做大做强后主动反哺社会的具体体现。举办讲座，外出考察，承办会议，场地、车辆、人员、媒体支持等都是免费的。同时，在书院的感召下，讲师团成员、志愿者服务团队，也都心甘情愿无私奉献，为弘扬中华优秀传统文化、运河文化、地方特色文化尽一份力量。京杭书院的最大贡献，就是打造了一个大众共享的公益文化平台。在这里，爱好传统文化、擅长文化研究和传播的同仁同道拥有了施展的舞台和分享的机会；渴求文化、喜欢文化并愿意接受中华优秀传统文化熏陶、提升个人修养、提升文化品位的朋友实现了个人所愿，极大满足了精神需求。可以说，平台的建立是一举两得，善莫大焉！

（三）从精神价值追求上来说，企业、书院和个人的辛勤付出，换来了一方百姓的认可，受到了党委政府的重视和表彰，这是无价的，也是幸福的

临清市领导多次到海山集团公司考察调研，对企业高质量发展取得的成

绩和兴办文化事业产生的良好社会影响给予高度评价。山东省儒商研究会会长许立全在考察我公司的经营和文化建设后赞不绝口，决定将集团公司树为全省儒商会员企业观摩学习的典范。我本人荣获了第 30 期"聊城好人"、第五届"临清市道德模范"等多项荣誉。

五、下一步工作计划

（一）坚持高点定位

对标习近平总书记有关重要讲话精神，在落实"四个讲清楚""两创""两个结合"上积极作为，继续推动中华优秀传统文化传承发展。

加强习近平新时代中国特色社会主义思想学习，加强党史理论学习，在学深悟透做实上下功夫，用先进理论武装自己，指导书院开展工作；自觉践行习近平总书记提出的中华优秀传统文化"两创"思想，改进研究和普及方法，让中华优秀传统文化精华与时代精神结合，让经典传统文化走进平常百姓家中，根植普通大众心里，外化为建设新临清、共筑中国梦的行动力量。

（二）坚持系统谋划

在临清市委、市政府领导下，立足当下，着眼长远，统筹事业产业，整合多方力量，推动文化资源优势转化为品牌优势、竞争优势、发展优势，推动临清文化建设工作提质增效。

坚持京杭书院服务临清地方文旅事业发展的大方向，为"文化强市、文旅兴市"多做事，做好事，做贡献。

（三）坚持项目推进

聚焦这几年可以抓出系统性成果的事项，项目化、清单化推进落实，逐步形成理论研究、论坛交流、空间展示、教育传播、文旅体验、人才引领、政策扶持等系统性、标志性成果。

继续办好书院公众号，不断推送文化理论研究成果和文化活动信息；在"孔子学堂""同心大讲堂"持续开展双休日的"周末好时光，相聚在京杭"

文化讲座、影视观赏活动；扎实推进临清乡贤研究工作，按时召开研究交流会、总结会，落实阶段研究目标；推进"乡村儒学"普及基地建设，以点带面，做好儒学文化传播各项工作。

结　语

以上汇报，是临清海山集团近几年特别是京杭书院成立近两年来，在儒学研究传播方面，立足地方实际，努力践行中华优秀传统文化"两创"方针所做的一些工作和体会。与取得优异成绩和有着丰富经验的兄弟社团相比，我们的步子还是踟蹰的，研究深度还有待拓展，研究方法也有待改进。回顾所做的工作，传承文化的过程给我们带来了快乐，其中的辛苦、甘甜非常值得回味。

在工作中，我深深地体会到，要搞好儒学研究和传承工作，就要做到：把握正确方向，彰显时代价值；打造传播平台，体现公益属性；立足当地实际，注重融合创新；坚持知行合一，善下绣花功夫。

创新，是一个民族不断发展壮大的动力源泉。习近平新时代中国特色社会主义思想把创新摆在国家发展全局的核心位置，不断推进理论创新、制度创新、科技创新和文化创新等，开创了治国理政的新局面。新形势下，京杭书院要以党的创新思想为指引，俯下身子，迈开步子，干实事，求实效，不断取得儒学研究传承工作的更大成绩。

沐浴着时代的春风，享受着美好的生活，行走在实现中华民族伟大复兴中国梦的新征程中，我们京杭书院将承担起中华优秀传统文化传承和践行的责任，在"运河文化名城"临清大地上书写新时代的华美乐章！

（作者系临清京杭书院院长）

儒学文化在民营企业党建工作中的融合实践与探析

杨德品　金　尧　曹友明

一、引言

（一）背景介绍

改革开放以来，我国民营企业得到了蓬勃发展，已成为国民经济发展的重要力量。据统计，截至2023年，民营经济主体占所有经营主体的96.4%，在GDP中的占比超过60%，彰显了我国民营企业已成为推动当地经济发展的重要力量。民营企业不仅是经济增长的重要引擎，也是技术创新、产业升级和社会文化进步的重要推动者。

自1995年萧山区优秀民营企业传化集团成立浙江省首个党支部以来，党建工作逐步成为引领和服务民营企业发展的重要保障，在提升企业凝聚力、推动企业文化建设、促进企业可持续发展等方面发挥着不可替代的作用。近年来，随着萧山区儒学学会儒学文化"三进"（进学校、进村社、进企业）活动的持续推进和深入，越来越多的民营企业将儒学文化融入企业文化建设，旨在借助其深厚的文化底蕴和道德准则，提升企业管理水平，增强企业的社会责任感和核心竞争力。

本文旨在深入探索儒学文化融入民营企业党建工作所面临的困难与挑战，

并分析其具体做法与策略，以期通过这一研究，进一步拓宽民营企业党建工作的思路与路径，创新党建工作的模式，为儒学文化在民营企业党建工作中的融合实践提供有益的参考与借鉴。

（二）研究意义

儒学文化作为中华优秀传统文化的杰出代表，不仅对中国文明的发展和历史进程产生了深远影响，也是中国共产党精神谱系的重要源泉。党的二十大强调，只有将马克思主义基本原理同中国具体实际相结合、同中华优秀传统文化相结合，才能准确回答时代和实践提出的重大问题，才能始终保持马克思主义的蓬勃生机和旺盛活力。

儒学文化融入民营企业党建工作中是组织工作与文化传统交汇的重要领域。民营企业党建作为企业组织行为文化的关键组成部分，是一项重要的管理举措；而儒学文化则深深植根于人们的价值观和行为模式之中。将儒学文化有效融入企业党建工作，不仅能够促进组织的稳定，提升公平与正义，还能为民营企业的发展创造有利的环境。这种融合不仅关乎企业的经营决策，还涉及企业的内部治理、文化建设等多方面的综合考量。

在新时代背景下，如何赋予儒学文化以时代价值，有效借鉴其思想精髓以实现民营企业的经营管理和文化建设发展，成为当代社会经济组织创新发展的重要体现，也为民营企业高质量发展提供了宝贵的实践经验。这种融合能够显著增强企业的凝聚力与向心力，提升企业的文化软实力，并促进企业与社会的和谐共生，为企业的可持续发展奠定坚实基础。

二、儒学文化在民营企业党建工作中的融合实践现状分析

儒家思想中蕴含"齐家治国"的家国情怀、崇德向善的道德追求、自强不息的进取精神等丰富内涵，都为新形势下民营企业党建工作提供了坚实的基础和有利条件。

(一)成效与优势

一方面,融合意识逐渐增强。据统计,民营企业主体数量占比已超九成,承担着越来越多的社会职能。随着国家对民营企业发展的日益重视,对民营企业党建工作支持力度也越来越大,越来越多的民营企业也开始认识到党建工作的重要性,并积极探索将儒学文化融入党建工作的路径和方法。许多企业通过打造党建工作品牌、建立党员活动中心、举办国学讲座等形式,丰富党建文化活动内容,提高党员的文化素养和道德水平。

另一方面,融合方式不断创新。在儒学文化融入民营企业党建工作实践的过程中,民营企业不断创新融合方式,力求独树一帜,以期取得更佳的效果。一些企业通过建设党建网站、研发党建APP、设立线上学习平台等举措,为党员提供了随时随地学习儒学文化和党建知识的便利;有的企业则通过举办文化沙龙、主题论坛、文艺演出等丰富多彩的活动,将儒学文化元素融入其中,有效增强了员工的参与感和获得感。更有甚者,一些企业充分利用儒家"仁爱"的思想精髓,将其作为企业道德情感和行为准则的重要基石,倡导以仁爱之心经营事业,不仅促进了员工之间的和谐关系,还精准践行了企业的社会责任。

(二)存在问题与挑战

尽管儒学文化在融入当地民营企业党建工作中取得了一定成效,但仍存在一些问题和挑战。

一方面,部分民营企业对儒学文化与党建工作的融合作用认识不足,缺乏足够的重视,他们认为党建文化会占用企业资源,影响经济效益,从而制约了党建工作的深入开展,忽视了其对企业长远发展的重要性。

另一方面,一些民营企业由于经营规模或管理体制不完善,党组织与企业经营管理融合度不高,缺乏统一领导与有效管理,在践行儒学文化过程中容易注重表面形式而忽视实际效果。此外,如何保持儒学文化融入党建工作中的创新性和吸引力、如何在快速变化的市场环境中保持党建文化建设的连续性和稳定性，也是民营企业需要重视的问题和挑战。

三、儒学文化在民营企业党建工作中融合实践的具体运用

（一）在组织领导中的融合运用

在民营企业党建工作中，党组织不仅是企业政治领导的核心，且其最为重要的是实现对人的教育和管理，这一理念与儒家思想所主张的"为政在人……其人存，则其政举，其人亡，则其政息"不谋而合，都强调工作的成效取决于人的因素。这给企业党组织带来了深刻启示，即必须高度重视人才，确保有德有才之人才能够担当重任。当地众多民营企业在党建工作中，将儒家的"人本"思想作为文化建设的核心理念，充分认识到人在企业发展中的决定性作用。他们秉持儒家思想所倡导的"仁者爱人""德才兼备，以德为先"的原则，将德性作为选人用人的重要标准，注重引进具备这些高尚道德素质的领导型人才，这种做法取得了显著的成效。

（二）在组织决策上的融合运用

在组织经营决策层面，这些民营企业更是将儒家思想所倡导的"和谐"发展理念体现得淋漓尽致。他们不仅关注企业自身的经济利益，确保围绕中心、服务大局，体现企业特色和行业特点，更加注重社会的和谐与稳定发展。在进行项目投资时，合规性、绿色环保、健康以及可持续发展成为不可或缺的前提条件。此外，他们还积极承担民营企业发展的社会责任，致力于为员工创造更多收入、推动当地居民共同富裕，以及为社会创造更大的价值。这种将儒家思想与现代企业经营管理相结合的做法，不仅促进了企业的健康发展，也为社会的和谐进步做出了积极的贡献。

（三）在组织活动中的融合运用

"仁、智、礼、义、信"等儒家思想作为国人普遍认同和遵循的价值体系，在民营企业党建活动中也是一直倡导的。将儒学文化融入民营企业党建工作，还可以创新党建活动的内容与形式。例如，通过举办书画比赛、文化

知识竞赛、礼仪培训及开设国学课堂等活动，将党的理论知识、方针政策与儒学文化理念相结合，既增强了员工的参与感，使其得到了儒学文化的熏陶，又提高了党建教育的效果。

（四）在组织文化中的融合运用

儒学文化融入民营企业党建工作不仅要在理论上进行融合创新，还要在实践中得到体现和检验。一方面，儒家思想普遍被纳入企业的核心价值观中，"以人为本""诚信立业""诚实守信""礼治企业""修身齐家"等体现儒学文化的元素成为诸多民营企业的经营理念。另一方面，企业可通过开展"党建+文化"，将党建工作与文化建设深度融合，推动企业文化落地落实；例如，围绕"知书达理""知行合一"等主题，开展"红色党建+诚信服务""读'四书'"等活动，让党员在文化教育活动中得到熏陶教育，不断提升员工素质修养，带动儒学文化在企业经营管理中的有效运用。

综上所述，儒学文化融入民营企业党建工作是多方面、全方位的，通过强化党组织的引领作用、结合儒学文化丰富党组织活动形式、发挥党员示范作用、注重与文化实践相结合等措施，从而实现儒学文化与企业党建工作的有效深度融合，最终促进企业的健康发展。

四、儒学文化在企业党建工作中的融合实践：以荣盛集团为例

进入21世纪，萧山当地很多民营企业升格建制党委，走出了一条经济强、党建强的发展之路，孕育出了数家中国500强民营企业。万向集团、传化股份、荣盛集团、恒逸石化等诸多民营企业取得飞跃发展的同时，也在输出具有萧山——浙东文化起源地特色的党建工作经验与模式。

浙东文化以其原创性思维，经世致用、博纳兼容、开拓创新、与时俱进的特点，成为中国传统文化中的重要组成部分，代表人物有王阳明、黄宗羲等，他们经世致用的学术思想和实践活动对浙江乃至中国的社会发展起到了巨大的促进作用。作为萧山本地民营企业代表之一，世界500强企业荣盛集

团正是具有这些典型浙东文化特点的践行者。

荣盛集团于 1995 年成立党支部，2003 年成立党委，成为萧山当时第一批民营企业党组织。经过 30 年的发展，公司已拥有 60 多个党支部，党员总数突破 1500 名。近年来，荣盛集团党组织着力打造"荣心向党，盛业于民"党建品牌，其品牌明显融入了儒家的"民本"思想，更是公司发展理念和使命所在，切实推动把党建文化转化为发展优势，将党建活动转化为发展动力。

荣盛党组织推进"幸福家园、人才兴企、文化引领、治理机制"四大党建核心工作，紧密结合企业生产实际、员工需求，不断深化党建工作，持续提升员工幸福指数和归属感，有力推动了企业的和谐与可持续发展。在此过程中，公司更将儒家思想的精髓融入各个方面。

（一）在员工关怀上，荣盛集团体现"人本"思想，构建"幸福家园"

荣盛党组织的一些关怀和举措，为员工营造了一个"家"的和谐氛围，体现了荣盛将儒家"人本"思想融入企业党建工作的实践特点。

首先，荣盛党组织对员工日常生活给予了极高的关注，实施"四必谈""三必访"，实现了公司与员工之间的零距离、心贴心的交流。每当员工生病住院、遭遇生活困难或家属亡故时，党组织都会组织上门走访慰问，及时给予关怀与帮助。同时，党组织还经常性地与员工面对面交流，深入了解员工的家庭基本情况、生活生产情况以及存在的困难，并在必要时提供切实有效的帮助。

为了进一步增强员工的归属感和幸福感，公司开通了员工热线，鼓励员工向企业各层级表达自己的诉求和建议。此外，公司还定期组织员工旅游疗养和体检活动，确保员工身心健康得到充分的关注和呵护。在社会责任方面，公司积极参加各类公益活动，展现企业的社会担当。同时，为了倾听员工的心声，协调员工矛盾，公司还在企业内刊、微信公众号等多平台开通监督渠道，为员工提供表达意见和诉求的平台。

为了进一步提升企业民主管理水平，保障员工的知情权、参与权，公司还通过职工代表大会、党员民主听证会、厂务公开制度等多种途径，拓宽了企业民主管理渠道。这些举措不仅增强了员工的民主意识，也为企业的发展注入了更多的活力和智慧。

（二）在人才政策上，荣盛集团践行"仁爱"理念，实现"人才兴企"

荣盛党组织把"仁者爱人"的儒家思想深度融入人才管理中，取得了显著成效。

荣盛坚持"党管人才"的原则，以"心青年"为主线，致力于厚植人才引育的沃土。在公司内部，无论是一线技术人员还是经营管理人才，都备受重视与培养。自2000年以来，荣盛几乎每年都在招聘应届生，积极培养生力军和后备人才；同时，引进职业经理人，开启现代企业管理的新篇章；此外，还引进了韩国技术专家等高端人才。正是出于对人才的深切重视，才奠定了荣盛持续发展的基础。

不仅如此，荣盛对青年人才还有着一套自己的严格标准。荣盛党组织坚信，只有建立"德才兼备，以德为先"的用人机制，才能把各方面的优秀人才聚集到企业发展事业中来，并努力做到人尽其才、才尽其用。公司深切关心青年员工的成长与发展，通过提供培训和发展机会，帮助青年员工实现个人价值与企业发展的双赢。

为此，荣盛专门成立了党群服务部门，全面为员工服务，助力企业发展。这些举措处处体现着"仁爱之心"，即"不仅要爱自己，也要爱他人"，努力营造企业和谐劳动氛围。正是对"人才"的深切重视，荣盛才逐渐完成了技术和市场的品质积累，最终在行业中脱颖而出，实现了快速发展。

（三）在活动建设上，荣盛集团彰显"责任"元素，推动"文化引领"

自成立党组织以来，荣盛就把"诚信立业，追求卓越"作为企业经营理念。而这个理念正是浙东文化的经典内容，引领着企业健康经营与发展。

无论是党群组织广泛开展的各类党性思想教育活动，还是每年组织的体育嘉年华、青年岗位比武、新员工关怀、科普宣传周以及文明建设、反腐倡廉等各种文化活动,都已经深入人心,几乎成了荣盛集团的常态。优秀的文化可以凝聚人、引导人,更能激励人、塑造人。荣盛集团党组织正是看中这一点,无论是初期的经营理念,还是如今的"感恩、诚信、乐观"的核心价值观,或是"有责任担当、有行业地位、有持续盈利能力的百年企业"的愿景,都在无形中树立了"荣盛人"诚信、友善、务实、进取的良好形象,激励着一批批"荣盛人"为实现企业发展目标而努力奋斗。

(四)在组织管理上,荣盛集团融入"礼治"思想,构建"治理机制"

在荣盛集团党组织的领导下,公司日益重视将儒家"内圣外王"的思想元素融入管理机制之中,即领导者首先要在内在品格上追求圣贤的境界,通过高尚的品德来治理企业。这一理念在企业日常党组织办公会议,以及企业"三重一大"的经营决策等工作中都得到了充分体现和深入运用。尤其在企业上市改制过程中,通过优化产权结构、完善决策机制、建立健全激励约束机制以及重视企业文化建设等措施,不断提升企业的治理水平。近年来,荣盛有效融入儒学思维,逐步从"礼治"到"德治",再进一步升华到"法治",力求在员工心中树立自我约束与认同的价值观,从而努力打造出一个既系统又规范的企业治理机制。

此外,荣盛还有效借鉴儒家"兼容并蓄"的中庸之道,积极推动党组织班子成员与公司管理层"双向进入、交叉任职",这一创新性举措进一步规范了党组织参与企业生产经营决策的内容与途径,确保了党组织在企业发展中的引领作用得到充分发挥。为了更准确发挥党组织在企业中的实质性作用,公司还针对核心业务、重大项目以及技术"卡脖子"难题等关键领域,灵活成立党支部或党小组,将党组织优势转化为企业的发展优势,为企业经营发展提供了强有力的组织保障和精神动力。

在紧密结合企业实际需要的基础上,荣盛集团积极倡导儒家的"为政以德""修己治人"等思想,将道德素质修养的要求提高到了一个全新的高度,这不仅丰富了企业的文化内涵,也为企业的可持续发展奠定了坚实基础。

五、儒学文化在企业党建工作中融合实践的改进建议与未来展望

(一) 儒学文化融入企业党建工作是民营经济发展的必然选择

在如今的背景下,民营企业面临着更加复杂多变的市场环境和更加严峻的竞争压力。将儒学文化融入企业党建工作中,有助于提升企业的文化软实力和市场竞争力,为企业发展提供强大的精神支撑和思想保障。因此,民营企业应充分认识党建与儒学文化融合的重要性,积极探索适合自身特点的融合路径和方法。例如,可以借鉴荣盛集团的成功经验,将儒家思想等儒学文化元素融入党建工作中,形成独具特色的企业党建品牌文化。

(二) 儒学文化融入企业党建工作要避免形式主义

在儒学文化融入企业党建工作实践过程中,民营企业应注重实效性和可持续性,避免一时兴起或出现形式主义倾向,最终成为一种资源浪费。我们要注重将儒学文化中的儒家思想精髓与道德观念转化为实实在在的行动和具体的成果,积极推动企业实现可持续健康发展。同时,要加强对企业党建与文化融合工作的总结分析,及时发现和纠正存在的问题和不足,确保融合工作的质量和效果。例如,可以建立定期总结评价工作机制,对融合工作的进展和成效进行阶段性评价,及时发现问题并进行改进,确保工作创新效果。

(三) 儒学文化融入企业党建工作旨在提高员工文化素养

民营企业推进儒学文化融入党建工作实践中,要注重加强对员工的儒学文化教育和培训力度,努力提升员工的文化素养和道德水平。通过组织员工学习儒学知识、参加儒学活动等形式,使员工深入了解儒学文化的内涵和价值观念,树立正确的世界观、人生观和价值观。同时,也要加强对员工的思想政治教育和职业道德教育,引导员工树立正确的职业观念和道德观念,为企业发展贡献自己的力量。例如,可以定期开展儒学主题讲座、研讨会、经典读书会等活动,让员工更加深入地了解和感受儒学文化的魅力。

展望未来,儒学文化在当代民营企业党建工作中将持续发挥其重要作用。

在提升企业经营哲学、提升文化水平、增强市场竞争力方面，儒学文化也必将为民营企业提供源源不断的思想动力和文化支撑。同时，随着时代的发展和社会的进步，儒学文化也将不断与时俱进，为民营企业的党建工作注入新的活力和内涵。

六、结论

本文通过对儒学文化在企业党建工作中的融合实践做法的深入探析，系统总结了儒学文化在当代民营企业党建工作中的突出作用及其面临的挑战。儒家的核心价值观念，如仁爱、礼制、中庸之道等，在提升企业凝聚力、塑造良好企业文化、引导社会责任等方面展现出了独特的优势。然而，如何在快速变化的商业环境中，有效结合儒学文化的精髓与现代企业管理制度，仍是当前面临的一大挑战。同时，本文也明确指出了未来研究的方向和重点，即需要进一步探索儒学文化与民营企业党建工作的融合机制和创新路径。这包括但不限于：如何创新儒学文化的推广方式，使其更加贴近现代员工的认知习惯；如何在企业决策、人才培养、企业文化建设等具体环节中，有效融入儒学智慧，提升企业的综合竞争力。

展望未来，我们坚信，随着儒学文化的不断传承和发展，以及民营企业党建工作的不断创新和完善，企业党建与儒学文化融入、融合将更加紧密而深入。这种融合不仅有助于丰富和发展中国特色社会主义的企业文化理论，还将为中国民营企业在全球化竞争中提供有益的参考和借鉴，为企业的持续健康发展提供强大的思想保障和精神支撑。最终，这一进程将为中国经济社会的发展做出积极的贡献，推动形成更加和谐、可持续的企业发展生态。

（作者系杭州市萧山区儒学学会副秘书长；
杭州市萧山区儒学学会名誉副会长；杭州市萧山区儒学学会副会长）

中华优秀传统文化赋能义务教育段学生文化自信的实践研究

金海焕　戴敏慧

习近平总书记曾指出："中华优秀传统文化是中华文明的智慧结晶和精华所在，是中华民族的根和魂，是我们在世界文化激荡中站稳脚跟的根基。"萧山区教育系统义务教育段学校积极贯彻落实中共中央办公厅、国务院办公厅印发《关于实施中华优秀传统文化传承发展工程的意见》、国务院办公厅《关于全面加强和改进新时代学校美育工作的意见》等相关文件精神，积极推进文化自信自强，将中华优秀传统文化全方位融入义务教育段学校美育全过程，引领全区青少年学生学习和传承中华优秀传统文化，汲取中国智慧、弘扬中国精神、传播中国价值。

一、研究的现实意义

在当今时代，中华优秀传统文化助力义务教育段学生文化自信具有紧迫性、必要性。

（一）全球化背景下的文化冲击与文化认同需求

随着全球化的加速，不同国家和地区的文化相互交流、碰撞。在这个过程中，西方文化的广泛传播对我国义务教育段学生产生了一定的影响。学生们接触到大量的外来文化产品和观念，容易出现对本土文化认知不足、价值观念受到冲击等问题。在这种情况下,培养学生的文化自信显得尤为重要,而中华优秀传统文化作为中华民族的瑰宝,具有深厚的历史底蕴和独特的价值,可以帮助学生在全球化的浪潮中坚守本土文化根基,增强其对民族文化的认同感和自豪感。

(二)国家对传统文化的高度重视

近年来,国家高度重视中华优秀传统文化的传承与发展。出台了一系列政策文件,强调要把中华优秀传统文化全方位融入思想道德教育、文化知识教育、艺术体育教育、社会实践教育各环节,贯穿于启蒙教育、基础教育、职业教育、高等教育、继续教育各领域。这为义务教育段利用中华优秀传统文化培养学生文化自信提供了政策支持和保障。

(三)教育改革的内在要求

当前,教育改革不断深化,强调培养学生的核心素养。文化自信作为核心素养的重要组成部分,对于学生的全面发展具有重要意义。中华优秀传统文化中蕴含着丰富的教育资源,如儒家的仁爱思想、道家的自然观念、墨家的兼爱非攻等,可以为学生提供道德规范、价值观和思维方式等方面的启示,助力义务教育段学生提升文化素养,培养文化自信。

(四)社会发展的需要

随着我国经济的快速发展和综合国力的不断提升,社会对具有文化自信的高素质人才的需求日益增加。义务教育段学生是国家未来的建设者和接班人,培养他们的文化自信,有助于传承和弘扬中华优秀传统文化,推动文化创新,为实现中华民族伟大复兴的中国梦提供强大的精神动力。

二、研究的具体举措

(一)学生文化自信的顶层设计

有序、合理、适合的顶层设计有助于学生文化自信系统工作的顺利开展和持续推进,起到"良好的开端是成功的一半"的效用。

1. 完善制度保障。

全区教育系统层面制定专门针对义务教育阶段传统文化教育的政策文件，明确传统文化教育在义务教育中的重要地位、目标、内容及实施方式等，如规定各学科融入传统文化的比重与具体要求。成立专门的传统文化教育指导机构，负责统筹规划、指导监督全区义务教育阶段传统文化教育工作，确保各项政策落实。统一规定义务教育各年级开设传统文化课程的标准，设定选修课程菜单，包括课程名称、课时安排、教学内容框架等，使传统文化教育规范化、系统化。

2. 优化课程体系。

以语文、历史、道德与法治等学科为主体，系统梳理并纳入丰富的传统文化内容，如语文教材中加大经典文学选读作品的比例，历史教材中强化对传统历史文化、科技成就等的介绍。各校根据自身特色与资源，开发多样化的传统文化拓展课程，如书法、武术、民间工艺等校本课程，满足不同学生的兴趣需求。打破学科界限，将传统文化元素有机融入数学、科学、音乐、美术等其他学科教学中，形成全方位的传统文化教育氛围。

3. 加强教材建设。

组织专家学者编写高质量、权威性的地方传统文化选修教材，涵盖传统文化的主要领域和经典内容，注重教材的可读性、趣味性与教育性。依据时代发展和学生需求，定期对教材内容进行更新、修订，补充新的研究成果和文化素材，使教材保持时代性。鼓励出版与选修教材配套的辅助教材、读本、工具书等，为教师教学和学生自学提供丰富资源。

4. 强化师资培养。

开展针对义务教育阶段教师的传统文化培训项目，包括传统文化知识、教学方法、文化体验等方面的培训，提升教师的传统文化素养和教学能力。在教师继续教育培训中，增加传统文化教育的课程比重，培养一批具备扎实传统文化功底的专业教师人才。设立激励措施，对在传统文化教育教学中表现优秀的教师给予表彰和奖励,激发教师积极性。

(二) 学生文化自信的校本化实践

中华优秀传统文化是助力义务教育段学生文化自信的校本化实践工作推进的有力抓手和着力点,是校本化实践的落脚点和生长点。

1. 丰富课程设置。

(1) 开设传统文化特色课程。学校根据自身资源和学生兴趣,开设如书法、国画、武术、剪纸、古典诗词吟诵等特色课程。这些课程由专业教师或外聘专家授课,让学生系统地学习和体验中华优秀传统文化的魅力。例如,书法课上,学生不仅学习书法技巧,还了解汉字的演变历史和书法艺术所蕴含的文化内涵;武术课则能让学生在强身健体的同时,感受中国传统武术的精神和价值观。

(2) 融入传统文化元素到常规课程。在语文、历史、道德与法治等学科中,加大对中华优秀传统文化内容的渗透。语文课程可以增加经典文学作品的诵读和分析,历史课程突出中国古代文明的辉煌成就和历史变迁,道德与法治课程结合传统美德进行品德教育。比如,在语文课堂上组织学生诵读《论语》《孟子》等经典著作,引导学生理解其中的仁爱、诚信等思想;历史课讲述丝绸之路、四大发明等内容,增强学生对中国古代科技文化的自豪感。

2. 创新校园文化建设。

(1) 打造传统文化校园环境。在校园内布置具有传统文化特色的景观和装饰,如建造古典园林式的庭院、设置文化长廊展示古代名人名言和书画作品、摆放传统雕塑等。让学生在优美的校园环境中感受传统文化的氛围。例如,在校园的角落设置小型的孔子雕像,旁边配上《论语》中的经典语句,既能美化校园环境,又能起到潜移默化的教育作用。

(2) 开展传统文化主题活动。利用班会、拓展课堂定期举办传统文化主题活动,如传统文化节、经典诵读比赛、民间艺术展览等。这些活动可以激发学生对传统文化的兴趣,丰富学生的校园生活。比如,举办传统文化节时,可以组织学生进行传统文艺表演、传统美食制作、传统手工艺展示等活动，让学生全方位地体验传统文化的魅力。

3. 加强师资力量培养。

（1）系统化教师专业培训。组织教师参加传统文化培训课程，提高教师的传统文化素养和教学能力。培训内容可以包括传统文化知识、教学方法、文化体验等方面。邀请传统文化专家来校举办讲座和培训，组织教师参观博物馆、古迹遗址等文化场所，让教师亲身感受传统文化的魅力，从而更好地将传统文化融入教学中。

（2）精心组织教师团队建设。组建传统文化教学团队，鼓励教师之间交流和分享传统文化教学经验。可以通过开展教研活动、教学观摩、案例分析等方式，促进教师共同成长。定期组织传统文化教学研讨会，让教师分享在教学中遇到的问题和解决方法，共同探讨如何更好地开展传统文化教育。

4. 密切家校合作。

（1）开设家长学校。举办家长学校，向家长宣传传统文化教育的重要性，引导家长在家庭中营造传统文化氛围。可以邀请专家为家长举办讲座，介绍如何在家庭中开展传统文化教育，如亲子阅读经典书籍、共同参与传统节日活动等。在春节期间，鼓励家长和孩子一起贴春联、挂灯笼、守岁等，让孩子在家庭中感受传统节日的氛围和文化内涵。

（2）增加亲子互动。组织亲子传统文化活动，如亲子书法比赛、亲子诗词朗诵会、亲子手工制作等。这些活动可以增进亲子关系，同时让家长和孩子共同体验传统文化的乐趣。比如，举办亲子手工制作活动，让家长和孩子一起制作传统手工艺品，如风筝、中国结等，培养孩子的动手能力和对传统文化的兴趣。

通过以上校本化实践，学校可以充分利用中华优秀传统文化资源，培养义务教育段学生的文化自信，让学生在传统文化的熏陶中茁壮成长。

(三) 学生文化自信的项目学习群

中华优秀传统文化助力义务教育段学生文化自信的项目学习群实践研究，体现系统化学习的模式，集约、精细地推动学生全面文化素养的提升。

1. 项目学习群的组建。

（1）确定参与人员。包括义务教育阶段的学生、相关学科教师、学校管理人员、家长代表以及可能的校外专家（如文化学者、艺术家等）。学生可以根据兴趣和特长分组，每组推选一名组长负责协调和沟通。

（2）明确目标和任务。制定项目学习群的总体目标，即通过对中华优秀传统文化的学习和实践，提升学生的文化自信。确定具体的项目任务，如研究传统节日的文化内涵、制作传统手工艺品、演绎传统戏曲等。

2. 项目学习的实施过程。

（1）项目启动阶段。开展项目启动仪式，介绍项目背景、目标和任务，激发学生的参与热情。组织学生进行团队建设活动，增强团队凝聚力和合作能力。

（2）知识学习阶段。教师和校外专家通过讲座、视频、阅读材料等方式，向学生传授中华优秀传统文化的相关知识，包括历史、文学、艺术、哲学、民俗等方面。学生通过自主学习、小组讨论等方式，深入了解和掌握所学知识，并提出问题和疑惑。

（3）项目实践阶段。学生根据项目任务，制订详细的实践计划，并在教师和校外专家的指导下进行实践。在研究传统节日文化内涵的项目中，学生可以通过查阅资料、采访长辈、实地考察等方式，了解传统节日的起源、习俗、意义等，并制作手抄报、PPT等展示成果。在制作传统手工艺品项目中，学生可以学习传统工艺技巧，如剪纸、刺绣、陶艺等，并制作出精美的手工艺品。在演绎传统戏曲项目中，学生可以学习戏曲唱腔、表演动作等，并进行戏曲表演。

（4）成果展示阶段。组织学生进行项目成果展示，如举办展览、演出、汇报会等，向全校师生和家长展示项目学习的成果。邀请专家和领导对项目成果进行评价和指导，为学生提供反馈和建议。

3. 项目学习群的管理与评价。

（1）管理机制。建立项目学习群的管理机制，明确各成员的职责和分工。设立项目负责人，负责项目的整体规划和协调；教师负责知识传授和指导实践；学生组长负责小组管理和任务分配；家长代表负责协助学生完成项目任务，并提供必要的支持。

（2）评价体系。建立科学合理的评价体系，对学生的学习过程和成果进行评价。评价内容包括知识掌握、实践能力、团队合作、创新精神等方面。评价方式可以采用教师评价、学生自评、小组互评、家长评价等多种方式相结合。

4. 项目学习群的拓展与延伸。

（1）与社区合作。组织学生参与社区的文化活动，如传统节日庆祝、民俗展览等，将项目学习成果与社区共享，同时也让学生更好地了解社会文化。与社区合作开展传统文化传承活动，如邀请社区老人讲述传统故事、传授传统技艺等，丰富学生的学习资源。

（2）与其他学校交流。与其他学校的项目学习群进行交流和合作，分享经验和成果，共同推动中华优秀传统文化教育的发展。可以组织学生进行校际交流活动，如举办传统文化竞赛、联合演出等，增强学生的竞争意识和合作能力。

通过以上项目学习群的实践研究，可以充分发挥中华优秀传统文化的教育价值，提升义务教育段学生的文化自信，培养学生的综合素质和创新能力。

三、研究的成效

课题在全区各中小学的调研、摸索、实践基础上，形成了一定规模效应，具有可资借鉴的现实意义。

(一) 树立了正确价值观

1. 培养品德修养。

中华优秀传统文化强调仁爱、诚信、友善、孝顺等美德。通过学习中华优秀传统文化,学生可以汲取这些道德观念,培养良好的品德修养。例如,学习《弟子规》中"泛爱众,而亲仁",让学生懂得关爱他人;学习"凡出言,信为先",培养诚信意识。

中华优秀传统文化中的故事和人物也能为学生树立榜样,如孔子的仁爱、岳飞的忠诚、包拯的公正等,激励学生追求高尚的道德品质。

2. 增强社会责任感。

中华优秀传统文化中蕴含着对国家、对社会的责任感。如"天下兴亡,匹夫有责""为天地立心,为生民立命,为往圣继绝学,为万世开太平"等名言,激发学生的爱国情怀和社会担当。义务教育段学生在学习过程中,能逐渐认识到自己作为社会一员的责任,积极参与社会公益活动,为社会做出贡献。

(二) 提升了文化素养

1. 丰富知识储备。

中华优秀传统文化涵盖了文学、历史、哲学、艺术、科技等多个领域。学生学习传统文化,可以了解中国古代的文学名著、历史事件、哲学思想、艺术成就和科技发明,拓宽知识面,丰富知识储备。例如,学习唐诗宋词,欣赏古代绘画和书法作品,了解四大发明等,都能让学生领略到中华优秀传统文化的博大精深。同时,传统文化中的经典著作也是语言学习的宝库,学生通过诵读经典,可以提高语言表达能力和文学鉴赏水平。

2. 培养审美情趣。

传统文化中的艺术形式,如诗词、书法、绘画、音乐、舞蹈等,具有独特的审美价值。学生接触和学习这些艺术形式,可以培养审美情趣,提高审美能力。例如,欣赏古诗词的意境之美、书法的线条之美、绘画的色彩之美等,让学生感受中国传统艺术的魅力。此外,传统建筑、园林、服饰等也能让学生领略到中华优秀传统文化的审美特色,培养学生对美的感知和创造能力。

(三) 促进了心理健康

1. 培养积极心态。

中华优秀传统文化强调积极向上的人生态度,如"天行健,君子以自强不息""地势坤,君子以厚德载物"等。这些思想可以激励学生在面对困难和挫折时,保持乐观、坚强的心态,勇于挑战自我,不断进取。中华优秀传统文化中的修身养性方法,如冥想、静坐等,也可以帮助学生缓解压力,调节情绪,保持心理健康。

2. 增强自我认知。

中华优秀传统文化中的哲学思想,如儒家的"内省"、道家的"自知者明"等,都强调自我认知的重要性。学生通过学习传统文化,可以反思自己的行为和思想,了解自己的优点和不足,从而更好地发挥自己的优势,弥补自己的不足。同时,传统文化中的人生智慧也可以帮助学生树立正确的人生观和价值观,明确自己的人生目标和方向。

(四) 传承了民族精神

1. 增强民族自豪感。

中华优秀传统文化是中华民族的瑰宝,是中华民族智慧的结晶。义务教育段学生学习传统文化,可以了解中华民族的悠久历史和灿烂文化,增强民族自豪感和自信心。例如,学习中国古代的科技成就、文学艺术、哲学思想等,让学生感受到中华民族的伟大创造力和深厚文化底蕴。同时,传统文化中的民族精神,如爱国主义、团结统一、勤劳勇敢、自强不息等,也能激发学生的民族情感,培养学生的民族精神。

2. 促进文化传承。

义务教育段学生是文化传承的重要力量。通过学习中华优秀传统文化,学生可以了解和掌握中华优秀传统文化的精髓,成为中华优秀传统文化的传承者和弘扬者。例如,学习传统技艺、参与传统文化活动等,都可以让学生亲身体验传统文化的魅力,从而更好地传承和弘扬中华优秀传统文化。此外,学生还可以通过自己的言行和作品,向身边的人传播中华优秀传统文化,让更多的人了解和喜爱中华优秀传统文化。

总之,中华优秀传统文化是中华民族的瑰宝,培养和提高学生文化自信是教育的重要任务。通过加强传统文化教育、开展传统文化活动和利用现代科技手段传播传统文化,可以让学生更好地了解和传承中华民族的优秀文化,增强文化自信,为实现中华民族伟大复兴的中国梦贡献力量。

(作者系杭州市萧山区儒学学会副秘书长;
杭州市萧山区儒学学会副秘书长)

用中华文化诠释宣讲《共产党宣言》

周　崎

1920年8月,由陈望道翻译的《共产党宣言》(以下简称《宣言》)出版,为马克思主义在中国的传播奠定了坚实的理论基础。100余年来,无数共产党人根据《宣言》的思想,宣讲、传播马克思主义,为广大人民谋福利。这与2500多年前儒家思想的"至圣先师"——孔子在《礼记》中倡导的"大道之行也,天下为公"是一致的。因此,《宣言》中的思想,在中国有着浓厚的文化和思想土壤。"同声相应,同气相求"。《宣言》之所以在中国能生根、发芽、开花、结果,正因其与中华文化一脉相承,"大同世界"的理想在中华民族有深厚的心理基础,不仅是平民百姓所向往的"桃花源",更是数千年来中华民族仁人志士矢志不渝追求的目标。因此,党的理论宣讲人,要善于用中华文化诠释、宣讲《共产党宣言》,不能只"坐而论道",更要"起而行之",将经典落实于行动,实现人生价值、历史使命。"树高千尺总有根,水流万里总有源"。习近平总书记在学习贯彻党的十九大精神研讨班开班式上指出:"只有回看走过的路、比较别人的路、远眺前行的路,弄清楚我们从哪儿来、往哪儿去,很多问题才能看得深、把得准。"再次提醒广大党员干部要不忘从哪里来,要到哪里去。

共产党从哪里来?1921年,五四运动之后,在中华民族内忧外患、社会危机空前深重的背景下,在马克思列宁主义同中国工人运动相结合的进程中,中国共产党诞生了。1921年7月23日，中国共产党第一次全国代表大会在上海召开。而在此之前的1920年8月，陈望道完成了《宣言》的全文翻译工作，使《宣言》中译本得以出版，为在中国建立马克思主义政党奠定了坚实的理论基础。《宣言》中文版本的出版，深深地影响了老一辈革命家，并使他们走上了革命的道路。我们党的第一部党纲就是按照《宣言》精神制定的。因此，中国共产党也是《宣言》精神的忠实传人。

《宣言》是世界上第一个共产党——"共产主义者同盟"的党纲，其发表标志着马克思主义的诞生，标志着国际共产主义运动历史的开端。世界上几乎所有的先进的工人阶级的知识分子，接触马克思主义都是从《宣言》开始的。毛泽东同志曾说："记得我在一九二〇年，第一次看了考茨基著的《阶级斗争》，陈望道翻译的《共产党宣言》，和一个英国人作的《社会主义史》，我才知道人类自有史以来就有阶级斗争，阶级斗争是社会发展的原动力，初步地得到认识问题的方法论。"从此奠定了对马克思主义的信仰，就再也没有动摇过。邓小平同志也曾回忆其在法国读了《共产主义ABC》和《共产党宣言》，从此走上了信仰马克思主义的道路。

《宣言》是近代以来最具影响力的著作。170多年来，《宣言》被译成200多种文字，出版有数千个版本，成为世界上发行量最大的书籍之一。近20年来，在西方各种机构评选的"千年思想家""最具影响力的学者"等榜单中，马克思都名列前茅甚至高居榜首。2008年国际金融危机发生以来，世界上再度兴起"马克思热"，对《宣言》《资本论》等的研究也再度成为热门。事实证明，《宣言》的真理力量是永恒的，已经并将继续深刻影响世界历史进程。

一、发出时代之问，解决实践之需

任何经典著作都要放在当时的历史背景之下，为什么当时那么多的书，《宣言》却能成为经典？因为《宣言》回答了当时的时代主题，找到了当时发展的矛盾，也提出了解决矛盾的路径办法。《宣言》发表的历史背景是19

世纪中叶无产阶级作为独立的政治力量登上世界历史舞台,说明其是时代的回声,是时代精神的精髓。

(一)经济和阶级条件

19世纪30至40年代是资本主义社会大发展的时期,由工厂手工业向机器大工业阶段转变。在这个时期,生产力得到了极大的解放,要求生产关系更加紧密。生产的社会化使得生产资料日益集中在少数资本家手中。资本主义社会的基本矛盾,即生产的社会化和生产资料的资本主义私人占有之间的矛盾充分暴露。

随着生产的社会化,大量的产品生产出来,卖不掉就积压,造成供过于求,导致经济危机。资本家为了减少损失,将损失转嫁到工人阶级身上,通过克扣工资、延长工作时间甚至大量使用童工等方式,加大对工人阶级的剥削。1839年的一份调查资料显示,在被调查的近42万名工人中,有近一半的工人不到18岁,采矿业对童工的压榨更为严重,出现了招收年仅4岁的儿童到煤矿做工的情况,而最普遍的招工年龄是8岁~9岁。资料显示,当时英国工人平均死亡年龄只有17岁,这种状况让马克思非常愤慨。他写道,资产阶级像吸血鬼一样,并且是吮吸儿童的血。因此,马克思说,"资本来到世间,从头到脚,每个毛孔都滴着血和肮脏的东西"。

资本主义社会里既然有残酷的剥削,就有斗争,如火如荼的工人阶级斗争不断发生。从19世纪初英国工人以破坏机器为手段反对工厂主压迫和剥削的"卢德运动",到19世纪30至40年代发生的欧洲三大工人运动,走上政治舞台的新兴无产阶级逐渐从"自在的阶级"转变为"自为的阶级",最初进行的"自发的斗争"亦逐渐转变为"自觉的斗争",标志着欧洲的无产阶级作为一支独立的政治力量登上了历史舞台,运动的内容与形式出现了不同。工人运动由经济利益诉求,如增加工资、提高待遇、改善工作环境等,转变为政治利益诉求,如消灭私有制、消灭资产阶级共和国、获得普选权。斗争的方式由分散的、无组织的,上升为游行、集会、示威、起义、革命,由过去挑战的是个别资本家,改变为挑战的是整个资本主义制度。尤其是组织形式出现了共产主义的初期组织,并逐步成长为工人阶级政党产生的雏形和基础。这些,都成为《宣言》产生的阶级条件。

(二) 思想基础

19世纪初,欧洲的学术思想百花齐放,百家争鸣。卡尔·马克思1818年5月5日出生于特里尔城一个律师家庭。1830年10月,12岁的马克思进入特里尔中学学习,校长维滕巴赫聘请了一些具有进步思想的教师来校授课,使马克思受到了民主思想的熏陶。马克思在中学毕业考试作文中写道,"如果我们选择了最能为人类而工作的职业,那么,重担就不能把我们压倒,因为这是为大家作出的牺牲……我们的幸福将属于千百万人"。17岁的马克思就立下了"为人类而工作"的宏大志向。

1835年10月,马克思进入波恩大学学习法律,第一学年结束后,马克思转到了柏林大学法律系学习,德国古典哲学大师费希特、黑格尔都曾担任过柏林大学的校长。柏林大学浓郁的哲学氛围使马克思对哲学产生了兴趣。大学时代,马克思广泛钻研哲学、历史学、法学等知识,探寻人类社会发展的奥秘。在《莱茵报》工作期间,马克思犀利抨击普鲁士政府的专制统治,维护人民权利。1843年在巴黎居住期间,马克思积极参与工人运动,在革命实践和理论探索的结合中完成了从唯心主义到唯物主义、从革命民主主义到共产主义的转变。1845年,马克思、恩格斯合作撰写了《德意志意识形态》,第一次比较系统地阐述了历史唯物主义基本原理。

马克思为创立科学理论体系,付出了常人难以想象的艰辛,最终达到了光辉的顶点。他博览群书、广泛涉猎,不仅深入研究哲学,而且深入了解和研究各种自然科学知识,努力从人类创造的一切文明成果中汲取营养。即使在多病的晚年,马克思仍然不断迈向新的科学领域和目标,写下了数量庞大的历史学、人类学、数学等学科笔记。正如恩格斯所说:"马克思在他所研究的每一个领域,甚至在数学领域,都有独到的发现,这样的领域是很多的,而且其中任何一个领域他都不是浅尝辄止。"1883年3月14日马克思逝世后，恩格斯在其墓前发表的讲话曾深刻指出：唯物史观和剩余价值学说是马克思一生中的两个伟大发现。正是这两个伟大发现，使社会主义从空想变成了科学，为共产主义奠定了坚实的思想基础。

（三）写作过程

马克思积极地参加工人运动。世界上第一个无产阶级政党——共产主义者同盟（前身为正义者同盟），系一个由无产阶级的手工业工人组成的德国政治流亡者秘密组织，1847年在马克思、恩格斯的引领下改组。在同年11月举行的第二次代表大会上，马克思、恩格斯受委托为其起草一个党纲。当时，马克思、恩格斯都不到30岁，两个年轻人用了一个多月的时间起草这个党纲，即《共产党宣言》。1848年2月《宣言》以德文在伦敦出版发行。《宣言》吸收了恩格斯1847年6月和10月为同盟起草的纲领草案《共产主义信条草案》和《共产主义原理》的基本思想，并按照恩格斯建议，不再采用教义问答形式，而是采用内容连贯、逻辑严谨的论述方式，以便"或多或少地叙述历史"，更好地让"共产党人向全世界公开说明自己的观点、自己的目的、自己的意图"，并将带有基督教教义口号的"人人皆兄弟"修改为"全世界无产者联合起来"。

从此，共产主义者同盟成为马克思、恩格斯领导的工人团体。同盟以《宣言》为党纲，有了科学社会主义的指导思想，成为国际化工人阶级的政党。《宣言》以深邃的历史视野，透过现象看本质，拨开历史的迷雾，以严谨缜密的思维，抓住资产阶级的本质，在深刻洞察人类社会发展规律的基础上，用历史唯物主义分析资产阶级的历史，并成为无产阶级的灯塔，照亮了在黑暗中斗争的共产党人，为当时以及后来更长的"马克思主义所指明的历史时代"提供了思想指引与行动纲领。

二、把握宣言要义，探寻初心使命

《宣言》的文本分为"正文"和"序言"两个部分。在语言风格上，《宣言》是马克思所有著作中，最脍炙人口、通俗易懂的。但是，从翻译的中文文本来看，由于英语的定语较长和不同语言翻译表述的原因，从而造成中文的版本相对晦涩难懂。但是，马克思、恩格斯在撰写德文版的《宣言》时，初衷是为工人阶级而撰，在当时的历史背景下，工人阶级的文化水平普遍较低，马克思、恩格斯为减少文字障碍，力争通俗易懂、文字朴实流畅，使工人阶级能够读懂，从而成为工人阶级的"知音"。

《宣言》正文的内容也十分简单，就是直面当时最底层工人阶级在斗争中存在的困惑和问题，用群众的语言回答群众的疑虑，也就是最基本的哲学问题，即：无产阶级和共产党人"从哪里来""是谁（性质）""要到哪里去"，在七篇序言中，强调"结合实际，如何灵活地运用《宣言》"。

（一）资产者和无产者：回答共产党人"从哪里来"？

第一章《资产者和无产者》，主要回答资产者和无产者"从哪里来"？马克思、恩格斯对资本主义社会进行了深刻的剖析，揭示无产阶级取代资产阶级、社会主义取代资本主义，无产阶级的胜利和资产阶级的灭亡是同样不可避免的。本章讲了三个问题，一个结论。

第一个问题，马克思跳出资本主义社会本身，站在人类社会历史之上，俯瞰人类社会，他揭示出自原始社会以来，一切阶级社会的历史都是阶级斗争的历史。

第二个问题，阐述人类社会发展经历的几种状态，在封建社会是如何孕育出资产阶级的，马克思像推理小说家一样，环环相扣，推理资产阶级的产生、发展、壮大，一直到全球化，以及资产阶级无法解决自身的矛盾，到最后的灭亡。马克思非常客观地对资产阶级进行了正面的肯定，"资产阶级在历史上曾经起过非常革命的作用……资产阶级在它的不到一百年的阶级统治中所创造的生产力,比过去一切世代创造的全部生产力还要多,还要大"。对资产阶级给予了极高的评价,但是,也正是资本不断地扩张,连资本家都无法控制其死亡的命运。

第三个问题,有资产必然有无产,与资产阶级同时产生了工人阶级,为其打工卖命,被其剥削。无产阶级面临"生"与"死"的抉择,为了"生",其革命性被激发,唯一出路就是"不懈抗争"。

结论揭示了阶级斗争的原理,贯穿整个《宣言》的始终,也成为马克思主义主要原理中最重要的原理之一。通过分析资产阶级的产生、发展、壮大、灭亡的命运,阐明无产阶级作为资产阶级掘墓人的历史使命。最后科学证明的结论就是:资产阶级的灭亡和无产阶级的胜利是同样不可避免的。无产阶级如何完成使命?那就是必须成立自己的先锋队组织无产阶级政党。

(二)无产者和共产党人:回答共产党人"是谁"?

第二章《无产者和共产党人》,开门见山地回答了无产阶级政党"是谁"的问题:"共产党人不是同其他工人政党相对立的特殊政党。他们没有任何同整个无产阶级的利益不同的利益。"即共产党人是无产阶级利益的代表。回答共产党是个什么样的党,共产党的性质是什么?阐述了共产党人的纲领,既阐明了无产阶级政党建立的必要性,又阐明了共产党人的性质、特点,驳斥了资产阶级攻击共产党人的种种责难,论述了无产阶级革命和无产阶级专政的基本性质,由工人阶级的先锋队组成,最终目的是:夺取政权,发展生产力,消灭私有制,消灭资本主义生产资料私有制。《宣言》采用反驳的方式,阐明无产阶级的观点。例如资产阶级欺骗工人,共产党消灭私有制,工人的工资会被消灭。因此,马克思在《宣言》中把私有制做了一个划分,一个是生产资料,一个是生活资料,生活资料的私有用于改善人民基本生活,不但不被消灭,还要通过法律加以保护。但是另一方面,资本主义生产资料的私有制,是用来剥削工人阶级的,必将被消灭。

(三) 回答共产党人"要到哪里去"？

第三章、第四章为无产阶级及其政党将来要到哪里去指明了方向，让在黑暗中摸索的工人阶级看到了光明和希望。在第三章的《社会主义的和共产主义的文献》中，对当时社会错误思潮进行了批判。从政治上批判了当时流行的各种社会主义，包括反动的社会主义、保守的或资产阶级的社会主义、空想的社会主义等。第四章《共产党人对各种反对党派的态度》，主要阐述共产党对其他党派的策略，马克思讲共产党怎么和其他的反对党派处理关系，其主要原理是长远利益与眼前利益的关系，革命的原则性和策略的灵活性。阐明了共产党人既要立足现实，积极参加和支持当前的革命斗争，包括反对封建专制的民主革命，又不能忘记无产阶级的革命原则和最终目标。

在文本的结尾，为无产阶级及其政党指明了前进的方向，即要到哪里去？"无产者在这个革命中失去的只是锁链。他们获得的将是整个世界。""全世界无产者，联合起来！""获得整个世界"将是共产党人斗争的结果。

(四) 回答共产党人"如何运用《宣言》"？

作为一部历史著作，随着时代的发展、工人阶级运动和斗争的变化，正文中的一些观点或需要重申、强调，或需要修正、补充。为此，马克思、恩格斯从1872年至1893年，分别作了7篇序言。自1848年2月《宣言》发表至1893年，在长达45年的时间里，序言所经历的时间，几乎涵盖了马克思、恩格斯在其后参与工人运动、理论创作的全过程（1893年意大利文版序言完成后两年，恩格斯逝世）。从序言的时间跨度也可发现，马克思、恩格斯在其著作中展现的思想成果，包括《资本论》《反杜林论》《路德维希·费尔巴哈和德国古典哲学的终结》《哥达纲领批判》《法兰西内战》等，都能通过序言或多或少地展现出来。《宣言》的写作时间是1847年11月至1848年2月，但是，《宣言》的完成贯穿了马克思、恩格斯的一生，是马克思主义思想精华的集中体现。这样一种理论创造模式，更加奠定了《宣言》作为马克思主义经典之首的地位。

"由于政治形势已经完全改变……所以这些意见在实践方面已经毕竟是过时了。但是,《宣言》是一个历史文件,我们已没有权利来加以修改"。怎么办?马克思、恩格斯以对历史负责任的态度,用给《宣言》写序言的方式,对正文进行补充、修正、丰富、发展。在1872年版的序言里面就谈到,我们后人对待《宣言》应该持什么样的态度,进而演变成我们对马克思主义应该是什么样的态度?后人怎么看待这一理论?"不管最近25年来的情况发生了多大的变化,这个《宣言》中所阐述的一般原理整个说来直到现在还是完全正确的。某些地方本来可以作一些修改。这些原理的实际运用,正如《宣言》中所说的,随时随地都要以当时的历史条件为转移"。如果用现在的语言来概括,那就是实事求是、灵活运用,而不能生搬硬套。如果照抄照搬、思想僵化,就背叛了《宣言》的精神,因为马克思主义的精髓是对具体问题的具体分析,用发展的思路解决实际问题。

三、坚定信仰信念,笃行不负时代

170多年过去了,今天我们为什么要学习《宣言》?习近平总书记在十九届中央政治局第五次集体学习时指出,"通过重温经典,感悟马克思主义的真理力量,坚定马克思主义信仰,追溯马克思主义政党保持先进性和纯洁性的理论源头,提高全党运用马克思主义基本原理解决当代中国实际问题的能力和水平"。

做任何工作都离不开争取人心,人心是最大的政治。延安时期,毛泽东曾与胡耀邦讨论什么叫政治,毛泽东说:"所谓政治,就是把拥护我们的人搞得多多的,把反对我们的人搞得少少的!"因此,通过学习《宣言》,运用《宣言》,让更多的人坚定地跟党走,团结在党中央的周围,这就是马克思主义者最大的工作。以毛泽东为代表的老一辈革命家,就是用通俗的语言,传播马克思主义的火种,使我们的队伍不断壮大。如果马克思主义者"自说自话",群众不愿意听、不买账,不能用老百姓的语言传播,不能解决老百姓的问题,我们的经典理论就不能接地气。

因此,习近平总书记指出,"'大思政课'我们要善用之,一定要跟现实结合起来。上思政课不能拿着文件宣读,没有生命、干巴巴的。"作为党的基层理论宣讲者,我们要自尊自信,要将马克思主义理论灵活运用,直面当前基层人民群众的问题,用中华文化的方式宣讲《宣言》,用老百姓的语言,解决老百姓的问题,"把拥护我们的人搞得多多的"。

(一)坚定崇高信仰

《宣言》从出版发行开始,便成为科学社会主义第一部纲领性文献,其发表是马克思主义诞生的标志。《宣言》深刻阐述了马克思主义政党的国际主义精神,科学揭示了人类历史、人类社会的发展规律。习近平总书记在十九届中央政治局第五次集体学习时指出,"《共产党宣言》的问世是人类思想史上的一个伟大事件。《共产党宣言》是第一次全面阐述科学社会主义原理的伟大著作","向全世界公开说明自己的观点、自己的目的、自己的意图,矗立起一座马克思主义精神丰碑"。《宣言》的问世,推动了世界社会主义运动的发展,并对中国革命、建设产生了重大而深远的影响,武装了一代又一代中国共产党人。

《宣言》可以影响人的思维方法、价值取向和整体素质,以及人生道路的选择,宣讲《宣言》非常重要,对于培养合格的社会主义公民,尤其对领导干部以及走向社会、走向工作岗位的大学生非常重要。《商君书·战法》记载:"王者之兵,胜而不骄,败而不怨。"一个有共产主义信仰的人,就是"王者",在顺境、得意时不骄傲、不狂妄、不翘尾巴;在逆境、失意时不气馁、不怨天尤人;在利益面前不动心;在处理国际冲突和分析国际事务时,可以透过现象看本质,不人云亦云、随波逐流。

(二)坚守人民情怀

共产党人不是同其他工人政党相对立的特殊政党。他们没有任何同整个无产阶级的利益不同的利益。因此，共产党人的立场就是最广大人民群众的立场，代表工人阶级和最广大劳动人民的根本利益。"江山就是人民，人民就是江山"。唐代魏徵的《谏太宗十思疏》中记载，"求木之长者，必固其根本；欲流之远者，必浚其泉源；思国之安者，必积其德义"。在当今中国，共产党人的本、源、德，就是人民群众。从百年党史来看，也正是人民群众用小米饭哺育了共产党人，也正是人民群众用小推车推出了人民军队的伟大胜利。是否始终站在人民群众的立场，是马克思主义与非马克思主义的分水岭和试金石。

《宣言》强调无产阶级的政党代表广大人民的利益。这与中华民族历代追求的"大同世界"是一致的。"大道之行也，天下为公，选贤与能，讲信修睦。故人不独亲其亲，不独子其子，使老有所终，壮有所用，幼有所长，矜寡孤独废疾者皆有所养"。《礼记·礼运》中所描述的就是中国古代对"大同社会"或者说是"共产主义社会"的向往。中国古代的历次农民起义，都以"大同"社会理想来激励人民反抗压迫，以不同形式提出"等贵贱""均贫富"的口号，始终向往着一种财产公有，人人劳动的"大同"世界。

为人民服务，代表最广大人民的根本利益，是9600多万党员最大的荣光。因此，知道"我们是谁，从哪里来，要到哪里去"就守住了我们的初心，就坚定了人民立场，这也是共产党人的核心利益，在面对一些看似复杂的问题时，自然就会迎刃而解。

（三）践行知行合一

马克思主义不是花拳绣腿，更不是书本里的学问，是能改变世界走向、国家前途、个人及家庭命运的。对于共产党人来说，也是实现人生理想的法宝。我们不但要"学"好《宣言》，更要"习"好《宣言》，按照《宣言》的思想，身体力行。自1978年改革开放以来，受经济大潮的冲击，一些学者自认为群众已不再关心马克思主义的经典理论，他们孤芳自赏，在少数几个专家的学术圈子里，自说自话，玩花拳绣腿、构建空中楼阁，从而失去了群众基础，群众不喜欢他们，更不愿意读他们的著作，而他们却浑然不知。这是很危险的。习近平总书记明确提出，"贵在坚持知行合一、坚持行胜于言，在落细、落小、落实上下功夫""难的是把思想变成行动""行动最有说服力"。他大力倡导一分部署、九分落实，踏石留印、抓铁有痕，滴水穿石、久久为功。因此，我们在讲党的经典理论时，一定不要照本宣科。要通过"喜闻乐见、贴近大众生活的、形式多样的"方式宣讲，从而将经典落实于行动。要通过经典的落地，打动人心、穿透人心、改变人心、净化灵魂，最终的目标是找到每一个人的良知，从而提高社会的道德水平、社会风尚。

我们要贯彻落实习近平总书记的讲话精神，不但要加强党的经典理论的研究，还要注重普及应用。马克思主义学者不同于一般的研究人员，马克思主义学者不但要开展经典的理论研究，还要特别注重经世致用，广大马克思主义学者要以身示范，做好榜样，要走向民间、走向基层、走向生产生活一线，敢于面对经济、社会、文化、国际等存在的问题，敢于直面人民群众关心关注的热点、难点，为解决问题提供新理念、新思路、新办法，要坚持把马克思主义基本原理同中国具体实际相结合、同中华优秀传统文化相结合，要为推动马克思主义的中国化提供智力支撑和实践案例，不能只"坐而论道"，更要"起而行之"，在宣讲中"讲好中华民族的故事、中国共产党的故事、中华人民共和国的故事、中国特色社会主义的故事、改革开放的故事，特别是要讲好新时代的故事"。

因此，作为共产党员和坚定的马克思主义者，必须自己先把《宣言》道理领会透、研究透，按照《宣言》的道理指导实践。只有自己沉下心来做到，在实践中践行"知"与"行"，其宣讲才既能通俗易懂，又能深入浅出，"有血有肉有灵魂"，真正吸引、打动他人。任何一种理论，任何一种学问，任何一种学说，如果不与生活相结合，不去深入基层群众，就是

"放空炮"、无用的理论。没有做到的"道理",自己不相信的"道理",永远不要高谈阔论、纸上谈兵。自己不信,不可能让别人信;自己没有弄懂,不可能让别人听懂。

(四)坚定文化自信

马克思主义是我们为之献身的信仰,必须坚贞不渝,任何困难都不能动摇;我们是中国人,中华文化是我们的血脉,我们要认祖归宗,不能数典忘祖。因此,我们要坚持把马克思主义基本原理同中国具体实际相结合、同中华优秀传统文化相结合。

我们要坚定文化自信,但不能搞闭关锁国,否则会脱离世界文明发展的大道,落后于世界历史的发展进程。我们在《宣言》的宣讲、运用中,要以开放的姿态,学习、吸收、借鉴全世界一切文明的优秀成果,为我所用。创造性转化和创新性发展,保持中华文化的开放性、包容性、先进性。但是,作为社会主义国家,我们决不能走全盘西化的邪路。当今中国,不乏"西化"和"分化"的诱饵,一些人在中国积极推行颜色革命,还有一些人,妄自菲薄,鼓吹外国月亮比中国的圆。因此,在文化的交流融合中,我们必须摆脱文化自卑,坚定文化自信,严防全盘西化。

结　语

大道之行也,天下为公。《宣言》的精神是永恒的,已经改变了世界的历史,也注定将改变世界的未来,必将在人类历史进程中绽放出更加耀眼的光芒。回看《宣言》在中国共产党的百年历史,我们更有充足的理由,坚信学习党的经典理论——《宣言》是我们共产党人的必修课。进而通过全面贯彻习近平新时代中国特色社会主义思想,用马克思主义的立场、观点、方法观察时代、把握时代、引领时代。

在实现中华民族伟大复兴的征途上,推进人民富裕,不仅是物质的富裕,更是精神的富裕;实现国家强盛,不仅是军事的强盛,更是文化的强盛;建设美丽中国,不仅是环境的美丽,更是人心的美丽。

这就是《宣言》给我们带来的信仰的力量!

(作者系青岛市城阳区文化"两创"促进中心副主任)

《论语》进万家

——家校社协同育人之实践探索

孙丽萍

一、引言

习近平总书记指出:"文化兴则国家兴,文化强民族强。"文化在人类文明的演进历程中始终如熠熠星辰般,引领民族发展、构筑国家未来。党的十九届五中全会明确提出2035年建成文化强国的战略目标,此乃文化建设的宏伟蓝图。黑龙江孔子研究会积极响应号召,以弘扬中华优秀传统文化为己任,在"家校社协同育人"领域积极探索、躬行实践,为文化传承与发展注入了新的活力。"士不可以不弘毅,任重而道远。"(《论语·泰伯》)研究会深知使命在肩,在文化、教育传承的征途上不断进取、积极探索。

二、《论语》进万家举措

(一)以家庭为切入点,推动全民阅读与经典诵读

1. 项目筹划与实施

为践行中华优秀传统文化"进课本、进课堂、进校园"的重要精神,黑龙江孔子研究会以家庭为单位,以亲子活动为抓手,精心策划"最美书香家

庭,人人读《论语》"项目。"不学《诗》,无以言。""不学《礼》,无以立。"(《论语·季氏》)研究会深知经典诵读对提升个人素养、培养家国情怀和促进家风建设的重要意义。遂成立"最美家庭书院",广大文化志愿者及其家庭成员踊跃参与。通过书院课程的示范引领,鼓励大家每日坚持晨起诵读经典,"日知其所亡,月无忘其所能"(《论语·子张》)。从而营造"最美书香家庭"学习氛围,为教育强国建设筑牢"家校社协同育人之基础"。

2. 志愿者培养与家庭成长

"最美家庭书院"不仅是经典诵读之学堂,更是文化志愿者及亲子家庭学习成长的摇篮。每逢周末常态化开展的"文化志愿者成长日"活动,旨在培育一支能全方位服务社会的"种子国学老师和学子"队伍,完善学校、家庭、社会联动育人机制。上至80多岁的老人,下到咿呀学语的孩童都能将《论语》《易经》《道德经》等经典书籍倒背如流、信手拈来。

"最美家庭书院"的宗旨是:为国家立心,为时代铸魂;为家庭立心,为幸福铸魂。"最美家庭书院"的特点是:全家老少共同学习《论语》,目标一致,方向共同,体现《大学》所云"修身、齐家、治国、平天下"的民族文化自信。"君子以文会友,以友辅仁。"(《论语·颜渊》)在此,志愿者们相互交流、共同成长。同时,开设"父母学堂",强调父母在子女教育中言传身教的榜样力量,秉持"其身正,不令而行;其身不正,虽令不从"(《论语·子路》)的育人理念,倡导"父母好好学习,孩子天天向上"的书院学风,积极发挥家庭在家校社协同育人中的基石作用。

(二)积极开展国际文化交流活动

1. 走进俄罗斯海参崴的文化之旅

2023年8月13日至16日,黑龙江孔子研究会"'一带一路'《论语》'颂全球'亲子研学团"走进俄罗斯。8月14日,在俄罗斯新千年国际学校,研学团以国学·国艺雅集形式展示了书法、茶艺、八段锦、《论语》诵读等中华优秀传统文化瑰宝。"有朋自远方来,不亦乐乎?"(《论语·学而》)研学团现场教给俄罗斯同学书写中国书法，俄罗斯师生教给研学团手绘俄罗斯套娃，双方互动尽显两国文化魅力与青少年间的友好情谊，充分展现了中俄文化互通、人文相通的精神风貌。

2. 中俄文化交流合作的拓展

8月15日，俄罗斯母亲协会会长扎博洛特纳亚·塔蒂亚娜主持召开"中俄妇女儿童中华传统文化交流合作"会议并举行签约仪式。活动结束后，研究会孙丽萍会长接受俄罗斯电视台采访时表示，将加强双方常态化文化交流，涵盖妇女、儿童及家庭《论语》诵读活动，中俄携手共育"百万诵读《论语》的最美书香家庭"，推动中俄青少年及其家庭在研学社会实践、文化艺术交融方面可持续发展，为中俄文化合作开启崭新篇章。"德不孤，必有邻。"（《论语·里仁》）相信中俄在文化交流领域将不断结出硕果。

(三) 创新文化项目，打造特色文化品牌

1.《论语》进校园的多元实践

黑龙江孔子研究会于《论语》进校园活动中独辟蹊径，打造全国首创"读《论语》、写《论语》、唱《论语》"的书香龙江特色。2024年春天开学季，黑龙江孔子研究会与黑龙江省图书馆启动"中华经典传习所"公益项目，以亲子家庭同堂学习为亮点，采用线上线下互动模式，助力家长和孩子养成诵读经典的良好家风。在活动结尾，每次都要庄严宣誓，不断强化参与者家庭成员对中华优秀传统文化的认同感和传播决心。"吾日三省吾身：为人谋而不忠乎？与朋友交而不信乎？传不习乎？"（《论语·学而》）参与者在诵读经典中不断反思自我，提升自我。

2. 十大文化品牌项目与文化专委会活动

历经数年发展，黑龙江孔子研究会塑造了十大文化品牌，涉及全球祭孔、"一带一路"《论语》"颂全球"汉语研学、最美家庭书院、国学·国艺·献国礼、《论语》进校园、《论语》进社区、我们为书香中国代言的"最美书香家庭"等诸多品牌。同时，12个文化专委会依据自身特质分布于全年12个月，每月由一个专委会领衔开展相应主题的传统文化节日、民俗类的文化活动，构建全方位、多层次的文化传承与传播体系。"譬如北辰，居其所而众星共之。"（《论语·为政》）研究会如北辰般引领着家校社协同育人的生动实践有序开展。

三、《论语》进万家的社会影响和积极作用

（一）对青少年成长的积极作用

1. 文化自信的培养

在全球化浪潮下，外来文化冲击着青少年的价值观。黑龙江孔子研究会持续推进中华优秀传统文化进家庭、进校园，使青少年深入研习、践行并传承传统文化，助其构建中华优秀传统文化思维，拓宽文化视野，落实好习近平总书记"浇花浇根，育人育心"的指示要求。如在俄罗斯的"《论语》颂全球"国际文化交流活动的精湛表现、国学·国艺·献国礼、最美书香家庭的"中华优秀传统文化春晚"等活动展示，让青少年们真切领略到了中华优秀传统文化的魅力，增强了民族文化自豪感，使其成为坚定文化自信的重要阵地。"君子坦荡荡，小人长戚戚。"（《论语·述而》）拥有文化自信的青少年，能以他们豁达的胸怀拥抱世界的多元文化。

2. 全面发展的促进

中华优秀传统文化蕴含着丰富的道德观念与人文精神，如"仁者爱人""己所不欲，勿施于人"等。学生在学习、践行这些经典智慧时，可培育良好道德品质与社会责任感，践行社会主义核心价值观，进而促进自身德智体美劳全面发展，成为社会主义建设者和接班人。"志于道，据于德，依于仁，游于艺。"（《论语·述而》）青少年在中华优秀传统文化的滋养下全面健康成长。

（二）对家庭和社会的文化滋养

1. 家庭文化氛围的营造

"书香飘万家，人人读《论语》"项目与"最美家庭书院"项目，促使

家庭成员共同参与经典诵读和文化学习。父母与孩子在亲子活动中的互动，增进了家庭关系的和谐，营造了浓厚的书香家庭氛围，助力了家文化建设与家风传承。"家和万事兴"，良好家庭文化建设是家庭和谐的基石。

2. 社会文化正能量的传播

黑龙江孔子研究会发起和主办的众多传统文化活动，如每年的"4·23世界读书日""9·28全球祭孔子大典"等大型公益活动，吸引着数以万计的人参与其中并迅速在全社会引起广泛传播，为"家校社协同育人"注入了家国情怀，提升了社会文化素养与凝聚力，推动了书香社会与教育强国建设。"礼之用，和为贵。"（《论语·学而》）中华优秀传统文化活动促进社会和谐发展。

3. 家校社协同育人硕果累累

黑龙江孔子研究会的"最美书香家庭"项目荣获黑龙江省"全民阅读优秀项目奖"；经由研究会指导的《少年中国说》荣获黑龙江省文旅厅颁发的第十届"美丽家园·幸福生活"社区文化艺术节"红色经典诵读"大赛优秀展演奖；研究会的亲子诵读项目应邀走进黑龙江省图书馆龙江书院，向社会大众展示"最美书香家庭"学习成长的乐趣；每周常态化开展的"文化志愿者成长日"活动在龙江志愿公益平台累计时长达30000多小时。"最美书香家庭"文化志愿者们收获了家庭的和谐、得到了家庭和社会的尊重与认可、获得了家校社协同育人的感悟。

2024年10月13日，在哈尔滨召开的第十一届全国儒学社团联席会议暨"孔子教育思想与文化强国的时代意义"学术研讨会上，黑龙江孔子研究会、黑龙江省图书馆联合授予哈尔滨市继红小学首批"家校社共育"示范学校的称号。

会议期间，中国孔子基金会为黑龙江孔子研究会"孔子学堂"授牌、颁发了第四届儒家经典跨语言诵读大会公益支持单位、龙江儒商公益慈善单位等荣誉；黑龙江孔子研究会分别与台湾等儒学机构签订合作协议；最美书香家庭亲子文化志愿者还为研讨会献上"茶韵书香"雅集展演。活动期间，与会人员集体到哈尔滨市继红小学等参观调研了中华优秀传统文化进校园开展情况。

四、面临的挑战与应对策略

（一）面临的挑战

1. 文化多元冲击下的受众吸引

伴随全球化进程加速，多元文化相互碰撞，青少年更易受流行文化、快餐文化及外来文化的吸引。在文化多元的环境中，如何使中华优秀传统文化更具魅力，成为研究会面临的重要课题之一。部分青少年热衷于现代娱乐方式，对传统文化活动参与度较低。"古之学者为己，今之学者为人。"（《论语·宪问》）如何引导青少年从"为人"之学转向"为己"之学，重视中华优秀传统文化，是亟待解决的问题。

2. 资源整合与持续发展

开展各类文化活动需要人力、物力、财力等多方面的资源支持。尽管黑龙江孔子研究会已形成一定品牌与项目体系，但在资源整合方面仍存在困难，如资金来源有限、专业人才不足等，这可能影响其文化传承活动的持续深入开展。"工欲善其事，必先利其器。"（《论语·卫灵公》）缺乏资源支持，文化传承工作难以有效推进。

（二）应对策略

1. 创新文化传播形式

借助现代科技工具，如互联网、新媒体等，创新传统文化传播形式。制作励志性、趣味性、互动性、参与感强的传统文化短视频、线上课程等，吸引青少年亲子家庭关注学习。例如，开发《论语》故事动画短片，以寓教于乐的方式传播中华优秀传统文化。"知之者不如好之者，好之者不如乐之者。"（《论语·雍也》）让青少年在乐趣中学好、践行好中华优秀传统文化，让《论语》生活化，生活《论语》化。

2. 调动、整合社会资源，推进合作

积极寻求政府、儒商企业、社会各界的参与支持。加强与教育部门、基金会、公益慈善组织的合作，争取更多政策支持与资源投入到传统文化进校园的活动中，助力教育强国，落实好习近平总书记"办好教育事业，家庭、学校、政府、社会都有责任"的重要指示精神，带领龙江儒商企业参与其中，通过文化活动赞助拓宽资金来源；与高校、著名专家及学术机构合作，引进专业人才，提升文化传承的专业性与深度和广度。"君子和而不同"（《论语·子路》），各方通力合作实现优势互补，合作共赢，共同为"家校社协同育人"事业贡献我们的力量。

五、结论

黑龙江孔子研究会在"家校社协同育人"领域中发挥着不可替代的文化传承和创新作用。我们通过一系列丰富多彩的"读万卷书·行万里路"研学实践活动，于亲子家庭、学校和社会间架起了《论语》进万家——"家校社协同育人"之实践探索的桥梁和纽带。培育青少年的爱国主义情怀和文化自信，"小手拉大手·最美书香家庭"同步走，为推动社会发展献计献策。虽面临诸多挑战，但通过不断创造性转化与创新性发展，其在教育强国建设道路上的探索与实践将持续发挥积极的影响力，为实现中华民族伟大复兴的文化繁荣砥砺前行。

"逝者如斯夫！不舍昼夜。"（《论语·子罕》）时间不停，文化传承事业也将持续前行。未来，黑龙江孔子研究会坚守使命，与时俱进，进一步拓展文化传承广度与深度，让中华优秀传统文化在新时代绽放更加绚烂的光彩。同时，期待更多社会力量投身到"家校社协同育人"的伟大教育事业中来，共同推动文化建设蓬勃发展。"四海之内，皆兄弟也。"（《论语·颜渊》）愿各方携手共进，共创文化传承美好未来。

（作者系黑龙江孔子研究会会长）

聚焦文化使命　促进"双创"提升

——以"三进三寻"为载体助力，打造文化强国的儒学"萧山模式"介绍

杭州市萧山区儒学学会

尊敬的各位领导、各位嘉宾和各位同仁：

党的二十届三中全会提出"聚焦建设社会主义文化强国"的改革任务，并对文化建设作出专题部署。在这一重大改革的历史大背景下，在全国思想文化界深入学习党的二十届三中全会精神，全面准确理解文化强国建设对推动中国式现代化具有重要意义，贯彻落实文化领域全面深化改革重大举措之际，我们很荣幸，受邀作为县（区）代表参加第十一届全国儒学社团联席会议暨"孔子教育思想与文化强国的时代意义"学术交流研讨会。在此，我谨代表浙江省杭州市萧山区儒学学会，向长期以来一直关心支持我们学会的各位领导、各位嘉宾和各位同仁表示诚挚的敬意和衷心的感谢！

杭州市萧山区位于浙江省北部，钱塘江南岸，行政面积为931平方公里，常住人口214万，2023年地区生产总值2230.69亿元。萧山为古越国之地，历史悠久、经济繁荣、人民富裕，拥有8000年的跨湖桥文化，钱塘江奏出了"奔竞不息、勇立潮头"萧山精神的华美乐章。萧山现有孔子后裔约1万人，主要为砺山孔氏、觉山孔氏、苎萝孔氏。萧山不仅是越王勾践卧薪尝胆之处，

浙东唐诗之路的源头，大诗人贺知章、画坛巨擘任伯年、演义作家蔡东藩等名人的故乡，也是2016年G20峰会的主会场，2022杭州亚运会的主赛场，更是习近平总书记亲自总结的"干在实处、走在前列、勇立潮头"的浙江精神重要发源地。

萧山区儒学学会成立于2013年，是全国首批县（市区）级儒学会之一，驻地在义桥镇钱塘江诗词馆内。近年来，我们以习近平新时代中国特色社会主义思想为指导，紧紧围绕中央"两个结合""双创发展"工作部署，在中国孔子基金会、全国儒学社团联席会议秘书处、浙江省儒学学会的关心指导下，积极践行"领导带动、部门联动、学会主动、基层互动"的工作方针，以"建成全国普及国学文化基地，打造全省弘扬传统文化示范区"为目标，以"三进三送"为起始抓手，不断提质升级到"三进三寻"，走出了一条基于基层实践的"儒学助力社会治理体系，推进城乡振兴和谐发展"的"儒学萧山模式"。经过前后三届理事会和全体会员的不懈努力，萧山儒学综合能力全面提升，"三进三寻"砥砺前行，文化普及实效日显，研究水平日有所进，传承发展后继有人，文化自信更加彰显，取得了阶段性的成效。现将主要工作汇报如下：

一、守正出新，探索推进"三进三寻"

深刻领会习近平文化思想"七个着力""十四个强调"的重要精神，把"三进三寻"作为萧山儒学文化传承、普及推进的重要抓手，努力推进萧山儒学事业与党政工作"同频"，与会员发展"互融"，与群众需求"共振"，以点扩面、上下联动、示范引领，从学校、村社和企业三个维度系统展示儒学的现代意义和文化价值，得到了尼山世界儒学中心（中国孔子基金会秘书处）党委书记、副主任，中国孔子基金会副理事长、秘书长国承彦，中国孔子基金会原副秘书长牛廷涛、刘廷善的高度肯定。

进校园 就是以"儒学助力立德树人"为基点，积极探索"儒学名校"路径，先后在萧山二职、北干初中、金山初中、回澜初中、益农镇中、通惠初中、义桥实验学校、渔浦小学、益农二小、东藩小学、钱江幼儿园、爱婴博士幼儿园等学校，开展了专题儒学系列活动（调研回访、校园文化指导、专家授课、文化研学、德育课程设置等）。打造了从幼儿园、小学、初中到高职院校等46家"美丽校园"样板，引导全体师生学识"六艺"，知行合一，厚植家国情怀。

进村社　就是以"家风、家训、家规"建设为重点，积极探索"儒德治村"路径，推进基层村社治理模式与儒学文化的有机融合，先后创建了华锋村"华美先锋，德孝兴村"、众联村"五和众联"、凤凰坞村乡贤文化、裘家坞村孝义文化、昇光村美丽乡村与乡贤文化、群围村三治融合、民丰河村"一老一小"家风家训、湖滨社区"1+3幸福治理"等22家"和谐村社"样板，形成党建引领、文化赋能、多元并进，共同构建起各美其美、美美与共的和谐家园。

进企业　就是以"企业义利文化"建设为核心，积极探索"儒学助企"路径。助力世界500强排名138位的浙江荣盛集团创建"诚信、乐观、感恩"的儒商文化，以现代企业文化凝聚3万员工和上千家合作单位的共识，用文化激发企业发展动能，2023年荣盛集团营收达6126亿元，上交国家税收600亿元，发放员工工资43亿元；留本冠名慈善基金4亿元，责无旁贷地担当起产业发展重任和社会稳定使命，用行动诠释了现代儒商企业的社会经济价值。同时还打造了萧山力富德机电设备公司、萧山古籍印务公司等18家"儒商民企"样板，充分展示了儒学传统文化的时代魅力，为助企兴业注入了源头活水。

去年以来，学会在"三进"工作基础上，打造"三进"2.0版本，开启"三寻"新模式——寻榜样：立标杆、创亮点；寻土壤：立基地、巧传播；寻办法：破局面、解难题。

破立结合。学会举办成立十周年座谈会暨学会、萧山孔子学堂迁址揭牌仪式，从助推新时代萧山儒学发展、打造特色化文化传承平台、创建联动式儒学实践品牌三个维度系统总结了学会十年发展经验。还举办专题会议传达第十届全国儒联会议精神、"两创"理论读书会以及系列通报会、研讨会、座谈会，毕十年之功，集各人之所长、合众人之所智，寻儒学发展之良方。还创造性拓展了儒学"三进"的工作内涵，开展了儒学文化进工地和儒学文化进"三农"系列工作，做到了"三个覆盖"（即覆盖到工农生产一线，覆盖到萧山以外地区，覆盖到城市地铁建设和乡村振兴、共同富裕等党政中心工作），体现了总结经验和改革创新相统一。

树立标杆。学会新编《千古中华三字文》，作为孔子学堂校本教材，该书由萧山二职王伟明老师执笔，成立《千古中华三字文》编委会，经多次组织研讨，征求多方意见并修改完善，现已出版发行。它在保留传统启蒙性、韵律性和激励性基础上，从五个领域对中华文化特征、管理体制、传统儒学根源与发展等进行通俗易懂的解读，被中国人民大学心理研究所所长、教育部中小学心理健康教育专家指导委员会秘书长俞国良教授等专家学者称赞为"是历史的简装版、儒学的活教材、传统文化的小折页"，是萧山儒学文化研究和基层应用的标杆之作。

学会将杭州亚运盛典和宋韵文化有机融合，举办了迎亚运系列主题文化活动，参加了市政协举办的《迎接亚运　品读宋韵》宋词朗诵会，联合主办了"礼乐雅韵·书香千年"中秋祈福雅集主题活动等，具象化表现儒学助力亚运、提升宋韵、教化民众的作用，推动标杆引领与基层普及的相统一。

培育基地。学会重点支持益农镇群围村践行儒学"五常"，打造"三治"融合乡村治理体系，获得"全国文明村"和"全国乡村治理示范村"等荣誉。持续帮助瓜沥镇民丰河村聚焦"一老一小"促进家风家训建设，成功创建省五星级文化礼堂。

萧山儒学走出萧山，携手地处诸暨市的浙江米果果生态农业集团创建萧山区儒学文化研学基地，以"现代农业践行者"的文化理念，打造了集生态种养、深精加工、休闲旅游、研学培训、学生素质教育于一体的现代农业产业园，开创了"保底收益+赠送10%股权+利润分红"的土地流转模式，流转村集体土地5000亩，吸纳村民就业680人，同步推广至全国20余个合作基地，联结带动面积达5万余亩，成为国家一二三产融合发展试点企业，真正践行了企业发展与强村富民双赢的初心使命。

学会指导杭州映山红农业开发公司建立儒学文化共富示范基地，通过党建引领、品牌主导，巩固"一家一户农产品应收尽收"的供应链基本盘，拓展联农带农、助农共富的运营新平台，2019—2023年累计销售各类特色农产品5.8万余斤，带动农户达1200余户，助力村集体经济和村民增收497万余元，同时辐射带动20余个周边乡镇及全省26个山区县，成功入选农业农村部"头雁"培育项目，彰显了"达则兼善天下"的传统文化理念。

抓好省、区儒学文化实践基地和社科基地建设，积极发挥省儒学文化实践基地的引领作用，推进区儒学文化实践基地和区社科基地创建评比，今年萧山区儒学文化基地、萧山孔子学堂（杭州大无书院）分别被评为区社科联四星基地、三星基地，在促进各基地做好以文化人工作的同时，实现了基地服务普惠性和与群众文化需求个体性的统一。

二、经世致用，精心打造特色平台

学会依托古越文化、宋韵文化、运河文化、围垦文化等本土优质文化，紧紧依靠各单位和广大会员的创新创造，主动融入"文化强区"建设战略，持续完善萧山孔子学堂、讲师团、研究室等特色平台建设。

以儒学三进工作为主阵地办好萧山孔子学堂。学堂秉承"读好书、写好字、做好人"的理念，组建了25名专业讲师团队，开展公开课、研学营、训练营等各项活动50余场，创新推出了萧山孔子学堂"假日学校"，特别是首创将《千古中华三字文》列为孔子学堂课程，今年暑假试行，该教材获得良好的反馈，学生及家长评价很高，拟通过中国孔子基金会孔子学堂推进委员会推介，推广至全国的孔子学堂。持续做好孔子学堂推进工作，今年又有三江小学、北干初中、金山初中、义桥二小、义桥实验学校、渔浦小学、义桥杨岐社区7家单位成功创建"孔子学堂",现萧山孔子学堂已达12家;做好孔子学堂"三名"工程评比工作,已向中国孔子基金会孔子学堂推进委员会选送名课6堂,名师6人,名学堂3所。营造了"习习儒学、润泽万物"的文化氛围,为孔子学堂可持续发展探索了萧山经验。

以围绕儒学文化研究和学术成果展示为主题做好研究室工作。联合湖州师范学院学报出版了《知行合一 学贯六艺》萧山儒学论文集,成为展示萧山儒学文化的新平台;完成了《"遇见萧山、走进儒学"——萧山儒学十年成就画册》编印工作,策划拍摄《一路向南 儒学遇见萧山》宣传片,用好萧山日报文化栏目《儒学天地》的专版报道。每年编辑刊出两期《萧山儒学》内刊,积极参加萧山区社会科学研究课题申报,多项课题成功入选,用新时代语言讲好儒家传统伦理,积极推动儒学研究成果转化为千行百业"日用而知"乃至"日用而不知"的好经验、好做法。

以坚守儒学基层传播为主旋律开展好讲师团活动。学会于2017年联合萧山区社科联共同组建萧山区儒学学会讲师团,根据"三进"工作部署开展系列宣讲工作,特别是周觉伟、陈观校、蒋建丽、周陈国、董茂林、黄梨平等讲师总结提炼的亚运八礼、生命教育、中医健康、孝道文化等课程以及《论语》夏令营、冬令营和巡回讲座、内化读书活动等,深受群众喜爱,累计受众已达2万多人。尤其是蒋建丽老师五年如一日,每日四点起床,以微信笔记的方法,分享到32个经典诵读群,引领儒学晨读活动。两位85岁的长者会员夏湘荣、韩浩祖亲身讲述人生儒学感悟等。弘扬主旋律、传递正能量,为萧山社会发展营造了良好的文化氛围。

三、行稳致远,持续加强工作保障

学会在萧山区委宣传部、萧山区社科联和相关镇街平台的指导和支持下,完善组织建设、强化保障机制、提升工作水平,有效参与现代公共文化服务体系建设，致力于当好中华优秀传统文化创造性转化、创新性发展的探路者、先行者。

建制完整。学会组织人事由萧山区委组织部和萧山区委宣传部分别发文确认，现有名誉顾问 5 人，其中国家级（中央党校教授，博导）2 人；名誉副会长 15 人，其中区级部门、镇街领导 11 人；常务理事单位 10 家，理事单位 83 家，个人会员 131 人。下设秘书处、研究室、讲师团、萧山孔子学堂、项目招标办公室五个工作机构。已建成浙江省儒学文化示范基地 2 家。

保障有力。自 2017 年换届以来，财政设立专项经费保障学会各项工作，2023 年更是创新以政府购买文化服务专项来保障经费，在萧山区社科联、萧山区财政局等职能部门的支持下，依法承接政府购买文化服务项目，制定儒学文化服务项目实施办法，落实专项服务清单机制，有序推进儒学实践活动 22 场，受益人群达 2000 余人次，做到了有专职人员、有固定场地、有专项经费、有系列活动、有文化成果，工作成效显著。

运作顺畅。依法依规建立了学会基本工作制度，明确了学会班子成员工作职责和分管内容，理顺学会行政、财务、人事、宣传、学术研究、对外交流、儒学"三进三寻"等工作机制，出台《关于学会建设若干问题的意见》等相关文件，加强学会队伍建设，创设会长办公会议、萧山祭孔典礼、"江·海"合作模式、工作通报会、新会员读书会、老年会员帮扶互助结对等载体。其中根据山东曲阜和浙江衢州祭孔规制，结合实际，确定萧山祭孔典礼逢单学祭，逢双公祭，逢五、逢十大祭的特色模式。与海南省文昌市孔子学会创新儒学"江·海"合作模式，共同提出打造"一个示范"、建好"一个机制"、搭建"一批平台"、产出"一批精品"的合作框架，为全国践行儒学文化跨区域合作提供实践案例。

下一阶段，我们将牢牢把握习近平文化思想的丰富内涵与精髓要义，深刻领会"两个结合""六个坚持"的立场观点方法，认真贯彻本次大会精神，在加强提升思想理论建设、迭代升级"三进三寻"模式、全面提升文化队伍素质、持续擦亮儒学金字招牌、着力推进儒学宣传交流、系统抓好学会自身建设等六大领域持续发力，努力打造出更多上级有关部门满意、会员有用、群众需要的萧山儒学新成果、新经验。

家校社联动,亲子诵读《论语》在行动

孙 欣 刘英楠

继红小学校以"润生命之彩,蓄生长之力"为办学使命,将"堂堂正正做人,踏踏实实做事"作为校训,以"学以至真、行以至善、修以至美"为育人目标,本着"潜心育人、安静教书"的教者风范,以办一所"人人怀念、人人主动发展的学校"为教育追求。

按照"2025—2035年全面启动国学文化教育活动"的总体要求,继红小学校率先与黑龙江孔子研究会最美家庭书院、黑龙江省图书馆龙江书院联合举办了我省首届"《论语》亲子公益诵读班",由孙丽萍会长亲自授课,继红小学校25组种子家庭积极参与。自2024年5月18日开班以来,掀起了一股学习《论语》的热潮。师生以及家长们统一着汉服、行古礼,在诵读中领略传统文化的墨香。家长们纷纷表示,学习《论语》之后孩子们变得更加懂事、自律,书中蕴含的人生智慧和处世之道,对个人的成长给予了指引。中华优秀传统文化不仅根植于心,更是实践于行。

为了践行经典进校园、进课本、进课堂,倡导师生、亲子读诵《论语》,养成坚持诵读的好习惯,以25组种子家庭为先导,我校向全校师生发出"亲子每日共读《论语》"的倡议,欢迎家长和孩子一同读经典、闻书香、润人生。在学校和老师的带动下,继红小学校三校区近千人加入亲子阅读《论语》的行列中来。在世界读书日等节点,大力宣传"人人读经典"读书活动,传承阅读文化，弘扬人类的优秀文化遗产。

为推动中华优秀传统文化进校园，促进中小学孔子学堂高质量发展，使广大师生沐浴书香、与圣贤为伍、和经典同行，在第十一届全国儒学社团联席会议暨"孔子教育思想与文化强国的时代意义"学术研讨会期间，与会专家、学者及黑龙江孔子研究会领导到继红小学校参观调研了中华优秀传统文化进校园开展情况。会议开幕式上，继红的学子们展示了多项传统文化技艺。浸润中华优秀传统文化的手语舞《国家》、开场舞《盛世欢歌》，展现了继红小学校昂扬的精神风貌。剪纸与舞蹈的融合《非遗剪纸萨满舞》用一种独特的艺术形式描绘了一个历史与现实、神与人、神话与世俗世界相融合的文化画卷。四年级的全体同学齐诵《论语》，诵读声响彻云霄，再现了孔门三千弟子齐诵《论语》、共舞简册的盛况。国画社团的学生们捏塑陶土、拉坯、手工成型、画花、挂釉、烧制、出窑，完成了一件件精美绝伦的"国韵陶瓷"。色彩与国画使陶瓷作品有了新的生命力，有了艺术氛围感，有了文化底蕴。茶艺社团融合了儒释道传统文化的精髓，学习茶道，可以在孩子的心中种下一颗种子，这颗种子里包含了恭敬、尊敬、沉静。多位与会的家长表示中华优秀传统文化对孩子影响巨大，在学习中华优秀传统文化后，孩子更加重视礼仪，在日常生活中更加懂得尊重他人，并且影响到生活的方方面面。

浸润传统文化教育，我们不仅把专家请进来，更是多次带着学生走出去。2024年6月，继红小学校的学生参加了由黑龙江省社科联、省文旅厅、团省委、省妇联主办，哈尔滨市社科联承办的黑龙江省哲学社会科学普及周暨讲解大赛活动。在非遗互动展区，同学们聆听了来自哈尔滨工业大学航天馆、铁人王进喜纪念馆、哈尔滨工程大学等多位代表的讲解，欣赏了金漆镶嵌技艺、剪纸技艺、烙画葫芦技艺、国漆髹涂技艺、鱼皮画制作技艺、麦秸剪贴技艺、松江编结绣技艺等传统非遗工艺。活动中，同学们亲身体验了多种传统非遗技艺。金漆镶嵌技艺传承人夏立军老师对金漆镶嵌进行了详细的讲解，同学们还体验了漆扇的制作，近距离感受国漆的魅力。同学们还制作麦秸书签、制作鱼皮画、学习剪纸、烙画葫芦、编结绣、制作手工布艺等，收获颇丰。

这些非遗体验，拉近了学生与中华优秀传统文化的距离，激发了孩子们接触文化遗产、保护文化遗产、传承文化遗产的热情，让孩子们从文化遗产中了解历史，汲取力量，更加坚定地树立起了文化自信。

继红小学校积极响应黑龙江孔子研究会主办的第六届"相约《论语》，文化中国"世界读书日人人读《论语》全国大型公益活动，举行了"盛典敬先师，典耀我中华"继红小学人人读《论语》活动。五年级一千多人齐声诵读，琅琅书声响彻晴空。乐声悠扬动听，童声清脆婉转。继红的师生们把对中华文化的热爱，通过朗读、唱诵、舞蹈、吹奏、书法、绘画等多种形式的创意融合，表达得淋漓尽致。2024年书香校园——"典耀中华 传唱经典"古诗文诵读活动在三个校区所有教学班中开展。每一个班的展示都有独特的韵味，让人耳目一新。有的以四季为序，泠泠琴声，琅琅童音，时而低回婉转，时而清越悠扬，将春的生机盎然、夏的活力四射、秋的典雅蕴藉、冬的趣味无穷尽情传递；有的以古诗词中的鸟儿花儿为主题，小朋友化身为天真可爱的小精灵，演绎一场莺歌燕舞、鸟语花香的活跃景象；还有的捕捉到了古诗中的"烟火气"，一道道美食在孩子们口中吟诵而出，唇齿间仿佛都带了香味，打着节拍的童声吟诵，让"黄州好猪肉"声名再起。继红的师生或同声齐诵，或用心吟唱，或轻舞飞扬，将热爱中华优秀传统文化的种子播撒。

继红小学校也举办了属于自己的图书文化节，同学们可以通过换购的方式在图书市集上交换自己喜欢的书籍，同时交流自己的阅读心得和阅读期待，以达到互相促进阅读的效果。

亲子阅读是让孩子爱上阅读最好的方式之一，通过共读，父母与孩子共同学习，一同成长，进一步激发了孩子们读书、求索和创造的热情。为此，继红小学校开创了"继红悦读·家"栏目，此项活动在继红小学校三校区广为开展，目前已经推出84期微信公众号，大约400个家庭参与其中。

继红小学校沉浸在"中华优秀传统文化的教育场"里，对现有学校进行功能重构和场景再造，全景育人，强化家校社协同育人，搭建了一个适合孩子成长的生活系统，让学校、家长、学生共同奔赴这场中华优秀传统文化的传承与创新的旅程！

(作者系哈尔滨市继红小学校校长；哈尔滨市继红小学校副校长)

后 记

2024年10月13~14日，第十一届全国儒学社团联席会议暨"孔子教育思想与文化强国的时代意义"学术研讨会在哈尔滨召开。来自全国各地的儒学专家、教育专家、儒学社团负责人和代表，黑龙江省文化和旅游厅、民政厅、慈善总会及当地教育系统代表、志愿者共200余人参加会议。

此次会议由中国孔子基金会、中国实学研究会、全国儒学社团联席会议秘书处主办，黑龙江孔子研究会承办。在开幕式上，尼山世界儒学中心党委委员、中国孔子基金会副秘书长周静，全国儒学社团联席会议秘书长、中国实学研究会会长、中共中央党校（国家行政学院）教授王杰，国际儒学联合会副会长、国家教育行政学院教授于建福，中华孔子学会副会长、山东大学特聘教授杨朝明，黑龙江省国学学会会长、黑龙江大学教授柴文华分别致辞或发表主旨演讲。黑龙江孔子研究会会长孙丽萍主持开幕式。

在交流研讨环节，参会人员围绕会议主题，分四组进行热烈而充分的讨论，达成多项共识。会议期间，举行了《中国儒学年鉴》赠送仪式、黑龙江孔子学堂授牌仪式、第四届儒家经典跨语言诵读大会公益支持单位授牌仪式、龙江儒商公益慈善单位授牌仪式；黑龙江孔子研究会分别与台湾、杭州萧山儒学机构签订合作协议，揭开地方儒学社团资源共享、互利共赢的新序幕；当地文化志愿者及小学生表演了文艺节目。会议期间，参会人员集体到哈尔滨市继红小学参观调研了中华优秀传统文化进校园开展情况；走进创始于1900年的哈尔滨秋林饮料科技股份有限公司，感受百年秋林的历史沧桑，共探新时代儒商企业创新发展之路。

会议中,经投票决定,第十二届全国儒学社团联席会议由湖南省孔子学会承办。

此次会议共收到论文和实践案例材料 60 余篇。会后,经梳理审查,决定选择部分优质文章收入《立德树人 化民成俗——第十一届全国儒学社团联席会议文集》中。